Helmut Schmidt
Religion in der Verantwortung

Helmut Schmidt

Religion in der Verantwortung

Gefährdungen des Friedens
im Zeitalter der Globalisierung

Propyläen

Propyläen ist ein Verlag der Ullstein Buchverlage GmbH
www.propylaeen-verlag.de

ISBN 978-3-549-07409-1

© Ullstein Buchverlage GmbH, Berlin
Lektorat: Thomas Karlauf
Übersetzung der englischen Beiträge: Klaus-Dieter Schmidt
Alle Rechte vorbehalten
Gesetzt aus der Janson
Satz: LVD GmbH, Berlin
Druck und Bindearbeiten: GGP Media GmbH, Pößneck
Printed in Germany

Inhalt

Zu diesem Buch	7
Christliche Prägungen?	13
Politik und Ethik	23
Grundwerte in Staat und Gesellschaft	29
Maximen politischen Handelns	46
Zum 300. Geburtstag von Johann Sebastian Bach	70
Christliche Ethik und politische Verantwortung	79
Das gemeinsame Dach bleibt das Ziel	102
Brücken bauen in Europa	115
Wir haben die gleichen Propheten	126
Die Notwendigkeit globaler ethischer Maßstäbe	129
Der Christ in der politischen Verantwortung	134
Religiöse Toleranz im Zeitalter der Globalisierung	149
Die Gemeinsamkeit der sittlichen Prinzipien	156

Von der Notwendigkeit des Dialogs 161

Das dialogische Prinzip 174

Erinnerung an einen großen Papst 182

Gewinner und Verlierer in der Welt von morgen 186

Zum Ethos des Politikers 197

Anmerkungen zum gegenwärtigen Zustand der Welt 216

Religion in der Verantwortung –
  eine abschließende Betrachtung 229

Zu diesem Buch

Als der Propyläen Verlag Anfang 2010 mit dem Wunsch an mich herantrat, meine gesammelten Aufsätze und Reden zum Thema Staat und Religion neu herauszugeben, die 1976 unter dem Titel »Als Christ in der politischen Entscheidung« erschienen sind, war ich zunächst recht skeptisch. Denn das schmale, im Gütersloher Verlagshaus erschienene Bändchen war vor allem mit Blick auf den damals bevorstehenden Bundestagswahlkampf zusammengestellt worden. Die CDU/CSU-Opposition und ihr Spitzenkandidat Helmut Kohl traten unter dem Slogan »Freiheit oder Sozialismus« zur Wahl an. Sie versuchten den Wählern zu suggerieren, es fehle der Politik der sozial-liberalen Bundesregierung und namentlich dem Bundeskanzler an festen sittlichen Grundüberzeugungen, es drohe ein allgemeiner gesellschaftlicher Werteverfall. Dem habe ich 1976 meine Haltung als Christ in der Verantwortung entgegengesetzt – eine Haltung, die ich im Laufe zweier Jahrzehnte in zahlreichen Reden und Aufsätzen formuliert hatte.

Staat und Religion sollen zwei getrennte Bereiche sein – an dieser Grundüberzeugung habe ich immer festgehalten. In der damaligen »Grundwertedebatte« habe ich deshalb auch als Bundeskanzler wiederholt festgestellt, dass es nicht Aufgabe des Staates oder seiner Regierung ist, einen möglichst breiten Konsens über sogenannte Grundwerte herzustellen und aufrechtzuerhalten. Denn der politisch benutzte unscharfe Begriff »Grundwerte« schloss religiöse Glaubensüberzeugungen und ideologische Maximen ein. Stattdessen habe ich immer wieder auf den Grundrechtskatalog der Artikel 1 bis 20 des Grundgesetzes hingewiesen, die dem Staat und der Regierung Maßstäbe und Schranken ihres Handelns setzen. Alles, was darüber hinausreicht, insbesondere die Fragen nach den religiösen oder nichtreligiösen Lebensprinzipien der einzelnen Bürger, geht Staat und Regierung nichts an. Allerdings hat der Staat einzugreifen, wenn durch die praktische Ausübung einer Religion die Freiheit anderer Menschen gefährdet wird.

Bei der neuerlichen Lektüre jenes inzwischen fünfunddreißig Jahre alten Bändchens erschienen mir jedoch manche der dort vorgetragenen Gedanken und manches Wort als allzu zeitgebunden. Auch neige ich in einigen Fragen heute zu einem deutlich strengeren Urteil. Seit meinem Ausscheiden aus der Politik haben mich religiöse und ethische Fragestellungen immer wieder zum Nachdenken gebracht. Dabei haben sich die Schwerpunkte meines Interesses stark verlagert. In den sechziger und siebziger Jahren des vorigen Jahrhunderts, bedingt durch meine politische Tätigkeit, hat mich vor allem das Verhältnis zwischen den beiden großen christlichen Kirchen und dem Staat beschäftigt; die praktischen Probleme, die sich aus Staatskirchenverträgen ergaben, und vor allem die Rolle der Volkskirche gehörten zu den Themen jener Jahre.

Später haben mich vielerlei Reisen in fremde Länder und Kontinente in Kontakt mit anderen Religionen gebracht; dabei haben insbesondere die persönlichen Gespräche meinen Gesichtskreis wesentlich erweitert. Hier muss ich an erster Stelle meinen muslimischen Freund, den Ägypter Anwar as-Sadat nennen, sodann meinen japanischen Freund Takeo Fukuda, den Wiener Erzbischof Franz Kardinal König und den buddhistischen Gelehrten A. T. Ariyaratne; in ähnlicher Weise haben mich Gespräche mit Karl Popper beeinflusst, mit Hans Küng, mit dem Kanadier Pierre Trudeau, mit meinem Singapurer Freund Lee Kuan Yew und mit dem Hamburger Bischof Hans-Otto Wölber. Die meisten der Gesprächspartner und viele weitere, die ich hier nicht alle nennen kann, sind inzwischen gestorben. Sie haben in mir das Interesse für Fragen des interreligiösen Dialogs ausgelöst. Der amerikanische Gelehrte Samuel Huntington hat mich die Gefahr künftiger Zusammenstöße zwischen verschiedenen Zivilisationen deutlich erkennen lassen.

Vor drei Jahren habe ich in meinem Buch »Außer Dienst« versucht, die Entwicklung meiner eigenen Einstellung zur Religion etwas näher zu skizzieren. Jenes Kapitel mit der Überschrift »Christliche Prägungen?« habe ich der hier vorliegenden Auswahl als eine Art Einleitung vorangestellt. Denn für jedermann ist seine persönliche Religiosität in besonderem Maße von den Erfahrungen des eigenen Lebenslaufes geprägt. Wer über seinen Glauben spricht, der spricht über sich selbst.

Meine Religiosität war nie sehr ausgeprägt – für meine Frau Loki und für mich war die Kirchenmusik immer wichtiger als die Kirche. Aber schon während der Nazizeit, besonders während des Zweiten Weltkriegs, waren die beiden großen christlichen Kirchen für meine Frau und mich diejenigen Institutionen, von denen wir entscheidende Impulse für den moralischen Neuaufbau unseres deutschen Gemeinwesens nach dem Krieg erhofften. Diese Hoffnungen sind enttäuscht worden. Aber auch wenn unsere Skepsis gegenüber vielen Glaubensinhalten und unsere Ablehnung aller dogmatischen Lehren im Laufe der Jahre stetig zugenommen haben, so habe ich mich doch immer noch als Christ empfunden.

Dagegen habe ich durch meine Berührung mit den großen außereuropäischen Religionen im Laufe der letzten Jahrzehnte die Grenzen des Christentums verstehen gelernt. In vielerlei Begegnungen mit führenden Vertretern des Islam, des Judentums, des Hinduismus, des Buddhismus und weiterer fernöstlicher Religionen und Philosophien habe ich begriffen, dass alle Religionen über die gleiche goldene Regel verfügen: Du sollst nur so handeln, wie du selbst behandelt werden möchtest.

Heute erkennen wir: Der Frieden in der Welt hängt in hohem Maße davon ab, dass die Führer der Weltreligionen ihre Verantwortung für den Frieden wahrnehmen und dass sie ihre Gläubigen zu gegenseitigem Respekt und zur Toleranz aufrufen.

Über diese Fragen nachdenkend erschien mir die Idee reizvoll, unter diesen Gesichtspunkten eine neue, aktuelle Auswahl meiner Texte zum Thema Politik und Religion zusammenzustellen. Dabei sind aus dem Band von 1976 lediglich zwei Texte übriggeblieben. Der Schwerpunkt der Auswahl liegt jetzt auf Reden aus den letzten zehn Jahren, viele davon vor internationalem Publikum. Ob ich in Kairo auf Einladung des Grand Sheiks Tantawi der Al-Azhar-Universität bei der »Konferenz des Obersten Rates für religiöse Angelegenheiten« sprach oder auf Einladung des japanischen Kardinals Shirayanagi zum 30. Jahrestag der »World Conference on Religion and Peace« in Kyoto, ob auf Zypern zum Thema »Judaism, Christianity and Islam« oder in Jordanien über die islamische Welt und den Westen: Ich habe nirgendwo mit meiner Meinung hinter dem Berg gehalten. Das Religionsverständnis des jeweiligen Publikums mag vielfach ein völlig anderes gewesen sein als mein eigenes. Dennoch habe ich immer wieder die Bereitschaft zum Dialog als wichtige Voraussetzung des friedlichen Miteinanders angemahnt.

Solange die großen Weltreligionen nicht bereit sind, sich gegenseitig zu respektieren und zu tolerieren, so lange gefährden sie den Frieden. Zu der notwendigen Verständigung – über alle Glaubensdogmen hinweg – will der vorliegende Band ein Weniges beitragen. Dabei ist mir die Unvereinbarkeit vieler fundamentaler religiöser Positionen durchaus bewusst. Ich verkenne keineswegs die enormen Schwierigkeiten, über Glaubensfragen, über Respekt und Toleranz ins Gespräch zu kommen. Umso mehr bleiben die religiösen Führer aufgefordert, ihrer Verantwortung für den Frieden gerecht zu werden und aufeinander zuzugehen. Denn angesichts der gegenwärtigen Explosion der Weltbevölkerung, angesichts der weltweiten Verstädterung und Vermassung können religiöse Kämpfe, wenn sie zusammentreffen mit ökonomischen, sozialen und politischen Missständen, sehr leicht für Bürgerkriege, für internationale Kriege, für Terrorismus missbraucht werden. Ein »Clash of Civilizations« ist nicht mehr auszuschließen.

Die für diesen Band ausgewählten Reden und Aufsätze wurden redaktionell vereinheitlicht und mit einheitlichen Überschriften versehen. Gelegentliche Überschneidungen sind stillschweigend eliminiert worden. Die auf Englisch gehaltenen Reden erscheinen hier zum ersten Mal auf Deutsch. Ich danke Professor Rainer Hering sowie Thomas Karlauf, Birgit Krüger-Penski, Heike Lemke und Armin Rolfink.

Hamburg, im Frühjahr 2011

Christliche Prägungen?

Bis zum Ende des Krieges habe ich nicht wirklich gewusst, was an die Stelle des Dritten Reiches treten sollte. Ich wusste nur, dass ich dagegen war, nicht aber, wofür. Wie sollte es weitergehen? Ich habe meine Hoffnung für die Zeit danach auf die christlichen Kirchen gesetzt. Ich verstand mich als Christ, aber das hatte sich aufgrund äußerer Einflüsse gewissermaßen von selbst ergeben. Ich wusste nichts vom Judentum, nichts vom Islam, nichts von Konfuzius, nichts von Kant und der Aufklärung. Was ich vom Kommunismus Böses gehört hatte, habe ich zwar nicht geglaubt, aber eine Diktatur des Proletariats kam mir doch unheimlich vor. Als ich 1945 nach acht Wehrpflichtjahren nach Hause kam, wurde ich 27 Jahre alt. Ich war also ein erwachsener Mann, aber ich wusste sehr wenig; ich wusste nur: Dies alles darf nie wieder geschehen. Deshalb habe ich mich alsbald für Demokratie und soziale Gerechtigkeit engagiert. Wie man aber dorthin gelangt, das wusste ich nicht.

Meine christliche Unterweisung hat nicht im Elternhaus, sondern im Konfirmationsunterricht 1934 begonnen. Dort hatte ich die wichtigsten Glaubensinhalte gelernt, aber das meiste blieb bloßer Lernstoff. Vater, Sohn und heiliger Geist, die jungfräuliche Geburt, das leere Grab und Christi Himmelfahrt, die verschiedenen Wunder, aber auch die Geschichten aus dem Alten Testament, von Kain und Abel, von Noah und seiner Arche, von Moses am Berge Sinai – all das waren für den Fünfzehnjährigen lediglich seltsame Geschichten. Ich glaubte zwar an Gott als wirklich existent, aber seine Dreieinigkeit vermochte ich mir nicht vorzustellen. Ich konnte auch nicht glauben, dass Gott seinen Sohn auf die Erde geschickt hat, um ihn dort kreuzigen zu lassen und ihn am Ende in den Himmel aufzunehmen. Wenn Jesus der Sohn Gottes war, wieso dann nicht auch alle übrigen Menschen? Ich habe mit den anderen gemeinsam gebetet, aber die Gebete blieben mir ziemlich fremd. Nur das wunderbare Vaterunser habe ich mit innerer Überzeugung gesprochen. Allerdings verstand ich wohl: Nicht nur unser Pastor, Walter Uhsadel, meint alles sehr ernst; auch viele andere meinen es ernst, wenn sie von der Bibel als einem heiligen Buch reden.

Sieben Jahre später – unsere Fahrzeuge blieben im russischen Schlamm stecken, und ich hatte bereits die unausweichliche Niederlage und die unausweichlich bevorstehende Katastrophe Deutschlands vor Augen –, eröffnete mir ein Soldat meiner Batterie, ein angehender Pastor oder Priester, mit zwei christlichen Weisheiten zum ersten Mal einen wirklichen Zugang zum Christentum. Ich hatte ihm geklagt: Wir kämpfen hier, und viele müssen sterben, aber in Wahrheit hoffen wir gar nicht auf unseren Sieg, sondern vielmehr auf ein Ende des Krieges. Wir befolgen pflichtbewusst unsere Befehle, aber in Wahrheit zweifeln wir doch an der Vernunft des Führers – wo ist der Ausweg? Jener junge Theologe hat mir mit dem Römerbrief des Apostels Paulus geantwortet: »Seid untertan der Obrigkeit ... denn die Obrigkeit ist von Gott.« Und im Laufe unseres mir unvergessenen Gesprächs fiel ein anderer Satz: Vergessen Sie nicht, es geschieht nichts ohne Gottes Willen. Beide Sätze haben mich an jenem Abend beruhigt.

Freilich hat die Hilfe nicht lange angehalten. Denn konnte der Krieg wirklich Gottes Wille sein? Und wieso hatte Gott den in meinen Augen größenwahnsinnigen »Führer« als Obrigkeit geduldet? Ich war mir und bin mir auch heute darüber im Klaren, dass viele Menschen in ihrem christlichen Glauben Halt finden. Ich habe Gläubige zeit meines Lebens immer respektiert, gleich welcher Religion sie anhängen. Aber ebenso habe ich religiöse Toleranz immer für unerlässlich gehalten. Deshalb habe ich die christliche Mission gegenüber Andersgläubigen stets als Verstoß gegen die Menschlichkeit empfunden. Wenn ein Mensch in seiner Religion Halt und Geborgenheit gefunden hat, dann hat keiner das Recht, diesen Menschen von seiner Religion abzubringen.

Wenn aber ein Christ, ein Muslim, ein Hindu oder auch ein Jude seine Religion zum Vorwand für seinen Kampf um Macht, für Eroberung und Unterwerfung nimmt, oder wenn er sich einbildet, allein seine eigene Religion sei von Gott offenbart und gesegnet und deshalb sei es seine Pflicht, sie zum Sieg über andere Religionen zu führen, dann verstößt er gegen die Würde und die Freiheit des Andersgläubigen – er ist deshalb ein böser Mitmensch. Jeder Mensch muss jedem anderen Menschen seinen Glauben und seine Religion lassen. Er muss ihm auch seinen Unglauben lassen. Die Menschheit hat religiöse Toleranz nötig, deshalb hat jeder Einzelne religiöse Toleranz nötig.

Alle Religionen entstammen dem Bedürfnis des Menschen nach Orientierung an einer höheren Wahrheit. Alle heiligen Bücher sind von Menschen geschrieben. Alle religiösen Gebote, alle Dogmen, alle Traditionen und Gebräuche sind Menschenwerk. Die Deutschen bekennen sich mehrheitlich zum Christentum und zu den christlichen Kirchen. Kaum einer möchte auf Weihnachten verzichten; kaum einer möchte auf die Kirchtürme seiner Stadt verzichten, im Gegenteil: Die kriegszerstörte Dresdner Frauenkirche wurde von vielen Bürgern wieder aufgebaut, die in großer Distanz zum Christentum stehen. Trotz der seit vier Jahrhunderten fortschreitenden Aufklärung – und trotz des kommunistischen Atheismus – ist das metaphysische Bedürfnis des Menschen nach Orientierung lebendig geblieben.

Als Loki und ich mitten im Kriege heiraten wollten, haben wir eine kirchliche Trauung beschlossen. Wir waren beide dreiundzwanzig Jahre alt, die Zukunft sah düster aus. Vielleicht würden wir das Ende des Krieges gar nicht erleben, deshalb wollten wir uns aneinander binden. Aus ähnlichem Empfinden sind damals manche Kriegsehen geschlossen worden. Aber warum eine kirchliche Trauung?

Von Hause aus waren wir beide ziemlich immun gegen die Nazis. Wir haben zwar nichts von ihren schweren Verbrechen, nichts von dem fabrikmäßigen Massenmord in Auschwitz und anderwärts gewusst. Aber immerhin hatte ich begriffen: Die Nazis sind verrückt, Deutschland wird jämmerlich enden. Ich habe mir das Ende noch viel schlimmer vorgestellt, als es dann tatsächlich gekommen ist. Zurzeit von Hitlers Angriff auf die Sowjetunion war ich darüber mit einem Nennonkel in einen heftigen Streit geraten. Er war ein Freund meines Vaters, fünfundzwanzig oder dreißig Jahre älter als ich, Hauptmann der Reserve, also in gewisser Weise eine Autoritätsperson für den jungen Kriegsleutnant. Ich habe ihn angeschrien: »Das alles wird mit dem Untergang Deutschlands enden. Der neue deutsche Baustil wird Barack heißen. Aber wir können noch froh sein, wenn wir dann in Baracken und nicht in Erdlöchern leben!« Denn so habe ich mir in der Tat das Ende vorgestellt. Außerdem rechnete ich mit dem Zusammenbruch aller Moral.

In solcher Lage kann man seine Hoffnung nur auf die Kirche setzen, dachte ich, und deshalb muss man die Kirche stützen. Meine Frau teilte diese Vorstellung. So kam es zu dem Entschluss, uns kirchlich trauen zu lassen. Das war nicht als Provokation gemeint, wie einige unserer Bekannten damals meinten; wir waren auch keine Widerstandskämpfer. Unsere kirchliche Trauung war keine Hinwendung zur christlichen

Religion, sie war vielmehr Ausdruck unserer Hoffnung auf die moralische Kraft der Kirche, die nach dem erwarteten bösen Ende in Deutschland wieder eine anständige Gesellschaft herstellen würde.

Heute weiß ich längst, dass diese Hoffnung allzu idealistisch und auch naiv gewesen ist. Die Kirchen konnten gar nicht leisten, was wir von ihnen erwarteten. Immerhin hatte Lokis Pastor, Richard Remé, unsere Hoffnung geteilt. Loki kam aus einer atheistischen Familie; um kirchlich getraut zu werden, bedurfte sie zunächst der Taufe. Ihr Pastor glaubte an die Schöpfungsgeschichte im Alten Testament – Loki hingegen war von Charles Darwin überzeugt. Ein halbes Jahr lang haben sie diskutiert. Pastor Remé wusste, dass er Loki nicht überzeugt hatte, aber er taufte sie gleichwohl, weil er ihr Motiv für die kirchliche Trauung verstand und anerkannte.

Nicht wenige Deutsche haben während der Nazi-Herrschaft und im Krieg an ihrem christlichen Glauben festgehalten. Einige wenige fanden aus ihrem Glauben die Kraft zum Widerstand. Einige, die von den Verbrechen wussten, wurden aus Entsetzen und Empörung darüber in ihrem Glauben noch bestärkt. Wieder andere hat ihr Gewissen in den Widerstand geführt, ohne dass sie dazu der Gewissheit eines religiösen Glaubens bedurft hätten. In den meisten Fällen dürfte die Kenntnis von den Verbrechen der Nazis Auslöser für den Entschluss zum Widerstand gewesen sein. Die Offiziere des 20. Juli 1944 hatten zunächst bei der Vorbereitung und bei der Durchführung von Hitlers Angriffskriegen unentbehrliche Dienste geleistet. Erst als ihnen seine verbrecherische Maßlosigkeit und die Unausweichlichkeit der Niederlage klar wurde, haben sie sich zum Tyrannenmord entschließen können. Die große Mehrheit der Deutschen freilich wurde wohl oder übel zu gehorsamen Befehlsempfängern. Der Obrigkeitsgehorsam war schon unter Wilhelm II. gang und gäbe – Zuckmayer hat den »Hauptmann von Köpenick« nicht erfunden! –, und so fiel es den Nazis relativ leicht, schrittweise den totalen Gehorsam einzuüben.

Heutzutage ist die Beziehung zwischen den Kirchen und den staatlichen Obrigkeiten in Deutschland weit besser und deutlich freiheitlicher beschaffen als in den meisten Phasen der deutschen Geschichte. Zum einen ist die religiöse und weltanschauliche Neutralität des Staates weithin gesichert. Kirchliche Versuche, auf die Politik Einfluss zu nehmen oder durch Hirtenbriefe die Wähler zur Stimmabgabe für oder gegen eine Partei zu bewegen, sind im Laufe der letzten Jahrzehnte eher selten geworden – und der Erfolg solcher kirchlichen Einmischungen ist heute gering. Zum anderen sind Freiheit und Selbstbestimmung der Kirchen ohne jede Einschränkung gegeben. Die Zeiten der Bismarck'schen Pression auf die katholische Kirche oder später die nationalsozialistischen Bevormundungsversuche gegenüber den protestantischen Kirchen gehören endgültig der Vergangenheit an.

Es mag sein, dass manche Kirchenleute in Deutschland den schrittweisen Niedergang des Christentums unterschätzt haben. Jedenfalls war 1945 der christliche Glaube bei weitem nicht so fest in der Seele des Volkes verankert, dass die Kirchen in der Lage gewesen wären, eine neue, moralisch fundierte Gesellschaftsordnung ins Leben zu rufen. Das hat sich bereits im Laufe der späten vierziger Jahre deutlich gezeigt und bedeutete für mich eine empfindliche Enttäuschung meiner jugendlichen Hoffnung. Auch das Stuttgarter Schuldbekenntnis 1945 wies nicht wirksam in die Zukunft: »Wir klagen uns an, dass wir nicht mutiger bekannt, nicht treuer gebetet, nicht fröhlicher geglaubt ... haben. Nun soll in unseren Kirchen ein neuer Anfang gemacht werden.« Tatsächlich waren für den neuen Anfang aber nicht nur die gute Absicht, sondern auch allerlei Fähigkeiten notwendig. Diese Fähigkeiten aber hatten beide Kirchen nur in kleiner Münze vorrätig.

Stattdessen kam der Neuanfang in entscheidendem Maße zunächst von einigen erfahrenen Politikern der Weimarer Zeit, von Adenauer, Heuss, Schumacher und anderen. Die Begründung einer erstmals nicht konfessionell beschränkten christlichen Partei war insofern ein politisch-taktisches Meisterstück, als es gelang, beide Kirchen und ihren Anhang an das eigene politische Lager zu binden.

Es waren allerdings weder die alten Politiker aus Weimarer Zeiten noch die neuen christlichen Demokraten, welche die Westdeutschen für die Demokratie gewannen. Was die Deutschen in den Anfängen der Bundesrepublik zunehmend für Freiheit und Demokratie und die Grundlagen des Rechtsstaates empfänglich machte, waren vielmehr der erstaunliche ökonomische Erfolg Ludwig Erhards und die amerikanische Marshall-Hilfe, die uns auf die Demokratie eingestimmt haben. Diese Wahrheit bedeutet keine Schande. Schon bei Karl Marx hatte man lesen können: Es ist das ökonomische Sein, welches das politische Bewusstsein bestimmt. Zwar enthält dieser Satz nur eine Teilwahrheit. Richtig bleibt aber, dass eine Demokratie gefährdet ist, wenn die Regierenden Wirtschaft und Arbeit nicht einigermaßen in Ordnung halten.

Ludwig Erhard war in den ersten Jahren gar nicht Mitglied der christlichen Partei, er hat lange gezögert, ihr beizutreten. Ich hatte dafür Verständnis, denn die Verquickung von Christentum und Parteipolitik war mir suspekt. Zwar hatte in meinen Augen mein Parteivorsitzender Kurt Schumacher sich geirrt, als er 1950 das Konzept der Montan-Union polemisch als katholisch, klerikal und kapitalistisch disqualifizierte. Die absichtsvolle Anlehnung einer politischen Partei an die christlichen Kirchen erschien mir jedoch als ein Rückfall ins Mittelalter. Sie barg auch die Gefahr der Diffamierung von Menschen, die anderen Parteien angehörten, als Nicht-Christen, als Menschen ohne Grundwerte und ohne Moral. Nicht wenige aus dem Lager der christlichen Parteien erlagen der Versuchung, die politischen Gegner gar als Feinde des Christentums herabzusetzen – und als Kommunisten: »Alle Wege des Sozialismus führen nach Moskau«.

Trotz all meiner Skepsis gegenüber einer ganzen Reihe christlicher Dogmen empfand ich mich auch später noch als Christ. Das Schisma zwischen Katholiken und Protestanten und ihr jahrhundertelanger theologischer Streit erschienen mir dabei vollkommen belanglos. Für mich war es wichtig, den Kontakt und das Gespräch mit erfahrenen Kirchenleuten zu pflegen, um von ihnen zu lernen; in öffentlichen Reden freilich vermied ich jede Anlehnung an die christliche Lehre. Sicherlich habe ich mehrfach gegen die letztere Regel verstoßen. 1976 habe ich in einem kleinen Buch meine im Laufe der drei Nachkriegsjahrzehnte gewonnenen Vorstellungen als Christ zusammengefasst. Dabei hielt ich allerdings auf Abstand von spezifischen Glaubensinhalten und theologischen Grundsatzfragen. Solange ich im Amt war, habe ich nur ungern in Kirchen Vorträge gehalten, aber als Privatperson habe ich mich vielen Einladungen zu kirchlichen Gremien nicht entziehen wollen. Besonders später, in den acht Jahren zwischen dem Ende meiner Kanzlerschaft und dem Ende der DDR, habe ich fast jährlich in einer ostdeutschen Kirche oder einem kirchlichen Gremium im Osten Vorträge gehalten. Meist konnte meine Bitte erfüllt werden, mir ein Pult hinzustellen, denn ich wollte nicht wie ein Prediger des Christentums von der Kanzel herab sprechen.

Meine Kontakte mit herausragenden Kirchenleuten habe ich auch nach dem Ausscheiden aus allen Ämtern aufrechterhalten. Mehrfach hatte ich das Glück, den emeritierten Wiener Kardinal Franz König zu treffen. König, der im Jahr 2004 mit 98 Jahren starb, war ein wunderbar kluger Mann, der im Laufe seines Lebens wohl immer noch gläubiger geworden ist. Als ich ihn das letzte Mal in Wien besuchte, lebte er in einem der Kirche oder einem Orden gehörenden Haus und wurde von einer

Nonne betreut, die seinen Haushalt führte. Beim Abschied gab er mir die Hand und sagte: »Herr Schmidt, vergessen Sie nicht die Kraft des persönlichen Gebets!« Im gleichen Augenblick begriff ich, dass ich ihn nicht wiedersehen würde; es war das Vermächtnis eines Menschen, der wusste, er würde sterben. Ich werde das nie vergessen. Königs Mahnung zum Gebet habe ich allerdings nicht befolgt. Einige Jahre später war ich abermals in Wien und wollte sein Grab besuchen. Ich erfuhr, dass der Kardinal in einer Gruft in der Krypta des Stephansdomes beigesetzt ist. Ich stieg hinunter, und da lagen – in Nischen übereinander gestapelt – die Särge der Wiener Erzbischöfe, darunter auch Franz Königs Sarg. Mir kamen die Tränen in der Erinnerung an diesen weisen Mann – und um die Tränen zu verbergen, habe ich zu dem mich begleitenden Monsignore irgendeine burschikose Bemerkung gemacht.

Während des Vierteljahrhunderts seit Ende meiner Kanzlerschaft habe ich nicht nur das Gespräch mit Vertretern der christlichen Kirchen fortgesetzt, sondern auch mehrere gläubige Muslime, Juden und Buddhisten näher kennengelernt. Auch im Gespräch mit Freunden in China, Korea und Japan habe ich manches über andere Religionen und über mir bis dahin fremde Philosophien gelernt. Diese Bereicherung hat meine Distanz zum Christentum vergrößert, sie hat zugleich meine religiöse Toleranz entscheidend gestärkt. Gleichwohl nenne ich mich immer noch einen Christen und bleibe in der Kirche, weil sie Gegengewichte setzt gegen moralischen Verfall in unserer Gesellschaft und weil sie Halt bietet. Wir Deutschen können nicht in Frieden miteinander leben ohne die auf dem Boden des Christentums entwickelten Pflichten und Tugenden.

Die christlichen Theologen lehren uns die drei »religiösen Tugenden«: Glaube, Liebe und Hoffnung. Daneben stehen die vier »Kardinaltugenden« des Thomas von Aquin: die Tugend der Klugheit, die Tugend der Mäßigung, die Tugend der Gerechtigkeit und die Tugend der Tapferkeit. Statt Tapferkeit würden wir heute wohl eher Standfestigkeit sagen oder auch einfach von Zivilcourage sprechen. Standfestigkeit ist besonders geboten, wo es um die Verteidigung des als richtig und notwendig Erkannten geht. Keiner der beiden christlichen Tugendkataloge aber enthält Achtung und Respekt vor der Würde der einzelnen Person. Dagegen hat unser Grundgesetz die Würde des Menschen zum Grundstein unseres Staates gemacht – mit vollem Recht. Ohne die Achtung der Würde des anderen und seiner Rechte kann es weder Gerechtigkeit noch Frieden geben.

Über alle anderen Tugenden schweigt das Grundgesetz. Gleichwohl sind uns die »bürgerlichen« Tugenden bewusst, die aufgrund eines groben Missverständnisses gelegentlich als »Sekundärtugenden« bezeichnet werden. Ohne unsere persönliche Verantwortung gegenüber dem Gemeinwohl, ohne den Gemeinsinn, der das Gefühl für Anstand, Wahrhaftigkeit, Reinlichkeit und Ordnung einschließt, hat eine freie Gesellschaft keinen Bestand. Vor Jahrzehnten haben meine Freunde Marion Gräfin Dönhoff und Herbert Weichmann – fast wörtlich übereinstimmend – darauf hingewiesen, dass eine Gesellschaft ohne sittliche Normen sich auf Dauer gegenseitig zerfleischt. Um dies zu verhindern, haben wir die Aufgabe, den Nachwachsenden Beispiel zu geben. Und unsere Kirchen sollten uns dazu anstiften und ermutigen.

Aus dem 2008 erschienenen Band »Außer Dienst«. Abdruck mit freundlicher Genehmigung des Siedler Verlags, München

Politik und Ethik

*Zuerst erschienen in den »Lutherischen Monatsheften«
vom November 1972 unter dem Titel »Zwischen
Freiheit und Ordnung«*

Fleiß, Urteilskraft, Entschlusskraft und intellektuelle Redlichkeit gehören zu den Vorbedingungen, die einer erfüllen muss, der in der Politik Verantwortung trägt. Ich erinnere an Max Webers berühmte drei Qualitäten, die »vornehmlich entscheidend« sein sollen, wenn »Politik als Beruf« ausgeübt wird: Leidenschaft, Verantwortungsgefühl, Augenmaß. Max Weber hat das vor einem halben Jahrhundert geschrieben; es sind heute wohl noch andere Eigenschaften hinzuzuwünschen: Einfühlungsvermögen beispielsweise, die Fähigkeit zur Formulierung, auf jeden Fall Zivilcourage.

Max Weber hat auch geschrieben, dass der Politiker täglich und stündlich einen allzu menschlichen Feind in sich zu überwinden habe, nämlich »die ganz gemeine Eitelkeit, die Todfeindin aller sachlichen Hingabe und aller Distanz, in diesem Fall: der Distanz sich selbst gegenüber«. Distanz sich selbst gegenüber ist sicherlich eine der schwierigsten Maximen, nicht nur für Politiker. Selbstdistanz eignet eher einer kühlen als einer temperamentvollen Natur. Aber: Die Temperamentvollen gelangen eher in die politischen Führungsspitzen, und deshalb stehen sie umso stärker unter dem Gebot der Selbstdistanz und der Selbstkritik. Zu verlangen, dass die Fähigkeiten der Selbstkritik und der Selbstdistanz ständig öffentlich erkennbar werden, wäre gewiß eine schädliche Übertreibung. Gleichwohl ist Vorsicht gegenüber einem

Politiker geboten, bei dem diese Fähigkeiten erkennbar fehlen sollten.

Leidenschaft – im Sinne von Max Weber – ist die Leidenschaft des Dienstes an der res publica. In einer Demokratie muss diese Leidenschaft bei den verschiedenartigen demokratischen Führern von sehr verschiedenen Zielvorstellungen geleitet sein. Wenn etwas daran richtig ist, dass Demokratie »government by discussion« ist, dann ist es zwangsläufig, dass der Streit um das richtige Ziel und der Streit um den besten Weg dorthin dem Dienst an der res publica immanent sind. Nur darf, bei allem taktischen Getümmel, der Streit nicht dazu führen, dass die Beteiligten den Boden der eigenen politischen Ethik verlassen.

Politische Ethik – was verlangt sie von dem Handelnden? Sicherlich nicht, dass er berufen sein oder ausgebildet sein sollte, öffentlich zu philosophieren, genauso wie Philosophen nur selten zur Politik berufen sind. Niemand sollte also vom Politiker verlangen, dass er die moralischen und philosophischen Grundlagen seines eigenen Handelns wissenschaftlich, abstrakt oder religiös darstellt. Aber von einem Politiker sollte verlangt werden – und er sollte es auch von sich selbst verlangen –, dass er in einer für das Verständnis seiner Zuhörer oder Leser notwendig einfachen Weise klarmacht, wie er Wahrheit und Unwahrheit, Gerechtigkeit und Ungerechtigkeit, Gemeinnutz und Eigennutz empfindet.

Wohl ist jede politische Entscheidung eine »Gewissensentscheidung«. So gesehen, heißt Politik betreiben: feste politisch-sittlich begründete Ziele verfolgen und in den wandelnden Situationen des Staates und der Gesellschaft feststehende politisch-sittliche Grundsätze anwenden.

Aber niemand möge sich täuschen. Da gibt es auch den politischen Alltag, den parlamentarischen Alltag und auch den Alltag jedweder Regierung oder Verwaltung. Häufig ist ein Politiker – wie auch alle Menschen in anderen Berufen – gezwungen, bloße Zweckmäßigkeitsentscheidungen zu treffen, bei denen er gar nicht dazu kommt, hintergründig zu prüfen. Und bei vielen Entscheidungen ist er als Parlamentarier gezwungen, sich nicht auf eigene Erfahrung und Routine stützen zu können, sondern sich auf das Urteil seiner Kollegen verlassen zu müssen, die eine spezielle Fachverantwortung haben und deren Entscheidungen zu befolgen und gutzuheißen ihm nach bisheriger Erfahrung vernünftig erscheint. Viele Menschen verfallen dem Irrtum zu glauben, jeder Politiker, der sich einer Mehrheitsentscheidung seiner Partei, seiner Fraktion, seiner Regierung diszipliniert untergeordnet habe, handle gegen sein Gewissen. Dabei gehen solchen Entschlüssen des Einzelnen sehr sorgfältige Gewissensforschungen voraus. Die normale Methode, dahin zu gelangen, ist Diskussion unter politischen Freunden.

Demokratie, Regierung, Parlament, der Beruf des Politikers überhaupt – das alles darf nicht idealisiert werden. Ideales mag im Himmel geschehen, aber es geschieht selten in irdischen Parlamenten. Winston Churchill hat dies 1946 für sich und für seine Parlamentskollegen offen zugegeben, dass nämlich die Parlamentarier Interessen vertreten und bestimmte Bindungen zu Gruppen des Volkes besitzen: »Man sollte uns nicht für eine Versammlung von Gentlemen halten, die keine Interessen verfolgen und keine Verbindungen unterhalten – das wäre lächerlich, das mag im Himmel geschehen, aber nicht hier.« Wer nämlich idealisiert, riskiert auch, dass Illusionen zusammenbrechen und dass es dann zu gefährlichen Enttäuschungs- und Kurzschlussreaktionen der Bürger kommt, die deren Vertrauen in den demokratischen Prozess zerstören können. Demokratie ist eben eine sehr menschliche Form des Miteinanderlebens und des Miteinanderauskommens – und nicht immer ist, wie auf dem Fußballplatz, ein Schiedsrichter zugegen, der abpfeift, wenn es unfair wird oder wenn der Ball im Aus landet.

Die Schiedsrichterfunktionen in der Demokratie sind vielfältig, und sie wechseln auch. Die Regierenden müssen immer wieder prüfen, ob das, was sie für das Beste halten, auch tatsächlich das Beste ist. Die Regierten müssen immer wieder diese Angebote prüfen. Eine zentrale Spielregel der Demokratie, sozusagen deren Paragraph eins, ist daher, dass Ziele und Wege der Handelnden – ob in Regierung oder in Opposition – stets der öffentlichen Kontrolle ausgesetzt sind. Diese Kontrolle ist aber allen Staatsbürgern aufgegeben, nicht nur dem Parlament oder der Presse.

Wir leben nicht in einer geschlossenen, sondern in einer offenen Gesellschaft. Auch das ist ein Maßstab unseres Zusammenlebens. Staat, Bundesland und Gemeinde bestehen aus einzelnen Menschen, und jeder einzelne Mensch entzieht sich einer abschließenden Kategorisierung. Jeder Bürger hat seine eigenen Bedürfnisse und seine eigenen Wünsche; er gehört außerdem aber Interessengruppen an – und bisweilen mehreren zugleich und verschiedenen nacheinander. Der Staat, die Regierenden – sie können niemals diese Vielzahl der Einzel- und der Gruppenbedürfnisse befriedigen. Der Staat würde sonst zu einem Supermarkt mit Schleuderpreisen – er müsste schnell zugrunde gehen.

Die Regierenden dürfen den Staat nicht zum Selbstbedienungsladen degenerieren lassen. Und der Pluralismus einer demokratischen Gesellschaft darf nicht in einen Pluralismus der Interessenhaufen umschlagen. Verantwortung der Regierenden heißt also, dass sie zugleich für den Fußgänger und für den Autofahrer, zugleich für die Unternehmer und für die Arbeitnehmer, zugleich für die Protestanten und die Katholiken und die Freidenker, zugleich für die kirchliche Gemeinde und die Bürgergemeinde zu sorgen haben. Die Regierenden können Konflikten nicht entgehen, aber sie können sie durch vernünftige Kompromisse erleichtern, vielleicht sogar lösen. Dabei stehen sie immer in den Dilemmata zwischen Freiheit und

Ordnung – aber ebenso müssen sie immer auf der Seite der Schwächeren stehen.

Die Freiheit, ohne die wir nicht überleben können und ohne die unsere Welt nicht friedlich zu ordnen ist, diese Freiheit ist nicht möglich ohne das universale Prinzip der Partnerschaft, das erst dort seine Grenze findet, wo – wie bei totalitären Parteien – ihm die Gegenseitigkeit verweigert wird.

Ein Politiker in einem demokratischen Staat muss stets zwei Ebenen anerkennen: die Ebene derjenigen Dinge, über die man auf demokratische Weise abstimmen kann und muss, um zur Entscheidung zu gelangen, und die höhere Ebene derjenigen Sachen, über die man nicht abstimmen darf. Die Dinge des Glaubens, der religiösen oder ethischen Überzeugung sind der Abstimmbarkeit entzogen. Über sie kann keine wie auch immer geartete Mehrheit befinden. Hier steht der einzelne Mensch allein mit seinem Gewissen, allein vor Gott. Das Gewissen entzieht sich jeder Fremdbestimmung. Und ebenso wenig darf sich ein Rechtsstaat anmaßen, eine bestimmte Gewissensentscheidung notfalls mit der Gewalt seiner Gesetze, mit Polizei und Gefängnis zu erzwingen – auch wenn er das legale Monopol physischer Gewaltanwendung besitzt.

Das Wesen der freiheitlichen Demokratie ist nicht einfach, dass die Mehrheit herrscht, sondern dass diese Mehrheit weiß, über welche Dinge man legitimerweise Mehrheitsentscheidungen fällen darf und worüber man dies nicht darf; denn die Praktizierung des Rechts der Mehrheit, über alles zu bestimmen, ohne dabei an die Schranken des Nichtabstimmbaren gebunden zu sein, würde geradewegs in den totalitären Staat führen.

Die zuvor genannten Maßstäbe müssen gelten, wenn der politisch-moralische Stand der Nation in Ordnung sein, wenn eine freiheitliche Ordnung im Innern unseres Staates herrschen soll. Sie müssen auch für die Art und Weise gelten, in der sich ein Staat in die internationalen Beziehungen einfügt und in ihnen zu seinem Vorteil wirkt.

Unsere Nation ist in einer einzigartigen Lage: Es gibt keine andere Nation in Europa, die mit so vielen Anrainern und Nachbarn zusammenleben muss. Das ist eine Folge unserer geographischen Situation, es ist eine besondere Belastung unserer nationalen Geschichte, für die wir ohne Schuld sind. Dagegen haben wir Deutsche die besondere Belastung unserer nationalen Gegenwart durch die Folgen des vom Deutschen Reich begonnenen, total geführten und total verlorenen Krieges gemeinsam zu verantworten.

Den eigenen Interessen und ebenso und gleichzeitig dem Frieden zu dienen, diese Aufgabe ist für kein anderes Land Europas schwieriger als für uns; umso mehr kommt es für uns darauf an, die sittlichen Maßstäbe der Politik zu kennen und ihnen zu gehorchen. Solcher Gehorsam ist dann zugleich gewiss auch christlich – auch und gerade dann, wenn der Politiker es als unwürdig oder als scheinheilig empfindet, den Namen Christi im Munde zu führen.

Grundwerte in Staat
und Gesellschaft

*Vortrag vor der Katholischen Akademie
in Hamburg am 23. Mai 1976*

Wenn ich mich vor dem Forum einer katholischen Akademie zu dem mir gestellten Thema »Grundwerte in Staat und Gesellschaft« äußere, so hat das nur scheinbar einen aktuellen Anlass. Die aus den Medien uns in den letzten Tagen bekannt gewordene Fülle kirchenamtlicher Äußerungen kann den Eindruck entstehen lassen, als seien die Grundwerte in unserem Staat nicht in guter Hand. Als mir die Katholische Akademie Hamburg die Möglichkeit eröffnete, mich zu diesem Thema zu äußern, war nicht vorauszusehen, dass gerade zu diesem Zeitpunkt die massierten Äußerungen der Deutschen Bischofskonferenz und des Zentralkomitees der Deutschen Katholiken veröffentlicht würden.

Nun sehe ich es nicht als Sinn und Zweck dieser Rede an, nachträglich etwa zu diesen Äußerungen den Beweis zu führen, dass jener Vorwurf, nämlich die Gesetzgebung und der Staat schlechthin gefährdeten die Grundwerte, nicht zutrifft. Vielmehr nehme ich die Gelegenheit wahr, um Ihnen das Verständnis darzulegen, das meine politischen Freunde und das ich von der Notwendigkeit haben, dass die Übereinstimmung in grundsätzlichen Werthaltungen und in elementaren Normen eine unentbehrliche Bedingung für das freiheitliche und demokratische Zusammenleben in einer Gesellschaft und in einem Staat darstellt.

Das gemeinsame Gespräch über diese Fragen, das Sie mir

mit dieser Veranstaltung eröffnen, scheint mir übrigens auch deshalb dringend geboten, weil der Begriff »Grundwerte« in der öffentlichen Diskussion mit sehr verschiedenen Inhalten gefüllt ist. Ein großer Teil der Kontroversen beruht auf Missverständnissen, weil die Begriffsinhalte nicht die gleichen sind. Meinungsverschiedenheiten, Widersprüche und Missverständnisse sind bei solcher Ausgangslage ziemlich zwangsläufig.

Wenn ich heute über das Problem der Grundwerte reden soll, so will ich damit nicht zu jener Diskussion Stellung nehmen, die unter dem gleichen Stichwort gegenwärtig in den großen politischen Parteien geführt wird, eine Diskussion, zu der ich vor knapp vierzehn Tagen im Deutschen Bundestag beizutragen mich bemüht habe. Ich verwende im Folgenden den Begriff »Grundwerte« vielmehr in dem Sinne, in dem er in dem amtskirchlichen Vorwurf gebraucht worden ist, die Auflösung der Grundwerte, die Auflösung ethischer Überzeugungen in unserer Gesellschaft stehe bevor.

Dieser Vorwurf wird in der jüngsten gesellschaftspolitischen Stellungnahme der Deutschen Bischofskonferenz mit folgenden Worten umschrieben: »Nun zeigen sich gegenwärtig Verschiebungen im Wert- und Normbewusstsein unserer Gesellschaft. Viele Bürger stehen kritisch, wenn nicht ablehnend gegenüber verpflichtenden Ansprüchen des Sittengesetzes. Die personale Verantwortung des Einzelnen wird oft mit subjektiver Beliebigkeit vertauscht. Es wird üblich, soziale Konflikte und soziales Fehlverhalten immer seltener dem Einzelnen als Folge sittlich falschen Handelns anzulasten, sondern vielmehr allein als Folge einer ungerechten Wirtschafts- und Gesellschaftsstruktur hinzustellen.«

Diese Beschreibung, zu der ich von mir aus im Augenblick nichts zu bemerken habe, wird aber dann des Weiteren mit dem Vorwurf verbunden, der Staat trete dem Verfall der Grundwerte nicht hinreichend entgegen, ja er trage sogar zu ihrer Auflösung bei. Beispielsweise habe ich im Hirtenwort der Bayerischen Bischofskonferenz zur Landtagswahl vor zwei Jahren gelesen: »Das sittliche Bewusstsein in Lebensfragen und die Achtung der im Grundgesetz verbürgten Menschenrechte drohen zu schwinden. Die jetzige Bundespolitik tritt diesem Rückgang, soweit überhaupt, nur unzureichend entgegen; in wesentlichen Bereichen fördert sie ihn eher.«

Nicht viel anders wurde im Pastoralen Wort der Deutschen Bischöfe zur Novellierung des § 218 des Strafgesetzbuches vom 7. Mai 1976 formuliert. Dort heißt es: »Der Staat hält sich nicht mehr verpflichtet, Leben und Würde des Menschen im notwendigen Umfang auch strafrechtlich zu schützen. Diese Regelung erschüttert das Fundament unseres Rechtsstaates... Sie zerstört das sittliche Bewusstsein und macht die Gesellschaft unmenschlicher.«

Das sind schwere Vorwürfe. Ich will zunächst vorweg vier Gedanken dazu sagen:

1. Von Staats wegen kann kein Zweifel bestehen: Es ist das Recht der Kirche, zu solcher Sorge öffentlich deutlich Stellung zu nehmen.
2. Als Christ kann ich sogar von der Kirche verlangen, dass sie dazu öffentlich und deutlich Stellung nimmt.
3. Die Wahrheit und die Rechtfertigung solcher Vorwürfe bleiben zu prüfen.
4. Die Frage ist erlaubt und dem Christen jedenfalls geboten: Was eigentlich ist in diesem Zusammenhang der Aufrechterhaltung der Grundwerte die Leistung der Kirche und warum bleibt die Leistung der Kirche bisher unzureichend?

Nun gehe ich von unserer gemeinsamen Überzeugung aus, dass sich menschliche Existenz nicht auf die Befriedigung materieller Bedürfnisse reduzieren lässt, dass vielmehr jeder Mensch auf eine Orientierung für den Sinn seines Lebens angewiesen ist, die auch den letzten Fragen standzuhalten vermag. Und ich denke, wir gehen weiter gemeinsam von der Tatsache aus, dass der Mensch nicht als Einzelner isoliert lebt und dass das Zusammenleben von Menschen Übereinstimmung in Werten und Normen, in Grundauffassungen und Grundhaltungen verlangt.

Auf solcher Grundlage schafft sich die Gesellschaft Mechanismen, die dem Ausgleich von Interessen und Spannungen und die vor allem der Ermöglichung personaler Freiheit dienen. Gemeinsamkeit der im Prozess der Geschichte gewachsenen Kultur und Gemeinsamkeit eingeübter Lebensformen machen die Homogenität einer Gesellschaft aus. Aber wir wissen aus eigener Lebenserfahrung und aus geschichtlicher Erfahrung, dass der Grad der Homogenität einer Gesellschaft durchaus verschieden groß sein kann. Wenn er klein ist oder wenn die Übereinstimmung in elementaren Grundwerten und Grundauffassungen fehlt, dann sind Freiheit und Würde des Menschen gefährdet.

Eine Gesellschaft, in welcher der Konsens über elementare Grundwerte verloren gegangen ist, treibt auf Anarchie zu – es sei denn, sie träte die Konsensbildung an einen total reglementierenden Staat, an einen Obrigkeitsstaat, an eine Diktatur ab. Mit anderen Worten: Wenn die im einzelnen Menschen vorausgesetzten sittlichen Kräfte zur Regulierung seiner Freiheit fortfallen, wenn die »inneren Regulierungskräfte« der Gesellschaft ausbleiben, dann tritt eine Außenlenkung in Form von Zwang und Reglementierung an deren Stelle.

In unserer Gesellschaft – in der konkreten Situation unseres Staates und unseres Grundgesetzes – wird, so nehmen wir sicherlich alle als gegeben an, eine Vielzahl von weltanschaulichen Begründungen angeboten. Das ist ja auch der Wille des Grundgesetzes. Anders als in einer Gesellschaft mit einheitlicher Sinnorientierung – wie etwa im Mittelalter – kann es in einer pluralistischen Gesellschaft – zu der wir uns ja bekennen – keine volle Identität der Werthaltungen aller Beteiligten geben. Die Bejahung der demokratischen Verfassung bedeutet geradezu den prinzipiellen Verzicht auf Totalkonsens.

Andererseits kann auch die Demokratie keineswegs ohne Grundwertekonsens die Würde des Menschen bewahren. Zu dem Minimalkonsens der Demokratie gehört unerlässlich die Anerkennung des unabstimmbaren Bereiches der letzten Fragen; das sind Fragen, über die ein Parlament nicht abstimmen darf, von denen es wissen muss, dass es über sie nicht zu befinden hat, über die auch Mehrheitsentscheidungen nicht zulässig sind.

Ich gehe also davon aus, dass zu jedem gedeihlichen Zusammenleben in einer politisch geeinten und organisierten Gesellschaft ein weitgehender Konsens über Grundwerte gehört. Es fragt sich, was in einem demokratisch verfassten Staat den Minimalkonsens ausmacht und begründet; und es wäre gut, wir hätten mehr als nur ein Minimum an Übereinstimmung. Es fragt sich weiter, woher eigentlich der Staat die Grundwerte bezieht, auf denen er ruht und die seine Funktionsfähigkeit gewährleisten.

Für unseren Staat, für die Bundesrepublik Deutschland, beantwortet sich die Frage nach den Grundlagen des Staates aus dem Grundgesetz. Das Grundgesetz enthält Leitprinzipien für die Gestaltung unserer verfassungsmäßigen Ordnung. Sie sind an einigen Stellen, zum Beispiel in der Präambel, vornehmlich aber in den Artikeln 1 und 20 niedergelegt, die dann in Artikel 79 noch mit einer Bestandsgarantie ausgestattet sind.

Es war die geschichtliche Erfahrung, die die Väter des Grundgesetzes zu der Erkenntnis, zu der Einsicht geführt hat, dass die Würde des Menschen nicht zur Verfügung stehen darf. Deshalb ist in Artikel 1 des Grundgesetzes die Unantastbarkeit der Menschenwürde festgestellt und zugleich aller staatlichen Gewalt die Verpflichtung auferlegt, die Unantastbarkeit der Menschenwürde zu achten und zu schützen. Zugleich bekennt sich dieser erste Artikel unseres Grundgesetzes zur Unverletzlichkeit und zur Unveräußerlichkeit der Menschenrechte »als

Grundlage jeder menschlichen Gemeinschaft, des Friedens und der Gerechtigkeit«.

Damit ist dem Staat und allen Personen und Institutionen, die für ihn handeln, zugleich Maßstab und Schranke für staatliches Handeln gesetzt. Es wäre gewiss falsch, aus diesem Artikel 1 schon detaillierte Handlungsanweisungen für die Lösung aller tatsächlich auftretenden Fragen zu folgern. Denn er sagt den Instanzen des Staates eben nicht, an welchem Ort, mit welchen Mitteln, zu welchen Lasten oder unter Inkaufnahme welcher Risiken der Staat die Würde des Menschen zu schützen hat. Artikel 1 lässt nicht für jeden konkreten Fall einen Schluss darüber zu, dass sich staatliches Handeln nur in einer bestimmten Richtung zu entfalten habe.

Sodann ist für unseren Staat vor allem das Bekenntnis zum demokratischen und sozialen Rechtsstaat konstituierend, wie es in Artikel 20 des Grundgesetzes dargestellt ist. Dieser Staat ist angelegt auf die Sicherung des eigenen Freiheitsbereichs für seine Bürger, eines Freiheitsbereichs, der frei von staatlichem Eingriff dem Einzelnen seine freie Entfaltung ermöglicht.

Nun sind die Grundlagen der rechtsstaatlichen Ordnung im Grundrechtskatalog der auf Artikel 1 folgenden Verfassungsartikel verbrieft. Diese Grundrechte sind Abwehrrechte, die den Freiheitsraum der Person schützen; zugleich ermöglichen sie die soziale Entfaltung der Person. Es ist falsch, diese Grundrechte mit transzendent orientierten, mit religiösen oder sittlichen Grundwerten gleichzusetzen. Das ist durchaus nicht dasselbe, sondern es sind ganz verschiedene Dinge, über deren Unterschiedlichkeit und deren Spannungsverhältnis zueinander ich zu reden habe.

Die Grundrechte unseres Grundgesetzes enthalten keine Garantie, keine Gewährleistung ganz bestimmter Auffassungen, Überzeugungen, Werthaltungen oder eines ganz bestimmten Glaubens oder Bekenntnisses. Wohl aber eröffnen sie die Freiheit, Auffassungen, Überzeugungen, Glauben zu haben, dafür einzutreten und dementsprechend zu handeln. Anders ausgedrückt: Mit der Gewährleistung der Grundrechte für den einzelnen Menschen, auch für Gruppen, eröffnet das Grundgesetz die Möglichkeit, Grundwerte zu verwirklichen. Das ist für mich ein Angelpunkt der Argumentationskette, die ich vor Ihnen ausbreiten möchte.

Diese Wirkung der Grundrechte möchte ich Ihnen am Beispiel der Glaubensfreiheit darlegen, die in Artikel 4 des Grundgesetzes garantiert ist. Hier wird dem einzelnen Bürger nicht nur die Freiheit garantiert, einen religiösen Glauben, eine Weltanschauung zu haben, sondern es wird ihm auch die Freiheit garantiert, diese *nicht* zu haben. Trotz Garantie der Religionsfreiheit kann daher Religion absterben, wenn etwa in den Menschen die religiösen Überzeugungen, der Glaube absterben. Es ist nicht Sache des Grundgesetzes, dort einzugreifen. Sache des Grundgesetzes, des Grundrechts auf Religionsfreiheit ist es, den freien Raum zu schaffen, in dem die Menschen denken, sprechen, hören, handeln dürfen und sollen.

Umgekehrt folgt aus dieser Freiheitsgarantie gegenüber der Person, dass der Staat sich religiös und weltanschaulich neutral zu verhalten hat. Dieser Staat kann sich eben nicht mit bestimmten Religionen, mit religiös bestimmten ethischen Überzeugungen, mit Bekenntnissen identifizieren. Ein Staat, der jede religiöse Betätigung garantiert, der eine Vielfalt religiöser und ethischer Grundhaltungen ermöglichen soll, darf keine bestimmte Wertordnung unter Ausschluss anderer Wertordnungen zur allein verbindlichen erklären. Das will er auch nicht, denn eine solche Bevorzugung würde dem Leitprinzip des demokratischen Staates, zu dem sich das Grundgesetz in Artikel 20 bekennt, zuwiderlaufen.

Beim Erlass von Gesetzen, bei jeder Regierungstätigkeit sind die Organe und die handelnden Diener des demokratischen Staates notwendigerweise von den sittlichen Grundhaltungen bestimmt, die in der Gesellschaft lebendig und wirksam sind. Sie wirken auf sie als einzelne Menschen, die am Prozess der politischen Willensbildung teilhaben. (Ich füge hinzu: Bitte denken Sie immer an die Personen, die im Staat und für den Staat handeln – dazu gehören die Minister genauso wie die Politiker der Opposition, dazu gehören ebenso die Richter und die Beamten –, und denken Sie nicht von »dem Staat« als Abstraktum so, als ob er ein handelndes Subjekt sei; das ist eine Auffassung des 19. Jahrhunderts.) So fließen über Mehrheitsentscheidungen die sittlichen Grundhaltungen, die in der Gesellschaft existent sind, in den Prozess der politischen Willensbildung ein.

Der demokratische Staat, der auf Zustimmung durch seine Bürger angewiesen ist und den die Bürger mittels des Wahlaktes, aber nicht nur damit, auch verändern können, kann sich nicht auf längere Zeit in Distanz halten zu dem Meinungsbildungsprozess innerhalb der Gesellschaft. Er kann sich auch nicht auf längere Zeit in Distanz halten zu den Meinungen über den Inhalt von Grundwerten und ihre Rangordnung.

Der demokratische Staat hat die Werthaltungen und die sittlichen Grundhaltungen nicht geschaffen. Er findet sie vielmehr in den Einzelnen und in der Gesellschaft vor, und er muss bei seinem Handeln dort anknüpfen. Das heißt, der freiheitliche Staat, der weltanschaulich neutrale, der demokratische Staat lebt von ihm vorgegebenen Werten und Werthaltungen. Er hat sie nicht geschaffen, er kann ihren Bestand nicht garantieren, ohne seine Freiheitlichkeit in Frage zu stellen.

Damit habe ich freilich die Frage nach der Herkunft der Grundwerte nicht beantwortet. Nach unserem Grundgesetz liegt die Verantwortung für Grundwerte – das heißt für lebendige, gelebte sittliche Grundauffassungen – bei der Person, bei Gemeinschaften von Personen, bei Gruppen, also innerhalb der Gesellschaft. Der Staat vermag die Regulierungskräfte innerhalb der Gesellschaft nicht von sich aus zu erzwingen, weder mit autoritativem Gebot noch durch Mittel des Rechtszwanges. Der Staat ist insofern darauf angewiesen, dass die gesellschaftlichen Kräfte innerhalb des von ihm garantierten Freiraumes tatsächlich tätig sind. Der freiheitliche Staat geht auch insoweit – um der Aufrechterhaltung der Freiheit willen – ein Risiko ein. Seine Möglichkeiten zur Abhilfe sind sehr beschränkt, wenn die inneren, die sittlichen Regulierungskräfte in der Gesellschaft versagen.

Nun mag diese Lösung unbefriedigend erscheinen, und Sie mögen sich fragen, ob der Staat nicht doch Hilfestellung zu leisten habe. Ich müsste dann fragen, ob er sie ohne Verletzung des Neutralitätsgebotes leisten kann. Es kann durchaus Aufgabe des Staates sein, das ethosbezogene Wirken gesellschaftlicher Kräfte zu fördern.

Weil dem Staat des Grundgesetzes Grundwerte vorgegeben sind, auf denen er aufbaut, deshalb weiß sich dieser Staat – bei Strafe der eigenen Preisgabe – verpflichtet, den vorhandenen Bestand an Grundwerten, an ethischen Grundüberzeugungen und Werthaltungen zu schützen. Wie aber der Staat dabei zuwege geht, welcher Mittel er sich dabei im einzelnen Falle bedient – und das hat die Entscheidung des Bundesverfassungsgerichtes zum § 218 StGB ganz deutlich gemacht –, das entscheidet sich im Prozess der politischen Willensbildung.

Nun sind der Staat, seine Organe und die in ihnen handelnden Personen sicher in besonderem Maße in die Verantwortung gerufen, wenn es um die Rechtsordnung in solchen Bereichen geht, in denen sittliche Grundauffassungen, in denen Grundwerte unmittelbar berührt werden. Hier ist dafür zu sorgen, dass die notwendigen Grundwerte nicht abgebaut, nicht zerstört, sondern durch die Rechtsordnung gestützt werden.

Aber mir erscheint wichtig, noch einmal ein mögliches Missverständnis abzuwehren. Die Rechtsordnung des demokratisch verfassten Staates muss sich grundsätzlich an dem tatsächlich in den Menschen vorhandenen Ethos orientieren – und zwar unabhängig davon, ob diese Orientierung allen normativen Anforderungen entspricht, die von einzelnen Personen oder Gruppen erhoben werden. Das Recht kann nur begrenzt in ein Spannungsverhältnis zum tatsächlich in der Gesellschaft vorhandenen Ethos treten. Andernfalls würde es das Rechtsbewusstsein nicht mehr treffen und würde nicht mehr akzeptiert werden. Deshalb muss die Rechtsordnung einen Wandel des tatsächlich vorhandenen Ethos berücksichtigen. Das Bedürfnis der Reform von Rechtsnormen entsteht vielfach ja gerade deshalb, weil sich das tatsächliche Ethos, so wie es in den Menschen vorhanden ist, gewandelt hat.

Im demokratischen Staat, im Prozess der demokratischen Willensbildung, der auf Mehrheitsentscheidungen angewiesen ist, muss Rechtssetzung immer auf vorhandenes Ethos gestützt sein. Der Staat des Grundgesetzes kann als Staat nicht Träger eines eigenen Ethos sein – das will und soll er auch nicht sein, das will das Grundgesetz nicht. Nur das, was in der Gesellschaft an ethischen Grundhaltungen tatsächlich vorhanden ist, kann in den Rechtssetzungsprozess eingehen, kann als Recht ausgeformt werden.

Das gilt auch für neu sich bildende sittliche Grundhaltungen. Es kann nicht die Rede davon sein, dass in unserer Gesellschaft sittliche Grundhaltungen nur abgebaut würden. Es entstehen viele neu in unserer Generation, zu unseren Lebzeiten. Ich denke nur an das in unserer Generation neu erwachte Ethos gegenüber farbigen Menschen, gegenüber Entwicklungsländern und den Menschen dort, an die sittliche Haltung, mit der wir inzwischen gelernt haben, Ausländern gegenüberzutreten. Ich denke weiter an die neu entwickelten sittlichen Haltungen gegenüber vielen sogenannten Randgruppen in unserer eigenen Gesellschaft. Das sind neue, früher so nicht vorhandene sittliche Haltungen. Die Rechtsordnung wird sie im Zuge des demokratischen Prozesses in sich aufzunehmen haben, sie hat das zum Teil schon getan.

Nun gilt das natürlich auch umgekehrt: Wenn bestimmte

ethische Auffassungen in der Gesellschaft nicht mehr vorhanden sind, dann verliert das Recht seine demokratische Legitimation. Der Staat kann ein nicht mehr vorhandenes Ethos nicht zurückholen, und er kann ein nicht mehr vom Konsens der Gesellschaft getragenes Ethos nicht durch Rechtsnorm für verbindlich erklären. Hier ist der Staat an die Grenzen seiner Möglichkeiten gekommen.

Dieses Problem, dass ein nicht mehr vom Konsens getragenes Ethos nicht wieder zurückgeholt werden kann, stellt sich nicht nur für den Staat, sondern auch innerhalb der Kirche. Was für Wandel gibt es zum Beispiel innerhalb der Lehrmeinungen Ihrer Kirche! Oder schauen Sie auf die katholische Soziallehre: von »Rerum novarum« über »Quadragesimo anno« und »Mater et magistra« bis in die heutige Zeit – welch ein Wandel an Einsicht! Und wie stark haben gewandelte Einsichten zu neuen sittlichen Grundhaltungen, zum Beispiel gegenüber der Arbeiterfrage, geführt. Diese Dynamik ist sicherlich nicht im Jahre 1976 zu Ende.

Welch ein enormer Wandel – eigentlich erst gegen Mitte dieses Jahrhunderts –, dass die Amtskirche die Grundbedeutung der Demokratie nicht nur erkennt, sondern auch ihren Gliedern vermittelt! Welch ein großer Wandel durch Papst Johannes XXIII. mit dem Gebot zur Toleranz, zur Toleranz nicht aus Gleichgültigkeit dem gegenüber, was jemand anderes glaubt oder denkt, sondern der Toleranz aus Achtung vor dem Glauben und dem Denken anderer. Das sind nur Beispiele für die Entwicklung neuer sittlicher Grundhaltungen. Wo andererseits Normen oder ethische Forderungen aufgestellt werden, die vom sittlichen Bewusstsein als überzogen empfunden oder noch nicht oder nicht mehr akzeptiert werden, riskiert der Gesetzgeber seine Autorität.

Da also dem Staat des Grundgesetzes die Kompetenz fehlt, Grundüberzeugungen und Ethos zu erzwingen, kann die Zuständigkeit für die Grundwerte eben nur in der Gesellschaft liegen. Aber was ist nun »die Gesellschaft«? Dies ist ja ein ähnlicher Allerweltsbegriff wie »der Staat«; jeder versteht etwas anderes darunter.

Sicher ist es verfehlt, die Gesellschaft als einen einheitlichen, ungeteilten Träger, als eine homogene Quelle ethischer Grundüberzeugung zu sehen. »Die Gesellschaft« ist ein Inbegriff vielfältigster sozialer Beziehungen ohne einheitliches und konkret bestimmbares Subjekt. Ethische Grundüberzeugungen werden getragen und gebildet vom Einzelnen und von konkreten Gemeinschaften, in denen sich einzelne Menschen zusammenfinden. Es ist eine Vielzahl von Gemeinschaften, Institutionen, Gruppen, Schichten, Klassen mit unterschiedlichen Orientierungen, Interessen und Wirkungen, die sich in der Gesellschaft vorfinden, die miteinander die Gesellschaft bilden und die sich innerhalb dieser Gesellschaft um Einfluss bemühen.

Unter ihnen kommt nun den Kirchen für die Bewahrung und die Bildung von ethischen Grundüberzeugungen eine besondere Bedeutung zu. Woraus rechtfertigt sich diese besondere Bedeutung der Kirchen? Gewiss nicht nur aus der Bedeutung der Kirchen für die sozialen Dienste in der Gesellschaft, wenngleich das, was Caritas und Diakonie – ebenso wie Rotes Kreuz oder Arbeiterwohlfahrt – in den verschiedensten Arbeitsbereichen der Altenpflege, Behindertenhilfe, Ausländerfürsorge leisten, hohe Anerkennung verdient. Aber hier stehen die Kirchen in einer Reihe mit den Initiativen zahlreicher anderer gesellschaftlicher Kräfte. Dies allein kann ihre besondere Bedeutung also nicht rechtfertigen.

Die Kirchen unterscheidet von den neben ihnen arbeitenden Gemeinschaften und Gruppen der Gesellschaft, dass sie eine Antwort auf jene Fragen des Menschen anbieten, die ihn über seine Erfahrungswelt hinaus bewegen, die den Sinn seines Lebens betreffen, in denen der Christ sich auf Gott angewiesen weiß. Aus ihrer letzten Verankerung im transzendenten Bereich ergibt sich die besondere Aufgabe der Kirche, wenn es um Wertüberzeugungen und um Ethos in der Gesellschaft geht. Aus ihrer stetigen Rückbindung an ihren eigenen tragenden Grund, aus der Auffassung vom Sinn des menschlichen Daseins erwächst den Aussagen der Kirche ihre Verbindlichkeit.

Die Kirchen, die Religions- und Weltanschauungsgemeinschaften haben für die Vermittlung und das Lebendighalten der Grundwerte und sittlichen Grundhaltungen keine ausschließliche, wohl aber eine tragende Funktion. Sie leisten darin für den Einzelnen, aber auch für die Gesellschaft und für den Staat einen wesentlichen Dienst: nicht durch eilfertiges Zu-Diensten-Sein gegenüber Staat oder Gesellschaft, sondern nur, wenn sie ihren eigentlichen Auftrag unverkürzt wahrnehmen – nämlich Verkündung der Glaubensbotschaft und dessen, was sich aus ihr für den Einzelnen und für die Welt ergibt.

Nun mag dem Politiker an dieser Stelle die kritische Frage gestattet sein, ob die gesellschaftlichen Kräfte und Gruppen ihre Möglichkeiten und ihre Verantwortung bei der Bildung und Vermittlung der Grundwerte wirklich hinreichend wahrnehmen. Oder ganz konkret und deutlich: Wie nimmt eigentlich die katholische Kirche ihre Aufgabe und Verantwortung für die Grundwerte in der Gesellschaft wahr?

Wenn ich die Verlautbarungen aus dem Bereich der katholischen Kirche in der jüngsten Zeit richtig aufgenommen habe, so steht dort die Klage im Vordergrund, die Grundwerte seien in Gefahr; daran wird dann regelmäßig der Vorwurf angeschlossen, der Staat gebe die Grundwerte preis und stelle sie zur Disposition. Dann folgt der Appell an die Träger staatlicher Gewalt: Rettet die Grundwerte! Uns Politikern wird auf diese Weise zu verstehen gegeben, dass der Staat alle ihm zu Gebote stehenden Mittel der Rechtsordnung und der öffentlichen Gewalt einzusetzen habe, um die Grundwerte, so wie die katholischen Bischöfe sie verstehen, gegen jedermann zu verteidigen.

Ich habe aus diesem Teil der Diskussion um die Grundwerte den Eindruck gewonnen, als ob die Kirche bisweilen in verkehrter Frontstellung kämpfe. Ob ich es nun als Politiker oder als Christ sehe, ich komme immer zu dem gleichen Ergebnis, dass es zunächst die eigene Aufgabe der Kirche ist, sittliche Grundauffassungen in der Gesellschaft lebendig zu erhalten. Haben sich Aufrufe der Bischöfe und des Zentralkomitees deshalb nicht in allererster Linie in den Innenraum der Kirche, an die Katholiken zu richten? Ich bin manchmal erschreckt von dem Ruf nach dem Büttel des Staates.

Jedem von uns ist doch bewusst, dass neunzig Prozent der Bürger unseres Landes einer der beiden christlichen Kirchen angehören. Wenn nun die Kirchen gleichwohl die Gefährdung von Grundwerten zu beklagen haben, so ist das offenbar ein Zeichen dafür, dass die Kirchen mit ihrer Grundwerte-Argumentation einen sehr großen Teil dieses Kirchenvolks nicht mehr erreichen. Wenn es anders wäre, bestünde kein Grund zur Klage, und dann würde auch der politische Meinungsbildungsprozess in Parlamenten anders verlaufen.

Wenn zum Beispiel die Auffassungen der Kirchen über das Verbot des Schwangerschaftsabbruches für jene neunzig Prozent der Bürger, die Kirchensteuer zahlen – und die bisweilen für die Bedeutung der Kirchen etwas leichtfertig in Anspruch genommen werden –, noch verbindlich wären, so hätte es das ganze Problem einer Reform des § 218 StGB mit allen seinen Begleiterscheinungen wohl nicht gegeben.

Wenn jemand für diesen Zustand der Nicht-mehr-Erreichbarkeit eines großen Teils der Glieder der Kirche zur Verantwortung gezogen werden soll, wieso dann eigentlich in erster Linie der Staat und die Organe des Staates? Der Staat – das sind der Bundestag, das Bundesverfassungsgericht, die Bundesregierung – hat die Grund*rechte* der Menschen zu wahren. Er hat den Grundrechten Respekt und Geltung zu verschaffen. Wo es aber die Grund*werte* zu wahren gilt, dort gilt: Tua res agitur!

Dies ist Deine Sache – jedes Einzelnen Sache, Sache jeder Gemeinschaft, Sache der Kirche.

Der Freiraum für das Wirken der Kirchen ist nun in kaum einem anderen Lande so groß und so stark gesichert wie in der Bundesrepublik Deutschland. Ich will gar nicht von der Kirchensteuer und ihrem Einzugssystem reden. Zeigen Sie mir ein katholisches Land, in dem es das gibt, was wir hier in Deutschland haben und praktizieren! Ich will gar nicht davon sprechen, dass in allen öffentlichen Schulen der Staat den Religionsunterricht garantiert und übrigens auch finanziert. Ich will aber darauf hinweisen, dass es keinerlei staatliche Hindernisse für kirchliches Wirken in unserem Verfassungsstaat gibt. Und nur, um die immer wieder einmal aufkommenden Missverständnisse auszuschließen, füge ich hinzu: Auch meine eigene Partei, die deutsche Sozialdemokratie, hat diesen Freiraum der Kirchen nirgendwo in Frage gestellt. Sie denkt nicht im Traum daran, solches zu tun.

Angesichts dieses ungewöhnlich großen Freiraumes der Kirchen – für uns heute Lebende nicht ungewöhnlich, sondern eigentlich selbstverständlich und so gewollt, aber im Vergleich mit der deutschen Geschichte der letzten Jahrhunderte ungewöhnlich groß –, angesichts dieses ungewöhnlich großen Freiraumes der Kirchen, die ganz frei sind von staatlicher Beeinflussung oder Bevormundung, frage ich mich, wieso der Ruf nach dem Staat eigentlich so laut möglich ist. Ist der Ruf nach dem Handeln der Regierung, der Ruf nach dem Handeln des Gesetzgebers nicht in Wahrheit Ausdruck eigener Ohnmacht, eigener Beschränktheit in der kirchlichen Fähigkeit zur Vermittlung von Grundwerten? Liegt diesem Ruf nach dem Staat wirklich ein ernsthaft für richtig gehaltenes Verständnis unseres Grundgesetzes zugrunde?

Hatte nicht Papst Johannes XXIII. und hatte nicht das Zweite Vatikanische Konzil ganz andere, neue Möglichkeiten eröffnet für das Wirken der Kirche in der Gesellschaft und in die Gesellschaft hinein und gegenüber vielen Menschen, die sie nur noch schwer erreicht in der Welt von heute? Ich kann nur sagen: Unser Staat darf nicht und wird nicht an die Stelle der Kirchen treten. Er kann nicht durch Rechtsgebot Überzeugungen garantieren, welche die Kirchen ihren Gliedern, ihren Gläubigen nicht zu vermitteln vermögen.

Nun wird niemand das missverstehen. Mit dieser Weigerung, die ich für den Staat ausspreche, bestreite ich der Kirche gewiss nicht ihren Öffentlichkeitsauftrag und ihr Hüter- und Wächteramt. Im Gegenteil, ich bin von der Notwendigkeit dieses Auftrags und dieses Amtes tief überzeugt. Wenn ich vom Öffentlichkeitsauftrag der Kirchen spreche, so meine ich, er richte sich nicht nur an den Kern der Gemeinde. Will aber die Kirche auch solche Menschen erreichen, die zur Transzendenz und zum Glauben keinen Zugang haben oder nicht mehr oder noch nicht haben, dann muss sich die Kirche auch solchen Menschen gegenüber verständlich machen.

Die Tatsache, dass die Vermittlung von Werten durch die Kirche viele Menschen nicht erreicht, verlangt nach besonderer Anstrengung der Kirche und aller in unserer Kirche. Letztlich liegt ja in dieser Tatsache dann die Frage nach der Kraft und nach der Ausstrahlung des Zeugnisses der Kirche. Nun mag dieses Ergebnis meiner Überlegungen manchen Zuhörer nicht befriedigen, und ich bekenne Ihnen: Für mich ist es nicht so positiv, wie ich es gerne wünschte. Aber dennoch dürfen wir die Sache der Grundwerte nicht verloren geben. Ich sehe überhaupt keinen Grund, dass einer seinen Mut in dieser Sache verlöre.

Ich habe den Eindruck, dass viele Menschen – auch die, die sonntags nicht in die Kirche gehen – nach Antworten suchen und Fragen stellen. Ich finde diesen Eindruck übrigens auch in einigen Passagen der Schrift der Bischöfe über die Grundwerte und das menschliche Glück bestätigt. Ich denke, Menschen, die so fragen, sollen nicht ohne Antwort bleiben, und ich glaube, dass die Kirche aus sich heraus auch in der Lage sein sollte, ihnen Antworten zu vermitteln. Daran müssen wir Christen gemeinsam arbeiten, ganz gleich, wo unser politischer Standort sein mag. Wir müssen dies um der Grundwerte willen tun. Ich wünsche darin der Kirche und uns allen ein Leben aus der Hoffnung.

Maximen politischen Handelns

*Rede auf dem Kant-Kongress der Friedrich-Ebert-Stiftung
am 12. März 1981 aus Anlass des 200. Jahrestages
von Kants Schrift »Kritik der reinen Vernunft«*

Im Bundestag habe ich oftmals gesagt, der Bundeskanzler dürfe nicht den Vordenker der Nation spielen wollen. Ich will heute hinzufügen, dass es mir auch gar nicht recht wäre, wenn es mir ginge wie jenem Staatsmann, von dem Sokrates gesagt hat: »Weiser als dieser Mann [der Staatsmann] bin ich schon; denn weder er noch ich weiß etwas Rechtes; aber er glaubt, dass er etwas weiß; … ich weiß zwar auch nichts; aber ich bilde mir wenigstens nicht ein, etwas zu wissen.« In die Rolle des so Karikierten möchte ich nicht kommen.

Ich will mich keineswegs als Kenner Kants ausgeben, sondern aus eigener Lebenserfahrung sprechen. Auf mich hat Kant bis heute einen durchaus prägenden Einfluss ausgeübt. Mich hat das idealistische Prinzip einer unbedingten, einer nicht durch Eigennutz oder Opportunismus verzerrten Pflichtauffassung fasziniert. Ein deutscher Philosoph hat einmal gesagt, Kant habe die Disziplin des Preußentums nach innen getragen (Karl Joel).

Auf mich hat Kants späte Schrift »Zum ewigen Frieden«, die ich zuerst als junger Kriegsheimkehrer gelesen habe, einen tiefen Eindruck gemacht, gerade durch die Nüchternheit, mit der sich der Autor dort Illusionismus und Schwärmerei versagt, mit der er stattdessen konkrete völkerrechtliche friedenspolitische Schritte vorschlägt. Übrigens in der Tat »Schritte«. Kant spricht vom ewigen Frieden als einer Aufgabe, die nur nach und nach zu lösen sei, deren Ziel man schrittweise näherkomme. Soweit ich mich hier auf Kant berufe, beziehe ich mich im Wesentlichen auf die Schrift »Zum ewigen Frieden« und auf die Schrift »Idee zu einer allgemeinen Geschichte in weltbürgerlicher Absicht«, beide nach den großen philosophischen Werken geschrieben.

Für mich sind bei Kant drei Dinge besonders wichtig: zum einen der Standpunkt einer Menschheitsethik, die von den fundamentalen Freiheiten aller Menschen ausgeht. Zum anderen die Pflicht zum Frieden und zur Völkergemeinschaft als eine zentrale moralische Norm und nicht nur als eine politische Norm. Drittens aber und vor allem die enge Verbindung zwischen dem Prinzip der sittlichen Pflicht und dem Prinzip der Vernunft oder, wie man heute sagen mag, der kritischen Ratio. Für mich persönlich hatte das hohe Pflichtethos als ganz junger Mensch bei Beginn des Krieges durch das Lesen von Marc Aurels »Selbstbetrachtungen« schon Bedeutung gewonnen; eine Schrift, die mir in der Nazizeit durch Zufall in die Hände gekommen war.

Wenn ich es richtig verstehe, bedeuten Pflicht und verantwortliches Handeln für Kant: in Übereinstimmung zu handeln mit dem, was den Menschen gemeinsam ist, was daher über alle sonstigen Unterschiede hinweg Verständigung ermöglicht, nämlich in Übereinstimmung mit der menschlichen Vernunft zu handeln. Dieser Gedanke hat mich als Kriegsheimkehrer sehr beeindruckt, denn ich hatte, wie viele Millionen Menschen auch, die verheerenden Folgen einer Politik ohne Vernunft, einer Politik des Wahns sehr unmittelbar erlebt.

Der kategorische Imperativ, in dem Kants praktische Philosophie gipfelt, lautet (in einer von mehreren Fassungen): »Handle nur nach derjenigen Maxime, durch die du zugleich wollen kannst, dass sie ein allgemeines Gesetz werde.« Für mich besagt das nichts anderes, als dass der Politiker, der verantwortlich handeln will, zugleich die Folgen seines Handelns für die anderen mitberücksichtigen soll. Nur so kann er ja herausfinden, ob seine Handlungsmaximen tatsächlich zu einer »allgemeinen Gesetzgebung« – wie es bei Kant in einer anderen Fassung heißt – taugen. Offensichtlich ist, dass an diesem moralischen Leitsatz sich auch die politische Moral orientieren muss.

Man könnte übrigens, etwa mit dem deutsch-amerikanischen Philosophen Hans Jonas, den kategorischen Imperativ heute so ausdeuten, dass man sagt: Handle so, dass dein Handeln weder die Zukunft des Menschen noch die Zukunft der Natur gefährdet. Ich will mir das noch nicht zu eigen machen. Ich deute damit nur an, dass zweihundert Jahre später mancherlei Modernisierungen vorstellbar, möglicherweise nötig sind.

Für den Politiker verlangt Kants Imperativ: nicht auszugehen von Opportunitätsrücksichten, sondern alle von seiner Entscheidung betroffenen Interessen, alle von seiner Entscheidung ausgehenden Folgen gewissenhaft kennenzulernen und gewissenhaft gegeneinander abzuwägen. Die Crux liegt wie in vielen anderen Problemen der Politik darin, dass gleichzeitig unterschiedliche und sogar auch gegensätzliche Urteile und Lösungen durchaus moralisch gerechtfertigt sein können. Ein Beispiel dafür: unsere Politik restriktiver Rüstungsexporte, die den genauso gerechtfertigten Vorstellungen der Beschäftigungspolitik entgegensteht.

Verantwortungsbewusste Politik muss, wie ich denke, den Begriff der betroffenen Interessen sehr weit fassen. Betroffen sind von vielen unserer Entschlüsse auch zukünftige Generationen. Aber – und hier liegt die Schwierigkeit jeder Politik – zum Schluss muss entschieden werden; und das Augenmaß der jeweiligen Mehrheit entscheidet – oder ihr Fehlurteil!

So ist das eben in der Demokratie, in der die Mehrheit recht bekommt, auch wenn sie nicht recht hat. Das ist einer der Fehler der Demokratie, die nicht behebbar sind. Und die Folgen werden häufig erst sehr viel später sichtbar. Vielleicht ist dann niemand mehr da, der sich verantworten muss, weil er nicht mehr im Amt oder nicht mehr am Leben ist.

Ein anderes Beispiel: die Energiepolitik. Niemand von uns glaubt, dass wir aller Sorgen ledig wären, wenn wir nur voll und ganz auf die Kernenergie setzen. Aber man darf auch nicht glauben, dass die anderen Energiearten ohne Risiken seien. Jeder Energieträger bringt entweder ökologische Risiken oder politische oder wirtschaftliche oder soziale Risiken mit sich oder mehrere davon gleichzeitig. Und für diese Risiken lassen sich keine absolut sicheren Voraussagen machen. Und da das nicht möglich ist, ist es nötig, die Risiken, wenn das geht, zu streuen und das Gesamtrisiko zu minimieren. Deshalb einerseits ein starker Nachdruck auf Energieeinsparung; deshalb andererseits Vorrang für die vorhandene, bisher genutzte und deshalb in ihrem Risiko bekannte (übrigens in ihrem Risiko häufig unterschätzte) Kohle. Deswegen aber zugleich die Befürwortung der Förderung und der Nutzung neuer Energiearten; auch Förderung eines begrenzten Ausbaus der Kernenergie.

Solche Abwägungen, wie sie unsere Energiepolitik bestimmen, liegen mit Sicherheit in dem Rahmen, den der kategorische Imperativ zieht. Und dennoch kann man zu verschiedenen Ergebnissen kommen und sich leidenschaftlich die Köpfe darüber einschlagen. Dass andere energiepolitische Abwägungen auch möglicherweise voll im Rahmen dessen liegen, was der kategorische Imperativ uns sagt, ist für mich evident. Das vernunftmäßige Abwägen der Folgen einschließlich der Folgerisiken muss Entscheidungsgrundlage sein.

Aber ich denke nicht daran zu behaupten, dass jemand, der voll und ganz auf Kernkraft setzt, deswegen unmoralisch handele, und ich denke ebenso wenig daran zu sagen, jemand, der Kernkraft absolut ablehnt, handele unmoralisch. Ich würde beiden extremen Standpunkten gegenüber immer nur sagen: Diese Kalkulation der Folgen und der Folgerisiken ist nicht vernünftig. Weiter dürfte ich nicht gehen, wobei ich natürlich näher aufzeigen müsste, warum solche Kalkulationen mir unvernünftig erscheinen.

Ich will in diesem Zusammenhang wiederholen: Der Politiker trägt nicht nur Verantwortung für seine guten Vorsätze oder seine gute Gesinnung, sondern vor allem trägt er Verantwortung für die Folgen seines Handelns oder Unterlassens. Das habe ich übrigens auch schon bei Marc Aurel gelernt, als ich neunzehn Jahre alt war. Um es zu verdeutlichen: Der Politiker hat Erwünschtes genauso zu verantworten wie Unerwünschtes, er hat die von ihm erstrebten Wirkungen, wenn sie wirklich eintreten, genauso zu verantworten wie die von ihm nicht erstrebten, aber tatsächlich eintretenden Nebenwirkungen, und die können sehr kompliziert sein und sehr unerfreulich.

Im Extremfall können Entscheidungen, die der Politiker treffen soll, Entscheidungen sein auf Leben und Tod. Ich habe das sehr bedrängend erlebt. Ich habe nach dem Mord an Hanns Martin Schleyer und nach der Befreiung der Geiseln in Mogadischu im Oktober 1977 dem Bundestag gesagt: »Wer weiß, dass er so oder so, trotz allen Bemühens, mit Versäumnis und Schuld belastet sein wird, wie immer er handelt, der wird von sich selbst nicht sagen wollen, er habe alles getan und alles sei richtig gewesen. Er wird nicht versuchen, Schuld und Versäumnis den anderen zuzuschieben; denn er weiß: Die anderen stehen vor der gleichen unausweichlichen Verstrickung. Wohl aber wird er sagen dürfen: Dieses und dieses haben wir entschieden, jenes und jenes haben wir unterlassen, aus diesen oder jenen Gründen. Alles dies haben wir zu verantworten.«

Es gab übrigens während jener Wochen und Tage der Entführung keine politische Theorie, keine politologische Theorie, auch keine moralische Theorie, die uns geholfen hätte.

Der Politiker wird nicht schon dadurch gerechtfertigt, dass er die richtigen, die moralisch begründeten Zwecke oder Ziele verfolgt. Das ist bestenfalls ein Teil seiner Legitimation. Seinem politischen Handeln muss eine kritische Analyse der Situation, der Zusammenhänge vorausgehen. Wenn er das unterlässt, kann das Handeln des Politikers überhaupt moralisch nicht begründet, nicht legitimiert werden. Irrtümer, die ihm unterlaufen in der Beurteilung der Situation, oder Fehler in der vernunftgemäßen Auswahl der Mittel, zu denen er greift, um ein sittlich legitimiertes Ziel zu erreichen, können sehr tragische Folgen haben. Ebenso schlimme Folgen wie falsche moralische Grundsätze. Beides kann den Politiker disqualifizieren.

Ich orientiere mich sehr an Max Weber; das habe ich immer getan, weil ich von Anfang an so empfunden und, als ich Max Weber studierte, mich bestätigt und wiedergefunden habe. Max Weber sagt: Ein Politiker, der für andere handelt, darf sich keineswegs auf seine Gesinnung oder auf »Gesinnungsethik« zurückziehen, vielmehr – und jetzt zitiere ich wörtlich aus dem berühmten Aufsatz »Politik als Beruf« aus dem Jahr 1919 – hat er »für die Folgen seines Handelns aufzukommen«. Und dann steht bei Max Weber in Klammern noch dabei: für die »voraussehbaren« Folgen seines Handelns. Ich möchte am liebsten das Wort »voraussehbar« streichen, obwohl es natürlich für den Politiker angenehmer ist, wenn ihm attestiert wird, dass er nur für die voraussehbaren Folgen aufkommen müsse. In Wirklichkeit muss der Politiker auch für die Folgen aufkommen, die er nicht voraussehen konnte.

Früher habe ich einmal gesagt: Politik ohne sittliches Fundament ist gewissenlos, und sie tendiert zum Verbrechen. Kant schreibt in der Schrift »Zum ewigen Frieden«: »Wahre Politik kann also keinen Schritt tun, ohne vorher der Moral gehuldigt zu haben.« Ich würde das heute auch umkehren wollen und sagen: Umgekehrt kann die Verfolgung sittlicher politischer Ziele ohne das »Augenmaß« im Sinne von Max Weber möglicherweise zerstörerische Folgen haben.

Über dieses Zusammenspiel von zweckgerichteter Vernunft und moralischer Zielbestimmung in der Politik habe ich selbst häufig gesagt – Fachphilosophen haben mir das übelgenommen, weil das Wort »pragmatisch« hier vielleicht anders gebraucht wird, als sie es gewohnt waren –, Politik sei pragmatisches Handeln zu sittlichen Zwecken oder zu sittlichen Zielen. Mit diesem Satz will ich klarstellen, dass pragmatisches Handeln, das ich für mich in Anspruch nehme, bei aller Fehlerhaftigkeit nichts zu tun hat mit einem ziellosen oder perspektivlosen »muddling through«, wie einem beispielsweise unterstellt wird. Ich denke vielmehr, dass eine Politik, die mit praktischer Vernunft ethische Ziele oder Zwecke verfolgt, die dies mit Mitteln tut, deren Wirkungen der Situation angemessen sind, deren Nebenwirkungen sorgfältig kalkuliert, die als risikoarm befunden worden sind, dass eine solche Politik das Gegenteil ist von prinzipienlosem Opportunismus und das Gegenteil von verantwortungslosem Treibenlassen. Oder anders gesagt: Illusionistische Politik, welche auf vernünftige Berechnung verzichtet, kann gerade deshalb und trotz begründender »Theorie« sehr wohl unmoralisch sein, auch wenn ihre Zwecke durchaus als moralische Zwecke vorgestellt werden.

Kant benützt den Begriff des pragmatisch Richtigen überwiegend nicht als Gegensatz zum sittlich Richtigen; das kommt aber bei ihm auch vor. In der Schrift »Zum ewigen Frieden«, ziemlich zum Schluss seines Schaffens, ist das Wort »pragmatisch« mit der Vernunft verbunden, die die politischen Grundideen in Übereinstimmung mit dem moralischen Prinzip auszuführen versteht.

Mir will scheinen, dass pragmatisch zu denken und pragmatisch zu handeln deshalb eine sittliche Pflicht jedes Politikers ist, der über moralische Prinzipien nicht nur reden will, sondern der diese vielmehr auch tatsächlich handelnd verwirklichen will. Und es ist ja noch ein Unterschied zwischen einem bloß theoretisierenden Politiker und einem, der handelt und verantworten muss, was er bewirkt.

Ich will das auch an einem Beispiel verdeutlichen. Die CDU/CSU tut sich in ihrer Deutschlandpolitik nun seit einem Dutzend Jahren, eigentlich schon seit drei Jahrzehnten, außerordentlich schwer. Jahrzehntelang hat sie mit gutem Gewissen die Einheit der Nation beschworen, mit vielerlei Worten. Aber in diesen langen Jahren wurde die Berliner Mauer gebaut, sind immer mehr Verbindungen zwischen den Deutschen hier und in der DDR abgerissen. Erst die sozialliberale Regierung hat sich dieser Entwicklung des Abreißens von Verbindungen entgegengestellt, hat Gespräche aufgenommen mit der Regierung der DDR. Diese haben in langwierigen, mühevollen Verhandlungen zu konkreten Erleichterungen, zu besseren Verbindungen zwischen den Menschen in beiden Teilen geführt.

Zum Wert der Einheit der Nation, zur Erhaltung der Nation haben sich alle Parteien bekannt. Aber die Mittel der CDU/CSU zu diesem Ziel erschienen und erscheinen mir als illusionär. Umgekehrt erscheint vielen Leuten in der CDU/CSU eine pragmatische schrittweise Politik des Aufbaus wirtschaftlicher und staatlicher Beziehungen zwischen den beiden deutschen Staaten, der pragmatische Kompromiss zwischen divergierenden Interessen, als prinzipienlos. Dies insbesondere, nachdem wir uns auch durch Rückschläge nicht haben entmutigen lassen.

Ich glaube nach wie vor: Kooperation, wo immer möglich, mehr menschliche Berührung, mehr wirtschaftlicher und kultureller Austausch – das ist der einzige Weg, wie man politisch für die Erhaltung der Identität der Nation wirken kann. Ich sage deshalb keineswegs, die Deutschlandpolitik der Union sei unmoralisch, aber ich denke, der CDU/CSU fehlt das Augenmaß für die Folgen ihrer Deutschlandpolitik.

Ich habe immer wieder darauf hingewiesen, dass die Zeiten schwieriger werden, dass die Spielräume der Politik, insbesondere die ökonomischen und die finanziellen Spielräume, sich verengen – in der ganzen Welt. Diese Perspektive zwingt uns in besonderem Maße zu Nüchternheit. Dabei ist kritische Vernunft vonnöten. Manche bewährten Rezepte erweisen sich unter veränderten Verhältnissen nicht mehr als tauglich. In der vor uns liegenden Zeit eingeschränkter Verteilungsspielräume ist politische Erfindungsgabe, Flexibilität besonders gefordert. Es geht darum, neue Mittel und Wege zu finden, um soziale Gerechtigkeit, soziale Reformen auch dann zu verwirklichen, wenn die Wachstumsraten der Vergangenheit ausbleiben.

Für Kant war soziale Gerechtigkeit noch keine politische Forderung. Hier ist er ganz Kind seiner Zeit. Ihm geht es um Gleichheit vor dem Gesetz, aber nicht um Chancengleichheit.

Was ich mit Erfindungsgabe und Flexibilität meine, dazu ein Beispiel: Wir haben im letzten Jahrzehnt entsprechend der sehr guten wirtschaftlichen Entwicklung eine gleichmäßige Erhöhung der Leistungen, zum Beispiel im familienpolitischen Bereich, für alle erreicht. Aber angesichts der sich verengenden Finanzspielräume kann es fraglich werden, ob man in der Zukunft so weitermachen darf. Vielleicht muss man zu einem gezielteren Einsatz der finanziellen Mittel zugunsten derjenigen kommen, die diese Leistungen am meisten brauchen. Schwierige Zeiten verlangen mehr Solidarität der sozial Stärkeren mit den sozial Schwächeren.

Mir scheint in diesem Zusammenhang der Gedanke wichtig, dass Reformen, die in verschiedenen Bereichen wünschbar und denkbar sind, nicht notwendigerweise zusätzliche oder höhere Kosten verursachen müssen, dass sie sogar Kosten sparen helfen können. Zum Beispiel wenn in Ballungsgebieten, möglicherweise durch Reformen im Bodenrecht, das Bauen wieder leichter gemacht werden könnte. Oder was die Integration ausländischer Arbeitnehmer, vor allem ihrer Kinder, angeht: Wer dafür heute sorgt, erspart auf längere Sicht nicht nur sehr viel Haushaltsmittel, sondern auch hohe »social costs«.

Nun darf andererseits die Tatsache, dass die Zeiten schwieriger geworden sind in ganz Europa, in Nordamerika, in der ganzen Welt – mit Ausnahme der OPEC-Staaten –, kein Grund sein zur Mutlosigkeit. Die Stärke der westlichen Demokratien liegt doch gerade in ihrer Offenheit, in ihrer Leistungsfähigkeit, in ihrer Anpassungsfähigkeit an neue Situationen und neue Probleme.

Diesen demokratischen Prozess konnte Kant sich noch nicht vorstellen. In unserem Sinne konnte er ein Demokrat noch nicht sein – schon gar kein Sozialdemokrat. Eines allerdings sieht der späte Kant schon sehr deutlich, nämlich, dass der Konflikt eine positive Funktion für den Fortschritt hat. Die Stärken der Demokratie, zumal ihre Lern- und ihre Anpassungsfähigkeit, gedeihen in der Tat nur in einem Klima, das Diskussion und Konflikt zulässt, das sogar Streit zulässt. Es wäre für unsere politische Kultur ein bedenkliches Missverständnis, wenn Meinungsstreit und Konflikte verteufelt würden. Wer geistige und politische Auseinandersetzung so negativ bewertet, der verkennt die positive Rolle des Konflikts für den kulturellen wie für den politischen Fortschritt.

Allerdings will ich freimütig hinzufügen: Allzu viel Streit ist in einer Demokratie von Übel, und Porzellan muss dabei nicht unbedingt zerschlagen werden.

Umgekehrt gilt jedoch: Angst vor dem Konflikt, übersteigertes Harmoniedenken oder gar die Sehnsucht nach einem vom Staat gestifteten, für alle verbindlichen Sinnzusammenhang, die können die politische Kultur, die können die Substanz unserer Demokratie gefährden. Solches Denken fiele weit zurück hinter die aufklärerische Philosophie Immanuel Kants. Der späte Kant in der »Idee zu einer allgemeinen Geschichte in weltbürgerlicher Absicht« bewertet den Konflikt positiv und als notwendig für den Fortschritt der Gesellschaft. Er muss ja auch den Konflikt anerkennen, weil er die Vernunft des Einzelnen für begrenzt hält. Und beides ist heute, nach zweihundert Jahren, keineswegs überholt.

Wenn ich es richtig verstehe, darf bei Kant die Vernunft des

Einzelnen keinen Absolutheitsanspruch erheben, oder, um Adolf Arndt sinngemäß zu zitieren: Die Vernunft gehört zum »vorletzten Bereich«. Sie darf ihre Grenze nicht überschreiten. Sie übernähme sich, wenn sie eine umfassende Weltanschauung oder Heilslehre oder auch nur ein Konzept, mit dem man den Sinn des Lebens erfasst, als verbindliche Wahrheit verkünden wollte. Kant und Lessing sind, wie mir scheint, wohl die bedeutendsten Philosophen der Aufklärung auf deutschem Boden. Beiden ging es darum, den Ansprüchen der Vernunft kritisch gegenüberzustehen, nicht aber sie dogmatisch zu überhöhen. Konservative Kritiker irren, wenn sie der aufgeklärten politischen Kultur den Vorwurf machen, sie setze die Vernunft als neues Dogma an die Stelle der alten Dogmen. Aufklärung kann immer nur so weit reichen, wie sich Glaubenshaltungen, wie sich Werthaltungen rational diskutieren lassen.

Kant hat die Vielfalt und die Gegensätzlichkeit der Wertorientierung, auch der Interessen akzeptiert. Anders als Hegel und ganz anders als Marx hat er darin keine »Entfremdung« des Menschen gesehen, die überwunden werden müsse. Die Freiheit, die er für das Individuum verlangte, war selbstverständlich gegen die Forderungen des absolutistischen Staates seiner Zeit gerichtet. Die mit der Freiheit des Einzelnen verbundene Vielfalt und Gegensätzlichkeit der Interessen sind aber auch heute noch die Wurzeln der Konflikte in unserer Gesellschaft.

Nach konservativem Verständnis ist das Gemeinwohl auf Harmonie angelegt. Noch mehr: Harmonie, nein, Einigkeit ist geradezu das Fundament. Parteienstreit, Tarifkonflikte, das Neben- und Gegeneinander der vielfältigen Strömungen, das ist verdächtig. Konflikt ist im strikt konservativen Modell der gesellschaftlichen Beziehungen eigentlich gar keine legitime Kategorie. Solches Harmoniedenken lag zum Beispiel Ludwig Erhards Zielvorstellung einer »formierten Gesellschaft« zugrunde. Für mich war das eine genauso untaugliche Vorstellung wie Othmar Spanns Ständestaat.

Es gibt neben den zeitbedingten sehr prinzipielle Gründe, weshalb das Konzept einer formierten Gesellschaft scheitern musste. Eine demokratische Industriegesellschaft ist ohne Vielfalt und Gegensätzlichkeit der Interessen, der Meinungen überhaupt nicht vorstellbar. Und jeder Versuch, dieser Gesellschaft ein einheitliches Sinnkonzept überzustülpen, muss an dieser Realität scheitern.

Weil aber dem harmonischen Gesellschaftsverständnis Konflikte wesensfremd sind, weil Personen oder Gruppen, die solche Harmonie in Frage stellen, als Störer gelten, als nicht zugehörig oder als Außenseiter, mit denen man nicht zu argumentieren brauche, weil es genüge, wenn der Staat ihnen gegenüber »Flagge zeige«, weil der Staat ihnen geistige Führung vorgeben müsse, dann kann dies in Wirklichkeit zur Desintegration der Gesellschaft führen, zu verstärktem Freund-Feind-Denken, das heißt zu weniger Bereitschaft und weniger Fähigkeit zur friedlichen Konfliktbewältigung, zu weniger Bereitschaft und weniger Fähigkeit zur Konsensfindung, das heißt insbesondere zu weniger Bereitschaft und Fähigkeit zum Kompromiss.

Richard von Weizsäcker hat sich einmal im Bundestag, wie ich meine, ziemlich überflüssige Gedanken darüber gemacht, wie die Periode meiner Kanzlerschaft in der Geschichte bewertet werden würde. Ich will dieses Urteil gern anderen und späteren überlassen. Eines will ich aber deutlich sagen: Mein Wunsch ist, dass diese Periode trotz schwieriger werdender Zeiten nicht unter dem Zeichen von weniger Pluralität steht und nicht unter das Zeichen von weniger Diskussion gesetzt wird. Politisch Andersdenkende, und das gilt insbesondere für junge Leute, dürfen mit ihren Auffassungen auch in Zukunft nicht an den Rand gedrängt werden, auch dann nicht, wenn ihre Ansichten der Mehrheit noch so abwegig erscheinen.

Sozialdemokraten haben mit der Übernahme der Regierungsverantwortung 1969 eine geistige Strömung der sechziger Jahre aufgehalten, die darauf hinauslief, dass das Gemeinwohl vom Staat vorgegeben werden sollte. Für mich gilt, dass das Gemeinwohl im Wandel der Verhältnisse immer neu bestimmt werden muss. Und für diese immer neue Bestimmung kann es für einen Demokraten, kann es in einer Demokratie keinen anderen Weg geben als das Ringen, die Auseinandersetzung zwischen verschiedenen, zwischen gegensätzlichen Anschauungen und Interessen.

Demokratie ist ein Prozess und kein Zustand. Zu diesem Prozess muss auch gehören, einmal getroffene Entscheidungen zu überprüfen. Und dazu sollte gehören, eigene Irrtümer zu korrigieren, wenn Entscheidungen sich als Irrtum erweisen. So haben wir uns beispielsweise gegenüber dem »Extremistenbeschluss« von 1972 korrigiert. Leider sind Schritte zur Selbstkorrektur in unserer politischen Kultur relativ selten – übrigens auch in der wissenschaftlichen Kultur.

Als der damalige Bundeskanzler und die damaligen Regierungschefs der Länder 1972 den Extremistenbeschluss fassten, hatten sie zu einer Vereinheitlichung der Überprüfungs- und Einstellungspraxis von Bewerbern für den Öffentlichen Dienst gelangen wollen. Dieses Ziel wurde nicht erreicht. Stattdessen kam es zu bürokratischen Auswucherungen des Überprüfungsapparates, die man sich anfangs gar nicht vorgestellt hatte. Daraus entstanden Ängste, vor allen Dingen bei der Jugend, die weit über den Kreis derer hinaus reichten, die tatsächlich Anlass hatten, eine Überprüfung zu fürchten.

Und deswegen haben die von einer sozialliberalen Koalition regierten Länder und die Bundesregierung sieben Jahre später auf die sogenannte Regelanfrage verzichtet, weil »Aufwand und Ertrag« in einem krassen Missverhältnis zueinander standen. Aber auch nach einer solchen Korrektur bleiben Wirkungen nach. So zum Beispiel, wenn jener Beschluss des Jahres

1972 auch heute noch dazu führt, dass Menschen sogar in ihrem privaten Bereich in ihrer freien Entfaltung beschränkt werden. Ich denke an jenen Fall, wo einem Ehepaar die Pflegeerlaubnis für ein Mädchen verweigert wurde, weil der Mann Mitglied der Deutschen Kommunistischen Partei ist. Und ich finde es mindestens bedenklich, wenn ein Ministerpräsident im Bundestag verkündet, Wehrdienstverweigerer dürften in seinem Lande jedenfalls nicht als Erzieher in Jugendheimen Dienst tun. Man braucht nicht lange nachzudenken, welches Land das war und welcher Ministerpräsident das war.

Junge Menschen dürfen aber nicht diskriminiert werden, genauso wenig wie alte, wenn sie von einem Grundrecht Gebrauch machen. Und mehr noch: Eine demokratische Gesellschaft, in der es Vielfalt der religiösen Bekenntnisse, Vielfalt der Weltanschauungen, Vielfalt der Interessen gibt, eine solche Gesellschaft kann ohne Toleranz, ohne die Achtung der Würde des anderen Menschen nicht existieren. Diese Einsicht hat sich in den älteren westlichen Demokratien schon früher durchgesetzt. In Deutschland ist die ganze konstitutive Bedeutung der Toleranz für eine menschenwürdige Gesellschaft erst nach den Perversionen des Dritten Reiches voll erkannt worden. Noch immer ist aber bei uns das Toleranzgebot nicht so gefestigt, wie man es sich für eine stabil funktionierende demokratische Gesellschaft wünschen möchte.

Dies gilt übrigens auch für einige Erscheinungen auf Seiten der Jugend, für die jugendliche Protestwelle, die wir nicht nur in unserem Land, sondern in Großstädten vieler Länder Europas erleben. Die dem Protest zugrunde liegenden Ursachen sind vielfältig, die Motive meist verdeckt, oftmals sogar unbewusst. Vielen Jugendlichen, die in einer Zeit der wirtschaftlichen Blüte und materiellen Sorglosigkeit aufgewachsen sind, erscheint heute ihre persönliche Zukunft etwas düster und ihr materieller Wohlstand für die Zukunft ungesichert, obwohl sie ja andererseits gerade das Wohlstandsdenken in Frage stellen wollen. In den Hausbesetzungen zeigen sich sowohl reale Notlagen als auch symbolischer Protest gegen Bürokratie, gegen Ungerechtigkeit, gegen als inhuman empfundene Stadtplanung, Protest gegen Obrigkeit, Protest gegen Staat schlechthin. Dabei spielt sicher die Enttäuschung über die Fehlbarkeit einer angeblich demokratisch vollkommenen Staatseinrichtung eine Rolle. Und in den Protesten gegen Kernenergie mischen sich die Urängste, die Lebensängste vieler Menschen mit Aggressionen kleiner Gruppen, die den Staat oder andere herausfordern wollen.

Wir dürfen und wollen Gewalt nicht tolerieren. Es wäre jedoch eine Selbsttäuschung zu meinen, dass die Stabilität unserer Gesellschaft langfristig gewahrt werden könnte, wenn man größere Gruppen von Jugendlichen in ein Außenseiterdasein abdrängt oder sie mit ihren Problemen alleine lässt. Auch Bürgergesinnung ist nichts auf Dauer Gegebenes, auch sie muss in jeder Generation neu erwachsen, neu erzogen, neu gefestigt werden. Die Kriminalisierung einer Minderheit durch die Verschärfung des Demonstrationsstrafrechts erscheint mir kein geeignetes Mittel, Bürgergesinnung zu wecken.

Man muss nach den Ursachen fragen, wenn man solche Probleme angehen will. Wir Älteren müssen das Gespräch, das kontroverse Gespräch mit der Jugend suchen und ernst nehmen, ungeachtet ihrer manchmal provozieren wollenden und manchmal nur schwer zu verstehenden Äußerungen. Zu solchem Gespräch gehört auch Festigkeit. Wo ein Nein geboten ist, muss es auch ausgesprochen werden, und wo ein Ja geboten ist, muss dies genauso offen zugegeben werden. Ich will es einmal zuspitzen: Ein Teil der aggressiven Jugend krankt in Wirklichkeit an einem Mangel an Zivilcourage auf Seiten der Erwachsenen. Man sollte doch um Gottes willen als Erwachsener eigene Feigheit nicht als Toleranz camouflieren.

Toleranz ist eben nicht bloßes Gewährenlassen oder Vernachlässigen, Toleranz ist vielmehr Achtung und Geltenlassen der begründeten Werte, der begründeten Haltungen anderer, soweit diese anderen das Recht achten. Toleranz – ich wiederhole es – ist ein konstitutives Prinzip für eine menschenwürdige demokratische Gesellschaft. Aber man darf sie nicht überschätzen. Denn Toleranz kann friedliche Konfliktregelungen, Mehrheitsentscheidungen, Kompromiss und Schiedsspruch nicht ersetzen.

Bei Kant spielt der Staat die Rolle einer Konfliktregelungsinstanz, die die gesellschaftlichen Gegensätze kraft staatlicher Verfahrensregelungen disziplinieren, in Bahnen lenken sollte. Der Staat sollte die Auseinandersetzungen in eine produktive Funktion für die gesamte Gesellschaft lenken. In meinem Verständnis des Staates wäre das heute einerseits viel zu einfach, und andererseits würde der Staat damit nicht nur optimistisch überschätzt und überfordert, ihm würde auch gefährlich viel Macht gegeben. Der Staat darf bestimmte Konflikte eben nicht von sich aus regeln wollen, ob Lohn- oder Tarifkonflikte, ob – auf einer anderen Ebene – religiöse Auseinandersetzungen, sei es in der Literatur oder in den schönen Künsten.

In anderen Bereichen dagegen kann ich mich an Kant anlehnen, darin etwa, dass der Staat den äußeren Frieden sichern und die Rahmenbedingungen schaffen und aufrechterhalten muss, in denen die Bürger selbstverantwortlich denken und handeln können. Ausdrücklich möchte ich Kant zustimmen, wenn er einen unmissverständlichen Vorbehalt macht gegen staatliches Hineinregieren in die ideologischen, in die geistigen Grundlagen der Lebensgestaltung seiner Bürger. Es widerspräche dem Kant'schen Prinzip des »Selbstdenkens«, wenn der Staat zum Vordenker würde. Dem folgt nämlich möglicherweise das Bevormunden auf dem Fuße.

Peter Glotz hat unlängst geschrieben, dass vielen in unserer Gesellschaft – und er meinte insbesondere die Jüngeren – die Suche nach einem eigenen Lebensweg zu anstrengend geworden sei. Ich fand das einleuchtend; ich möchte jedoch davor warnen, sich die anstrengende Suche nach der eigenen Identität von der Regierung abnehmen zu lassen oder zu erwarten, die Regierung solle anderen das abnehmen. Dabei besteht die doppelte Gefahr, dass dem Bürger nicht nur die Suche abgenommen wird, sondern auch seine eigene Identität gar nicht gefunden und ihm gegeben werden kann.

Das bedeutet nicht, dass sich ein Bundeskanzler, ein Politiker oder eine Regierung in geistigen Auseinandersetzungen abstinent verhalten müssen. Allerdings entspricht es nicht dem Naturell eines Hamburgers, seine grundsätzlichen Diskussionsbeiträge pathetisch unter den Begriff »geistige Führung« zu bringen und zu verkünden.

Manchem sind meine Beiträge zur Grundwertedebatte noch in Erinnerung, die ich nicht aufgreifen will; aber ich möchte doch in Abgrenzung zu Kant einige Anmerkungen dazu machen. Ich habe bereits bemerkt, dass in Kants Grundwertekonzeption der Begriff »Gerechtigkeit« nur formale Rechtsgleichheit bedeutet, nicht soziale Gleichheit der Chancen. Eine noch stärkere Einschränkung erfährt bei ihm das Gebot der Solidarität. Es ist bei ihm zwar von moralischer, nicht aber von politischer Verbindlichkeit. Der Staat soll sich aus der Sozialpolitik heraushalten, bis auf wenige Ausnahmen: Ausdrücklich genannt wird die Finanzierung von Waisen- und Findelhäusern. Bis auf diese Ausnahmen soll der Staat sozialpolitisch nicht tätig werden. Um es etwas salopp zu sagen: Kant ist eben ein Liberaler und kein Sozialliberaler. Seine Position ist völlig verständlich aus der Frontstellung gegenüber dem spätabsolutistischen Paternalismus des Staates, der sich auf die »wohlverstandenen Interessen« der Untertanen berief, um seine massiven Eingriffe in die individuellen Freiheitsrechte zu rechtfertigen.

Kant hat wohl auch – wie viele Liberale heute noch – die Chancen der Schwachen und der Schutzlosen überschätzt, aus eigener Kraft materiell und geistig selbständige Bürger zu sein. In diesem Punkt haben die Denker des Sozialismus und der

Arbeiterbewegung das Kant'sche Verständnis von Solidarität weit überholt und erweitert. Für den Königsberger lagen die Probleme des Proletariats noch in der Ferne.

Für den heutigen Sozialdemokraten ist klar: Eine auf den Bereich staatlicher Entscheidungen beschränkte Demokratie muss an ihrer Halbheit kranken, weil sie Bereiche ausklammert, die für den Einzelnen wie für die Mehrheit der Gesellschaft von zentraler Bedeutung sind, vor allem die Bereiche des Berufs und der Wirtschaft. Wir sagen: Die politische Demokratie soll durch die soziale Demokratie vervollständigt werden, weil nur so in einer modernen Industriegesellschaft auf die Dauer Gerechtigkeit bestehen und der soziale Friede gewahrt bleiben kann.

Deshalb hat die Sozialdemokratie es immer als Aufgabe des Staates angesehen, die Voraussetzungen für reale Freiheit der Person, für reale Chancengleichheit der Einzelnen oder des Einzelnen zu schaffen. Und in der praktischen Verwirklichung dessen sind wir in der Tat inzwischen meilenweit über Kant, über Marx, Lassalle, Bebel, Bismarck und Beveridge, über Adenauer hinaus fortgeschritten. Wir haben ein in seiner Reagibilität und Leistungsfähigkeit hochdifferenziertes Netzwerk sozialer Sicherheit geschaffen. Seiner Empfindlichkeit wegen muss man gerade in schwieriger Situation sorgfältig und vorsichtig damit umgehen. Man muss auch ständig Fehlentwicklungen korrigieren und Missbräuche verhindern oder ihnen vorbeugen.

Vielleicht darf ich hier eine sehr politische Anmerkung machen. Dieses soziale Sicherungsnetz einerseits und andererseits die deutschen Einheitsgewerkschaften, die ein Beispiel nur noch in Skandinavien und Österreich finden, die Betriebsräte, Betriebsverfassung und Mitbestimmung sind in unserer Gesellschaft wesentliche Grundlagen des sozialen Friedens. Darauf ist die enorme soziale und politische Stabilität der Bundesrepublik Deutschland in den letzten dreißig Jahren in höherem Maße zurückzuführen als auf alles andere. Natürlich soll man dies alles heute unter dem Dach des über zweihundert Jahre alten kategorischen Imperativs sehen – aber damals, vor zweihundert Jahren, hat das keiner vorausgesehen. Es war damals auch nicht so gemeint. Auch geschichtlich ist unsere soziale Stabilität nicht aus der Kant'schen Ethik oder auf ihrem Boden entwickelt worden.

Ich möchte hier überhaupt all jenen das Spiel verderben, die das, was ich zu sagen habe, missverstehen wollen, als ob ich die Kant'schen Formprinzipien der Ethik als alleinverbindlich hinstellen wollte. Wer dies wollte, hätte den Kant'schen Impetus der Aufklärung in einer missverstandenen Weise aufgenommen, die selber dringend der Aufklärung bedürfte.

Das Grundgesetz enthält Normen – Grundrechte und Verfassungsprinzipien – einer materialen Wertethik. Sie sind nicht vollständig, sie sind auch nicht bezogen auf ein voll durchgestaltetes, ganz eindeutig klares Menschenbild – das wäre in einer freiheitlichen Gesellschaft auch gar nicht denkbar. Aber diese Grundrechte und diese Verfassungsprinzipien sind sehr wohl fundamentalen Erkenntnissen über die Natur des Menschen entsprungen, und sie versuchen, guten wie bösen geschichtlichen Erfahrungen gerecht zu werden, die Deutsche mit sich selber gemacht haben, die Menschen mit Menschen gemacht haben.

Zu diesen Grundrechten unserer Verfassung wie übrigens auch – so steht es im Godesberger Programm der SPD – zu den Grundwerten der Sozialdemokratie haben Menschen Zugang, die ihre Normen, sei es formaler, sei es materieller Art, aus unterschiedlichen weltanschaulichen, philosophischen und religiösen Bindungen und Quellen schöpfen. Was allerdings Kant so modern macht, ist, dass er Denkweisen und Maximen bereitstellt, die weltanschaulich unterschiedlich geprägte Menschen zu einem Prozess der Verständigung über gemeinsames politisches Handeln zu sittlichen Zwecken befähigen können.

Am Anfang habe ich auf Kants Schrift »Zum ewigen Frieden« hingewiesen, und ich möchte am Schluss diesen Hinweis noch vertiefen. Die Erhaltung des Friedens ist für Kant nicht allein ein Gebot der Gerechtigkeit, sondern eine moralische Pflicht schlechthin. Dabei schätzt er das Andauern von Konflikten zwischen den Staaten durchaus realistisch ein. Friedenspolitik besteht für ihn also nicht in einer Beteuerung des bloßen Friedenswillens und schon gar nicht in der Hoffnung auf ein Zeitalter der internationalen Verbrüderung. Er plädiert vielmehr für eine aktive Politik kontinuierlicher, wechselseitiger Annäherung der Staaten untereinander. Er plädiert für einen kontrollierten Umgang mit den Konflikten zwischen den Staaten und für eine beständige Arbeit an ihrer Regelung im allseitigen Interesse.

Ich habe mich in den Debatten über die Friedenspolitik im letzten Jahr häufig auf Kant berufen. Denn er spricht davon, der Friedenszustand unter den Menschen sei kein Naturzustand; er müsse vielmehr »gestiftet« werden. Übrigens hat er auch den Gedanken eines Gleichgewichts unter den Staaten vorgestellt: Die Menschen seien genötigt, »ein Gesetz des Gleichgewichts« herauszufinden. Das Gleichgewicht soll dazu beitragen, zwischen den voneinander unabhängigen Staaten »einen weltbürgerlichen Zustand der öffentlichen Staatssicherheit« herbeizuführen.

In den Naturwissenschaften ist der Zustand des Gleichgewichts meistens messbar. In der Psychologie, in der Ethik, in der Politik und in der militärischen Strategie ist Gleichgewicht ein zum Teil unerlässlicher Hilfsbegriff, aber er kann oftmals nicht genau definiert oder gemessen werden.

Was im Jahre 1949, als das Nordatlantische Bündnis begründet wurde, notwendig war, um zwischen Ost und West ein Gleichgewicht zu haben; was 1962 zur Zeit der Kuba-Krise notwendig war, um das Gleichgewicht zwischen West und Ost zu erhalten; was in den achtziger Jahren notwendig ist, um das militärische Gleichgewicht zu wahren – zu diesen höchst bedrängenden und wichtigen Fragen können uns Philosophie und Moral keine eindeutigen Maßstäbe liefern. Wir sind vielmehr zurückgeworfen auf die abwägende Vernunft.

Hier muss ich ein weiteres Mal sagen: Selbst bei übereinstimmender Information – und die ist in politischen wie in strategisch-militärischen Fragen recht schwierig zu verwirklichen – kann man in der Abwägung zu sehr verschiedenen Ergebnissen und politischen Konsequenzen kommen. Und dennoch können diese verschiedenen Denkergebnisse und politischen Konsequenzen je für sich durchaus moralisch begründet sein. Es ist im konkreten Fall eben nicht einfach, es ist vielmehr ungeheuer kompliziert zu bestimmen, wie zum Beispiel ein Gleichgewicht zwischen der Sowjetunion und den Vereinigten Staaten von Amerika aussehen soll.

Ich möchte die beiden Elemente nennen, die heute die deutsche Politik für ein sicherheitspolitisches Gleichgewicht bestimmen. Das eine Element ist: Die Bundesrepublik Deutschland gehört zum Westen; nur unsere Zugehörigkeit zum westlichen Bündnis kann das Gleichgewicht in Europa erhalten. Hier liegt der Kern unserer Sicherheit. Wir können nicht neutral sein. Zum anderen: Wir brauchen allerdings ein ungefähr gleiches Gewicht der militärischen Kräfte von West und Ost. Nur dann gibt es für alle Beteiligten gleiche Sicherheit. Nur auf dieser Grundlage kann der Friede gesichert werden.

Ein ungefähr gleiches Gewicht militärischer Kräfte darf nicht allein durch beiderseitige Rüstung hergestellt werden. Denn dies wäre ein labiles System, das zu einem verhängnisvollen Rüstungswettlauf tendiert. Mehr Sicherheit liegt darin, das Gleichgewicht militärischer Kräfte auf dem Wege vertraglich vereinbarter Rüstungsbegrenzung zu stabilisieren. Wenn die Menschheit sich nicht zu Tode rüsten soll, dann gibt es nur diesen Weg.

Deshalb musste zum Beispiel der Beschluss der NATO über die westliche Nachrüstung bei eurostrategischen Waffen ein Doppelbeschluss sein: nicht nur durch eigenes westliches Rüstungshandeln – amerikanisches Rüstungshandeln, genauer gesagt – den Vorsprung der anderen aufholen, sondern gleichzeitig der Sowjetunion das Angebot machen, über gleichgewichtige Beschränkung dieser Waffen zu verhandeln und einen entsprechenden Vertrag miteinander zu schließen.

Allerdings kann sich Friedenspolitik nicht auf die Erhaltung des sicherheitspolitischen Gleichgewichts beschränken. Gleichgewicht ist eine notwendige Bedingung für den Frieden, aber keine hinreichende Bedingung. Es muss die Friedensgesinnung hinzukommen, der Wille, aufeinander zuzugehen, der Wille, miteinander zu reden und dabei auch zuzuhören, wenn der andere spricht. Hinzukommen muss der Wille, die Interessen des anderen zu verstehen, darüber hinaus seine Interessen zu respektieren; es müssen der Wille und die Fähigkeit zum Kompromiss hinzukommen, es muss hinzukommen der Wille zur Kooperation.

Wir Deutschen können nicht verhindern, dass sich die Beziehungen zwischen Ost und West zuweilen abkühlen. Aber gerade wir müssen dann darauf achten, uns nicht durch Fixation auf Feindbilder um die politische Vernunft bringen zu lassen. Gerade in Zeiten, in denen sich die Gegensätze und Konflikte verhärten, kommt es darauf an, das Gespräch mit der anderen Seite aufrechtzuerhalten.

Diese Anerkennung der Selbständigkeit des anderen, seines Bedürfnisses nach Sicherheit, seiner Interessen schließt Einmischung in seine inneren Angelegenheiten aus. Das sagt der fünfte Präliminarartikel in Kants Schrift »Zum ewigen Frieden« mit den Worten: »Kein Staat soll sich in die Verfassung und Regierung eines anderen Staates gewalttätig einmischen.« Dieser Gedanke, den Kant übrigens gewiss nicht als Erster entwickelt hat, findet sich heute als selbstverständlicher und wichtiger Bestandteil im Völkerrecht, in der UNO-Charta und auch in der Schlusserklärung zur KSZE von Helsinki.

Ebenso wichtig ist bei Kant im Interesse des Friedens ein kontinuierlicher Prozess wirtschaftlicher Verflechtung (erster Zusatz zur Schrift »Zum ewigen Frieden«). Wirtschaftliche Verflechtung im Interesse des Friedens war auch das Motiv der sozialliberalen Koalition für die bedachtsame Entwicklung des Handels mit der Sowjetunion und mit dem europäischen Osten überhaupt.

Zum Schluss: Wesentliche Grundlage für jede Zusammenarbeit zwischen Staaten, aber auch zum Beispiel für Verträge über Rüstungsbegrenzung und Abrüstung ist ein gegenseitiges Vertrauen, und Verträge lassen dann das Vertrauen zusätzlich wachsen. Ich muss keine Beispiele dafür geben, wie sehr das Vertrauen zwischen den Staaten und Völkern behindert und beeinträchtigt ist. Gerade wir Deutschen, in deren Namen in diesem Jahrhundert Vertrauen zwischen den Völkern auf schreckliche Weise zerstört wurde, haben es nötig, immer wieder aufs Neue für die Bildung von Vertrauen politisch zu arbeiten. Man muss dabei wissen, dass Voreingenommenheit in der Auseinandersetzung zwischen Ost und West nicht nur auf einer Seite herrscht – und Angst gibt es dort wie hier.

Internationale Absprachen, die Vertrauen bilden, können ein Klima schaffen, in dem Ängste abgebaut, in dem differenzierte Bilder der jeweils anderen Seite möglich werden. Vertrauensbildung heißt auch, die Vielschichtigkeit der Motive der Gegenseite sehen, sich nicht nur in die äußere Lage der Gegenseite, sondern auch in ihre innere Situation einfühlen und die Loyalitäten der anderen Seite ernst nehmen.

Der große Preuße Immanuel Kant hat uns heutigen Politikern zugleich Zeitbedingtes und durchaus Gültiges vorgedacht und hinterlassen. Allerdings nicht gerade griffbereite politische Handlungsanweisungen. Die Fachphilosophen werden vielleicht ein bisschen darüber irritiert sein, dass ich über vieles von dem, was sie für das eigentlich Wichtige bei Kant halten, gar nichts gesagt habe.

Mir war wichtig, den kategorischen Imperativ mit dem handelnden Politiker in Beziehung zu setzen.

Er hat die Pflicht, vorauszudenken und alle Folgen kritisch zu bedenken.

Er hat die Pflicht, alle Interessen kritisch abzuwägen.

Er hat die Pflicht, die Moralität nicht nur der Ziele, sondern auch der Mittel im Auge zu haben.

Er muss in der Demokratie den ungeheuren Aufwand auf sich nehmen, anderen seine Gründe transparent zu machen und sie zu überzeugen, weil er Mehrheiten braucht.

Er muss die erstrebten und die unerwünschten Folgen seines Handelns gleichermaßen verantworten.

Er muss alles tun im Bewusstsein nicht nur seiner Fehlbarkeit, sondern der Fehlbarkeit demokratischer Entscheidungen schlechthin.

Ihm obliegt infolgedessen die Pflicht, jeden einzelnen Schritt auf einem langen Wege mit Augenmaß richtig zu bemessen.

Diese Maximen politischen Handelns sind nicht vollständig. Für diese Maximen war mir Kant wichtig; aber auch die zuvor erwähnten Karl Marx, Max Weber und der vielleicht von den meisten nicht so ernst genommene Marc Aurel, der mich insbesondere in der Selbsterziehung zu Pflichtbewusstsein und Gelassenheit beeindruckt hat. Aber ich muss hinzufügen, dass mich die Gedanken des Naturrechts, die Gedanken der amerikanischen Revolution – übrigens stärker als die der französischen –, dass mich Lassalle, Bebel und Bernstein und dass mich vor allem das Desaster der Hitler-Zeit in meinem Demokratie- und Staatsverständnis mindestens ebenso geprägt haben, wie Kant es hat.

Zum 300. Geburtstag
von Johann Sebastian Bach

Rede beim Festakt am 21. März 1985
im Hamburger Michel

Vor einem Jahrzehnt habe ich einmal die Leipziger Messe besucht. Dort ergab es sich an einem für mich zufällig freien Abend, dass in der Thomas-Kirche eine Bach'sche Kantate gegeben wurde. Wir telefonierten mit dem Kirchbüro und baten um Einlass und um unauffälligen Zugang. Man sagte uns: »Kommen Sie zwei Minuten vor Beginn, der Pastor wird Sie am Seiteneingang erwarten.« So geschah es. Der Pastor führte meine Frau und mich zu unseren Plätzen im Chor der Kirche, die bis auf den letzten Platz gefüllt war.

Die Musik begann, kaum dass wir uns gesetzt hatten. Etwas verstohlen und unauffällig ließen wir unsere Augen durch die Kirche gehen; und sie fielen auf eine einzelne, langstielige rote Rose, die vor uns auf dem Boden lag. Genauer besehen, lag die Rose auf einer Grabplatte, die in den Fußboden eingelassen war. Die Platte war schmucklos, und sie trug Johann Sebastian Bachs Namen und seine Lebensdaten. Mich ergriff eine unbeschreibliche Rührung und Erregung. Ich hatte Mühe, mich selbst in Disziplin zu nehmen. Denn dieser Augenblick, Bachs Musik im Ohr, seine Thomas-Kirche und seinen Namen vor Augen – dieser Moment rief mir alles das auf einmal ins Bewusstsein, was ich im Laufe des Lebens der Bach'schen Musik verdankte.

Zu Besuch in der DDR zu sein, war allein schon erregend genug gewesen. Nun aber kam die Begegnung mit einem der größten Geister hinzu, die unser Volk hervorgebracht hat. Kaum jemals habe ich tiefer gefühlt, was es bedeuten kann, ein Deutscher zu sein. Und ebenso habe ich kaum jemals deutlicher empfunden, welches Glück aus der Musik fließen kann.

Musik diene der Rekreation des Gemütes, so hat bekanntlich Bach einmal geschrieben. Und das ist wohl wahr. Rekreation – das bedeutet in unserer heutigen Sprache wohl Erholung. Heute würde Bach vielleicht sagen: Musik gilt der Erneuerung der Seele des Menschen.

Natürlich bedarf es der Anleitung, um zu lernen, Musik zu hören. Das ist wie mit Sprechen und Lesen und Schreiben, das muss man als Kind auch alles erst lernen. Ich hatte Glück in meiner Kindheit; denn dank der Anleitung durch meine Mutter und dank der Übung in meiner Schule habe ich relativ früh gelernt, Musik zu hören. Meine Mutter hatte als junges Mädchen vor dem Ersten Weltkrieg unter Alfred Sittard im Kirchenchor gesungen. Und deshalb war es ganz natürlich, dass bei uns zu Hause sich oft ihre Geschwister und ihre Cousinen und Cousins um das Klavier versammelten, um vierstimmig zu singen. Einer meiner Onkel war Musiklehrer an einer Volksschule, er war sozusagen der Leiter dieses kleinen Familienchors.

Und ein- oder zweimal hat er uns damals – es muss 1930 gewesen sein oder 1931 – die Goldberg-Variationen vorgespielt. Sie erschienen mir mit meinen damals zwölf oder dreizehn Jahren als der absolute Höhepunkt polyphoner Musik. Und wenn ich heute Glenn Goulds Interpretation der Goldberg-Variationen auf Platte wieder und wieder höre, so wollen sie mir immer noch und erneut als ein Höhepunkt der Musik schlechthin vorkommen. Dieser Onkel übrigens, Ottomar Heinz Otto, schenkte mir damals das »Notenbüchlein der Anna Magdalena Bach«. Manche der Stücke konnte ich spielen, andere, wie zum Beispiel die e-moll-Partita, waren viel zu schwierig. Aber es gibt im Notenbüchlein der Anna Magdalena auch eine Aria in G-Dur, die konnte ich spielen. Erst Jahrzehnte später habe ich begriffen, dass jenes Stück aus meiner Kinderzeit zugleich das Thema der Goldberg-Variationen ist.

In der Lichtwark-Schule haben wir unter Ernst Schütt und Ludwig Moormann viel musiziert und gesungen. Und dabei hat mich immer die Klarheit, die Durchsichtigkeit und die Ordnung der polyphonen Barockmusik mehr angezogen als alle Klassik und Romantik. Schütz, Pachelbel, Buxtehude – das waren meine Komponisten. Vor allem aber Bach, Telemann, Vivaldi, Purcell. Die Bach-Söhne liebte ich auch, aber schon mit Abstrichen. Je durchsichtiger eine Musik war, umso mehr ging sie in mein Ohr. Wir sangen natürlich auch Modernes – auch Kurt Weills freche Songs, aber eben auch Paul Hindemith.

Von Hindemith stammt ein bedeutungsvolles Wort über Bach: »Es ist also dies das Wertvollste, was wir mit Bachs Musik geerbt haben: die Schau bis ans Ende der dem Menschen möglichen Vollkommenheit und die Erkenntnis des Weges, der dahin führt, das unentrinnbare, pflichtbewusste Erledigen des als notwendig Erkannten, das aber, um zur Vollkommenheit zu gelangen, schließlich über jene Notwendigkeit hinauswachsen muss.« Dieses Hindemith-Zitat stammt übrigens aus einer Rede, die er in Hamburg vor fünfunddreißig Jahren gehalten hat, aus Anlass der damaligen zweihundertsten Wiederkehr von Bachs Tod.

Über das Verhältnis zwischen Bach und Hamburg ist mit Bescheidenheit zu sprechen. Wenn unsere Hamburger Vorväter etwas mehr Geschick entfaltet hätten, so hätten sie vielleicht den jungen Bach als Kirchenmusiker eingestellt, der sich damals an St. Jacobi beworben hatte. Er war auch schon vorher mehrfach von Lüneburg aus nach Hamburg gewandert, um in St. Katharinen Reinkens Orgelspiel anzuhören. Aber die Hamburger Pfeffersäcke muteten ihm zu, die freie Stelle an St. Jacobi zu kaufen – für 4000 Taler. Die hatte er nicht; und die wollte er wohl auch nicht bezahlen, wenn er sie gehabt hätte.

Die Lübecker übrigens haben ihm noch mehr zugemutet, das verschweige ich hier. Und so ging er nach anderswo. Schließlich zog er nach Leipzig und wurde der Thomaskantor.

Die Hamburger übrigens haben auch Händel nicht hier halten können, ebenso wenig wie später Brahms. Die Mahnung ist gerechtfertigt: Lasst uns, die Heutigen, gut hinhören, wenn ein junger Mensch musiziert, damit wir nicht später von unseren Nachbarn gescholten werden, wir seien abermals unfähig gewesen, ein Genie zu erkennen.

Wahrscheinlich ist es aber zu allen Zeiten nicht leicht, unter den eigenen Zeitgenossen die überragenden herauszukennen und sie dann außerdem noch anzuerkennen. Es fällt einigen offenbar schwer, selbst diejenigen anzuerkennen, die uns längst verlassen haben. Ich las jüngst in einem Hamburger Wochenmagazin, die Zeit sei »reif, die Säule Bach abzuklopfen, und siehe da, die Säule wankt«. Der »Spiegel« kann eben keine Autorität ertragen, es sei denn die eigene. Und in der »Zeit«, der ich selbst verbunden bin, war gleichzeitig zu lesen: »Bachs Musik ist der Bernstein, darin die frohe Botschaft überdauert. Bach ist die Religion für Atheisten.« Auch dies – wie mir scheint – eine Überheblichkeit, wie sie dem heutigen deutschen Geisteszustand leicht aus der Feder fließt oder über die Zunge kommt.

Vielleicht hatte der Autor eigentlich bloß gemeint, Bach könne eine Religion sein, selbst und sogar auch für Atheisten. Dergestalt umformuliert könnte man jenes Diktum gelten lassen. Aber man darf dabei Bach nicht missverstehen; denn jenem oft zitierten Wort aus seiner Feder über den Zweck der Musik, der »Rekreation des Gemütes« zu dienen, geht ein anderes voraus, nämlich: Zweck aller Musik solle nichts anderes sein »als nur zu Gottes Ehre« – *und* zur Rekreation des Gemütes zu dienen.

In umgekehrter Richtung sind in ihrem Urteil diejenigen wohl einen Schritt zu weit gegangen, die Johann Sebastian den fünften Evangelisten genannt haben. Mir scheint wahr, dass das Schaffen des Thomaskantors sich ganz im Geiste des Luthertums seiner Zeit vollzog, in einem ungebrochenen Verständnis des Glaubens und in einer Ordnung, in die er sich eingebunden wusste und in die er sich als selbstverständlich eingefügt hat. Er war von Aufklärung und Rationalismus noch nicht berührt, vielmehr war er ein im Glauben gebundener Mensch. Religion kann übersetzt werden mit Rückbindung. Bach war ein im Glauben rückgebundener, rückversicherter Mann. Nicht wollte er selbst ein Prediger sein oder ein Evangelist, sondern durch seine Musik diente er Gott und den Menschen – ohne inneren Zweifel an der vorgefundenen Ordnung.

Er strebte nach höchster Vollendung, nach höchster Vollkommenheit seiner Musik, ob in der »Kunst der Fuge«, ob im »Wohltemperierten Klavier«, ob in der h-Moll-Messe oder in der Matthäus-Passion. Wenn ihm aber ein Heutiger gesagt hätte, in Wahrheit strebe er doch nach Selbstverwirklichung, dann hätte Bach nicht nur das Wort nicht verstanden, sondern er hätte auch dessen inneren Sinn kaum akzeptiert.

Wenn die größere Bachfamilie zusammenkam – viele aus der Sippe waren Musiker, auch Kantoren und Organisten –, dann haben sie zusammen gesungen und musiziert, weil es ihnen Freude machte. Und dabei gab es dann durchaus auch Volkslieder und Quodlibets und Gassenhauer, selbst flachschlüpfrige Texte; man denke etwa an das naiv-erotische Gedicht am Schluss des Notenbüchleins der Anna Magdalena. Aber am Anfang dieses Musizierens und dieses Singens innerhalb der Familie, so wird uns berichtet, stand immer zunächst der gemeinsame Choral. Und der Choral war ihnen offenbar innerlich notwendig. Er war ja nicht Intonation oder Leitstimme für eine Gemeinde zum Mitsingen. Er konnte im Hause Bach nicht den Zweck verfolgen, eine Gemeinde auf Liturgie oder Predigt einzustimmen, vielmehr muss er wohl Ausdruck des eigenen Lebensgefühls gewesen sein.

Deshalb glaube ich, dass E. T. A. Hoffmann nicht recht gehabt hat, als er im vorherigen Jahrhundert schrieb, Bach sei Musik als Kultus und die Texte der Bach'schen Kantaten und Messen seien eigentlich unwichtig. Für einige – in der Nachwelt, in der damaligen Romantik oder auch in der heutigen Zeit – mag dies so sein, aber für Bach insgesamt kann es kaum gelten. Ich glaube, Bischof Krusche hatte sehr wohl recht mit seinem Hinweis auf Johann Sebastians häufiges Schlusswort, das von eigener Hand am Ende einer neuen Komposition geschrieben war: »Soli Deo Gloria.«

Bach hat sehr vieles in seinem Werk von Berufs wegen komponiert, komponieren müssen. Daraus sind zum Beispiel die ungezählten Kirchenkantaten entstanden. Mehr als zweihundert Kantaten sind uns erhalten geblieben. Ebenso hat er für seine Schüler komponieren müssen. Vieles aus seiner Musik war Pflicht und nicht etwa Kür. Wenn aber etwa die für die Schüler geschriebenen zweistimmigen Inventionen gleichwohl musikalisch so hervorragend gelungen sind, so zeigt sich daran, wie ernst jener Mann seine Pflichten genommen hat.

Bach hat gewiss seinen eigenen Rang erkannt. Er war durchaus selbstbewusst; gleichwohl hat er sich mit einer gewissen Demut in die Ordnung eingefügt. Er wollte nicht etwas kolossal Neues schaffen wie später Richard Wagner oder Arnold Schönberg. Dennoch war seine Musik in gewissem Sinne progressiv, nämlich in die Zukunft weisend. Er baute auf allem auf, was es vorher gegeben hatte, aber er wies in die Zukunft. Wir alle, zehn Generationen später, ein Vierteljahrtausend später, wir alle hören seine Musik mit dem größten Vergnügen und mit Selbstverständlichkeit, ganz so, als gehöre diese Musik zu unserer eigenen Zeit. Und ohne Schaden erträgt diese Musik fast jedwede Bearbeitung von Busoni bis zu Jacques Loussier oder den Swingle Singers. Das wird wohl noch lange Zeit so bleiben.

Es hat nach Bachs Tod zunächst drei Generationen gedauert, bis 1829 Mendelssohn zum ersten Mal die Matthäus-Passion wieder aufgeführt hat. Man kann sagen, Mendelssohn kommt das Hauptverdienst an der Bach-Renaissance beim breiten Publikum zu. Wir heute Lebenden haben alle von dieser Renaissance profitiert.

Als gleich nach dem Zweiten Weltkrieg in Hamburg unter den primitivsten Verhältnissen wieder Konzerte gegeben wurden, da gab es auch die sechs Brandenburgischen Konzerte, auch die h-Moll-Suite; es muss Stross oder Scheck-Wenzinger gewesen sein oder beide Kammerorchester nacheinander. Wir Hamburger hörten zu und freuten uns, dass der Krieg, der uns so vieles genommen hatte, uns jedenfalls diese Musik und dieses Musikerlebnis nicht hatte nehmen können. Ich erinnerte mich damals an die Musikeindrücke aus meiner durch den Krieg reichlich verkürzten Jugendzeit. Ich erinnerte mich an die Bach-Biographie von Albert Schweitzer, die wir Ende des Jahres 1944 aus unserer als Hamburger Bombenflüchtlinge in die heutige DDR verbrachten und dort zurückgelassenen Habe einem befreundeten Arztehepaar in Bernau bei Berlin geschenkt hatten. Und ich erinnerte mich an die Kopie der Bach'schen Notenhandschrift, die über dem Klavier gehangen hatte. Fürwahr, eine ungemein klare und kraftvolle Handschrift.

Bachs Musik ist an vielen Stationen des Lebens für mich immer erneut eine Quelle inneren Friedens gewesen – zugleich der Sammlung der eigenen Kräfte, eine Quelle der inneren Gelassenheit. Mir ist sie – um mit Goethe zu sprechen – »herrlich wie am ersten Tag«. Und ich gebe Joachim Kaiser recht, der in der »Süddeutschen Zeitung« geschrieben hat: »Es gibt keine Formel, keine griffige These, die hilfreich definierend Johann Sebastian Bach erklären könnte. Dazu ist er zu groß.«

Alles, was zu Bachs Zeit politische und gesellschaftliche Wirklichkeit bedeutete, ist nun schon längst vergangene Geschichte. Die Konflikte von damals sind sozusagen begraben und vergessen. Unsere politische Gegenwart trägt von ihnen keine Spuren mehr, es sei denn die Parallele, dass auch damals Deutschland sich langsam von materiellen und geistigen Verwüstungen zu erholen suchte, die der Dreißigjährige Krieg angerichtet hatte. Die Schatten jenes Krieges haben lange auf Deutschland gelegen, und sie haben manche Fehlentwicklung, manches Zuspätkommen der deutschen Nation und auch manche Übertreibung zur Folge gehabt.

Bach ist aber nicht Geschichte, sondern ist Gegenwart und Zukunft. Er war einer der größten Deutschen. Doch sein Deutschtum hat nicht seine Musik bestimmt; denn er holte sich seine Anregungen aus vielen Himmelsrichtungen – vor allem aus Italien, von Vivaldi. Dennoch hat Bach auf das stärkste die deutsche Musik bestimmt und beeinflusst. Mozart, Beethoven, Brahms und viele andere haben das so gesehen. Es war wohl Ausdruck des oft gefährdeten und oft missbrauchten deutschen Nationalgefühls, dass einige Bach bisweilen sehr eifersüchtig zum deutschen Musiker par excellence stilisiert haben und dass seiner Musik die Verdrehtheiten und die künstlichen Überhöhungen des deutschen Nationalismus unterlegt worden sind.

Dennoch möchte ich sagen: Kein Volk kann ohne geschichtliche Identität auskommen. Und wenn man deutsche Vergangenheit bloß noch als eine Kette von Versagen und Versäumnissen und Verbrechen wahrgenommen wissen will, dann kann das Gefährdungen für die Gegenwart und für die Zukunft unseres Volkes heraufbeschwören. Eine solche verengende Geschichtsauffassung könnte zur sich selbst erfüllenden Prophetie werden, könnte neue Katastrophen zeugen.

Es ist wahr, die deutsche Geschichte hat große Schatten, aber sie ist keineswegs gleichbedeutend mit Finsternis. Da gibt es auch viel Licht und Glanz. Und die Verehrung, die der deutschen Musikkultur überall in der Welt entgegengebracht wird, darf uns zu ein wenig Stolz bewegen. Stolz darüber, zu dem großen kulturellen Zusammenhang Europas, zu dem Kontinuum, zu dem auch Bach gehörte und in welchem er als Vollender und Verwandler wirkte, zu diesem Kontinuum dazuzugehören. Und dieser Stolz ist dann umso legitimer, wenn wir keinen

Alleinbesitz behaupten und beanspruchen – nicht bei Bach und nicht bei anderen Großen in der Musik. Musik ist ein internationales, ein transnationales kulturelles Phänomen.

Angesichts der Überreizung unserer Kinder durch Fernsehen und allerlei Geräusch habe ich vor Jahren zur Pflege der Lesekultur aufgerufen, damit wir nicht zu einem Volk der Manipulierten oder der Saturierten *und* Manipulierten werden sollten. Ich würde gerne hinzufügen: Auch ohne Musik kann die Bahn abschüssig in Stumpfheit und Borniertheit führen. Ohne Musik – das könnte durchaus das Schicksal einer Generation werden, die in einem Meer von Geräuschen ertrinkt, von »Geplärr und Geleier«, wie Bach das genannt hat. Es geht um die Bewahrung und um die immer neue Erschaffung der Musikkultur der Lebenden. Wir sollten also dafür sorgen, dass in unseren Wohnungen und in unseren Schulen gesungen wird und Musik gemacht wird, dass die Nachwachsenden lernen, daran Freude zu haben.

Es wird Zeit für jene Sprache, die unsere Seele ohne Umwege erreicht, die keinen Irrtum kennt und keine Lüge. Es wird Zeit für Bachs Musik und für seine Kantate »O ewiges Feuer«.

Christliche Ethik und politische Verantwortung

*Rede in der Marktkirche Hannover
am 1. Juli 1986*

Wenn ich Ihnen und den Organisatoren dieser kirchlichen Woche dafür danke, dass Sie mir heute Abend Gelegenheit geben, von dieser Stelle aus zu Ihnen zu sprechen, dann sollten Sie das nicht als einen Akt der bloßen Höflichkeit missverstehen. Ich betone »von dieser Stelle aus«, denn es ist genau 55 Jahre her, dass meine Frau und ich im Sommer 1931 zum ersten Mal hier in der Marktkirche zu Hannover gewesen sind. Damals war sie noch unzerstört, und wir waren damals auch noch nicht verheiratet, wir waren noch Kinder.

Ich muss Ihnen gestehen, dass ich immer eine gewisse Scheu gehabt habe, darüber zu reden, aber erlauben Sie mir bei dieser Gelegenheit, doch zu sagen, dass ich mich meiner Kirche immer verbunden gefühlt habe. Und ich bin ihrem Ruf gerne dann gefolgt, wenn sie mich aufgefordert hat, im kirchlichen Rahmen zu Themen unseres Bekenntnisses das Wort zu nehmen. Das letzte Mal tat ich dies in dem sogenannten Luther-Jahr 1983, und die Gemeinde, zu der ich damals sprechen durfte, das waren evangelische Christen in Potsdam in der DDR. Und der gemeinsame Gottesdienst, den wir anderentags feierten, der fand statt in der Kirche zu Wittenberg. Jeder von uns hat seine eigene Geschichte mit seiner Kirche.

Vielleicht darf ich eine kleine Geschichte aus meinem Leben erzählen: Vor heute weit über vierzig Jahren – ich war damals ein junger Soldat im Russlandkrieg –, als mir klar wurde, dass nicht nur der Krieg verloren gehen musste, sondern dass das nazistische Unrechtsregime ein auch moralisch und geistig zerstörtes Deutschland als Erbe hinterlassen würde, da habe ich begonnen, für die Nachkriegszeit, die doch kommen musste, meine Hoffnung auf die Kirche, besser: auf die Kirchen zu setzen. Ich meinte damals, dass die moralische und geistige Erneuerung Deutschlands nur aus dem religiösen Bekenntnis und aus den Kirchen erwachsen könne.

In den Jahren nach dem Kriege habe ich dann begreifen müssen, dass diese Erwartung wohl eine Überforderung der Kirchen bedeutet hat. Aber zweifellos haben die Kirchen und hat auch die Evangelische Kirche in Deutschland ihren Beitrag geleistet zu dem, was nunmehr seit beinahe vierzig Jahren die geistigen Fundamente der zweiten deutschen Demokratie geworden sind. Und dieser Beitrag wird auch in Zukunft notwendig bleiben. In einer Zeit, in der sich Krisen im Gesamtmaßstab der Welt deutlich abzeichnen, in einer solchen Zeit wird dieser Beitrag so notwendig sein wie jemals vorher.

Damit wären wir eigentlich mitten in dem Thema, das die Veranstalter mir für heute Abend vorgesetzt haben, nämlich bei dem Zusammenhang von christlicher Ethik und politischer Verantwortung. Ich muss aber eine Warnung aussprechen: Dies wird ein etwas schwieriger und angesichts der sommerlichen Temperaturen draußen vielleicht etwas zu langer Vortrag. Noch eine zweite Vorbemerkung möchte ich machen: In den Jahren, in denen ich ein öffentliches, ein politisches Amt ausübte, habe ich mich innerlich immer dagegen gesträubt, als Politiker und als Vertreter eines herausgehobenen öffentlichen Amtes auf eine Kanzel in der Kirche gerufen zu werden. Ich war immer der Meinung – und bleibe auch heute dabei –, dass ein politisches Amt, sei es noch so herausgehoben, keinen evangelischen Christen besonders dazu legitimiert, eine Kanzel für sich zu beanspruchen.

Aber natürlich gilt dieser Satz durchaus auch umgekehrt: Kein evangelischer Christ, dem seine Kirche eine Kanzel anvertraut hat, ist allein schon dadurch in besonderer Weise dazu legitimiert, das Wort in der politischen Auseinandersetzung zu ergreifen. In beiden Fällen wird dem Worte des Betreffenden keine höhere Würde zukommen als schlicht die gleiche, die jeder evangelische Christ oder jeder Staatsbürger für sich beanspruchen kann. Und wie Sie bemerken, sind wir damit zum zweiten Mal ganz dicht bei dem Thema, zu dem ich aufgefordert bin zu sprechen.

Der vorhin erwähnte Besuch bei den Christen in Potsdam und in Wittenberg fand am Vorabend eines Jahrestages statt, der eigentlich für die evangelischen Christen in Deutschland von besonderer Bedeutung war. Ich meine die 50. Wiederkehr der Theologischen Erklärung der Barmer Bekenntnis-Synode von 1934. Sicher, die Situation, in welcher die evangelischen Christen in Deutschland dieses runde Jubiläum der Barmer Erklärung hätten begehen können, war völlig verschieden und unvergleichbar gegenüber der Situation des Jahres 1934. Aber ich denke, das darf nicht heißen, dass die damals in Barmen getroffenen Aussagen für uns keinerlei Bedeutung mehr hätten. Und insbesondere, denke ich, hat für uns nach wie vor die 5. These der Barmer Erklärung Bedeutung, die ich hervorheben möchte.

Unter dem Wort des Petrusbriefes »Fürchtet Gott, ehret den König« wird dort gesagt, die Schrift belehre uns, »dass der Staat nach göttlicher Anordnung die Aufgabe hat, in der noch nicht erlösten Welt, in der auch die Kirche steht, nach dem Maße menschlicher Einsicht und menschlichen Vermögens unter Androhung und Ausübung von Gewalt für Recht und Frieden zu sorgen«. Und etwas später sagt dann dieselbe These: »Wir verwerfen die falsche Lehre, als solle und könne der Staat über seinen besonderen Auftrag hinaus die einzige und totale Ordnung menschlichen Lebens werden und also auch die Bestimmung der Kirche erfüllen. Wir verwerfen die falsche Lehre, als solle und könne sich die Kirche über ihren besonderen Auftrag hinaus staatliche Art, staatliche Aufgaben und staatliche Würde aneignen und damit selbst zu einem Organ des Staates werden.«

So, wie ich sie heute verstehe, hat diese 5. These eine Position innerhalb der Frage formuliert, die zu den schwierigsten Fragen christlicher und kirchlicher Existenz überhaupt gehört. Es geht hier um das alte Thema des 13. Kapitels im Römerbrief, nämlich um die gegenseitige Abgrenzung von Verantwortung. Die 5. Barmer These unternimmt den Versuch, die Möglichkeiten des Miteinanders zwischen Staat und Kirche einzufangen – so geschehen zu Beginn der nationalsozialistischen Diktatur und zu Beginn des Versuchs, durch die Organisation der sogenannten Deutschen Christen aus den Kirchen quasi eine Nazi-Mitläufer-Einrichtung zu machen.

Ich denke, dass es in jeder Grenzsituation – wie damals so auch in Zukunft – wirklich darauf ankommt, bewusst das eigene Handeln an sittlichen, an religiösen, an Glaubensgrundsätzen zu messen und es daran zu überprüfen. Ich denke, dass in jeder Grenzsituation für jeden von uns ein solcher Konflikt auftreten kann. Dabei mag die eben zitierte Barmer These manchem von uns eine Grundorientierung geben. Jedenfalls weist sie für beide Seiten, für die Kirche wie für den Staat, jeden Totalitätsanspruch zurück. Weder kann der Staat für sich in Anspruch nehmen, durch seine Ordnung eine letztgültige Antwort auf das zu geben, was nach biblischem Sprachgebrauch Erlösung der Welt heißt, noch kann die Kirche sich anmaßen, in allen Fragen der politischen Existenz ein ausschlaggebendes Mandat zu besitzen.

Diese grundsätzliche Trennung zwischen staatlichem und kirchlichem Anspruch macht aber auch das Zusammenwirken möglich, das für den Christen, der zugleich Mitglied seiner kirchlichen Gemeinde und Bürger seines Staates ist, eine lebensmögliche Orientierung bietet. Der Staat auf der einen Seite kann keine weltanschauliche Orientierung als die ausnahmslos verbindliche vorschreiben. Und wenn es Staaten gibt, die dies tun, so tun sie es zu Unrecht. Wo aber der Staat seine eigenen Grundlagen begründet in der Würde des Menschen, in der Achtung der Menschenrechte im Sinne eines allgemeinen Sittengesetzes, dort akzeptiert er damit zugleich, dass auch die Kirchen ein orientierendes Mitspracherecht haben.

Das heißt also: Dort, wo der Staat zu seiner eigenen Begründung zurückgreift auf das Letzte, dort muss er das Mandat der Kirche akzeptieren. Und andererseits: Dort, wo die Kirche im Raum des Vorletzten spricht oder angesprochen ist, wo sie sich zum Beispiel durch Seelsorge und geistliche Führung auf die Lebensbedingungen, auf politische oder wirtschaftliche Ängste ihrer Gemeindemitglieder einlassen will, dort muss sie akzeptieren, dass staatliche Ordnung ihr vorgegeben ist. Ich sage es noch einmal: Dies alles wurde gedacht und aufgeschrieben in der Form, in der ich es vorgelesen habe, zu Beginn der Nazi-Diktatur.

Mir liegt am Herzen, einen Punkt aus der 5. Barmer These besonders hervorzuheben, auf den ich vor einem Vierteljahrhundert durch meinen väterlichen Freund Gustav Heinemann gestoßen worden bin. Ich zitiere ihn: »Es ist immer wieder gut, dass wir diese Erklärung in den Fragen zur Hand nehmen, die uns heute umtreiben. Und wenn es nur das Eine wäre, dass aus der ganzen These 5 der Barmer Erklärung nur zwei Wörtlein mitgenommen würden, nämlich ›die Regierten‹.« Denn es heißt ja – und das füge ich dem Heinemann-Zitat hinzu – in jener These, dass die Regierenden *und* die Regierten, dass sie *beide* verantwortlich sind.

Wenn also jedermann mitverantwortlich ist, so braucht niemand irgendeine Legitimation dafür, wenn er beitragen will zum Beispiel zur Lösung des Problems »Wie bewahren wir den Frieden?« Wenn wir alle aus der These 5 der Barmer Erklärung nur die Worte mitgenommen hätten und behalten würden, nämlich auch die Regierten sind verantwortlich, dann würde die Barmer These auch heute wahrlich ihren guten Dienst leisten. Es ist dies übrigens, wie jeder inzwischen gespürt hat, durchaus eine demokratische These.

Lassen Sie mich ein weiteres Zeugnis, das Zeugnis eines heutigen Zeitgenossen, heranziehen. Der in der DDR amtierende Altbischof Albrecht Schönherr hat 1981 in einem Vortrag, den er in Tutzing in Bayern hielt, den staatsbürgerlichen Auftrag des Christen mit den folgenden Worten umschrieben: »Wir Christen haben den Auftrag, dort, wohin wir uns von ihm gestellt wissen, Gottes rettenden Willen anzusagen. Und in diesem Auftrag verwandeln sich Chancen und Probleme zu Wegweisungen, zu Versuchungen, zu Belastungen, die wir zu tragen haben. Das ist ein Weg mit Gefahren auf beiden Seiten, aber der Weg gewährt auch Ausblick nach vorn.«

Jemand, der von Versuchungen und von Belastungen auf dem Wege redet, der ist sich offenbar nicht ganz sicher, was im Einzelnen auf diesem Wege alles passieren kann oder wie im Einzelnen dieser Weg zu nehmen sein wird. Die Tatsache, dass der Weg ungesichert ist, die ist es wohl, die es erlaubt, den Christen »frei« zu nennen. Er kann sich entscheiden an vielen Stationen seines Weges. Wenn alles vorgeschrieben und sicher wäre, dann würde von uns ja keine Entscheidung verlangt, die wir zu verantworten haben. Diese Tatsache des Ungesichertseins, dieser Charakter der Versuchungen auf dem Wege, der Belastungen, der Herausforderungen, dies alles zusammengenommen will mir erscheinen als Voraussetzung christlicher Freiheit. Und dies alles zusammen gilt natürlich auch für jedes politische Wort der Kirche oder für jedes politische Wort *in* der Kirche.

Die Kirche formuliert sozusagen ihr inneres Problem, wenn sie sich zu politischen Fragen äußert. Und keineswegs nur das äußere Problem, das vielleicht darin besteht, dass kirchliche Äußerungen im politischen Zusammenhang natürlich immer ein zwiespältiges Echo finden. Schweigt nämlich die Kirche, dann wird ihr Wort von denen lebhaft vermisst, welche für ihre eigene politische Position eine kirchliche Unterstützung wünschen. Wenn die Kirche aber das Wort nimmt, so wird sie von denen kritisiert, die ihrerseits aus politischen Gründen eine andere Meinung für die richtige halten. Das politische Wort ebenso wie das politische Schweigen der Kirche können also beide nicht unbestreitbar sein, und beides kann nicht unumstritten bleiben. Beides unterliegt christlicher Freiheit und beides liegt damit auf jenem Weg – mit den Worten von Altbischof Schönherr –, der zwangsläufig mit Belastungen verbunden bleibt.

Schönherr hatte auch vom »Ausblick nach vorn« gesprochen. Vielen unserer Mitchristen, vielen unserer Mitbürger, unserer Nachbarn, und darüber hinaus vielen unserer Zeitgenossen in fernen Kontinenten erscheinen die Ausblicke nach vorn heute als dunkel, als unheilvoll und beängstigend. Und ich möchte über drei Aspekte unserer heutigen Ängste sprechen.

Zum ersten: über die Ängste, die mit der Weltwirtschaftskrise und mit der Explosion der Bevölkerung des Erdballs zusammenhängen. Im Laufe der letzten Jahre habe ich bisweilen die gegenwärtige tiefgefährliche Lage der Weltgemeinschaft von Völkern und Staaten mit dem Begriff einer doppelten Krise zu kennzeichnen versucht. Doppelt: Damit meinte ich einerseits die Gefährdungen der Weltwirtschaft, die damit einhergehende Elendserwartung für Hunderte von Millionen Bürgern unserer Welt, und andererseits meinte ich damit die Gefährdung des Weltfriedens, insbesondere als Folge eines sich verschärfenden Gegensatzes zwischen West und Ost.

Die ökonomische Krise der Welt ist auch an uns Deutschen, auch an uns Westdeutschen nicht vorübergegangen. Auch wir haben wie alle anderen mit Arbeitslosigkeit und mit Gefährdung der sozialen Stabilität unseren Preis für die weltweite

Krise der Wirtschaft gezahlt, und wir werden ihn weiterhin zahlen. Allerdings leben wir in einem Land, das zu den technisch und wirtschaftlich am weitesten fortgeschrittenen, zu den hochindustrialisierten Staaten der Welt gehört. Fast ganz Westeuropa gehört zu dieser Gruppe, auch die DDR, auch die Sowjetunion. Ganz Nordamerika gehört dazu, auch Japan, auch Australien und noch einige wenige weitere Länder. Zusammen ist das nicht einmal ein Viertel der Menschheit, das heißt weniger als eine Milliarde Menschen. Aber weit über drei Milliarden Menschen gehören nicht dazu. 140 Staaten der Welt gehören nicht zu den industrialisierten, fortgeschrittenen Ländern. Weit über drei Milliarden Menschen befinden sich in schlechterer sozialer Lage als etwa wir in der Bundesrepublik oder in Polen oder in Italien oder in England oder in Ungarn, um nur einige zu nennen.

Für jene über drei Milliarden Menschen kann es keine Diskussion darüber geben, ob die Weltwirtschaft gegenwärtig im Zeichen der Rezession oder im Zeichen der Depression oder ob sie möglicherweise sogar im Zeichen eines beginnenden konjunkturellen Wiederaufschwungs steht. Denn überall dort, wo echte, unmittelbare materielle Not vorliegt, nämlich bei diesen über drei Milliarden Menschen, von denen Hunderte von Millionen unterhalb des Existenzminimums leben müssen, überall dort ist großes Elend, in vielen Ländern sogar aussichtsloses Elend.

In der Dritten Welt vertieft die weltwirtschaftliche Krise die ohnehin gegebenen örtlichen oder regionalen Elendssituationen: Massenhunger, epidemische Krankheiten, Massensterben, Säuglingssterblichkeit insbesondere, und die Vertiefung lokaler oder regionaler Elendslagen durch die weltweite Krise lassen auch noch die Hoffnung verfliegen, dass dieser Zustand in absehbarer Zeit bewältigt werden könnte. Und deshalb hat die uns gebotene Mitmenschlichkeit inzwischen eine weltweite ökonomische und soziale Bedeutung. Wenn es nicht gelingt, gemeinsam einen Ausweg zu finden aus dieser umfassenden ökonomischen Strukturkrise der Welt, und wenn es nicht gelingt – und dafür mehren sich die Anzeichen –, der daraus folgenden sozialen und politischen Krisen Herr zu werden, dann wird man später sagen müssen, dass wir Christen versagt hätten.

Vielleicht darf ich einen Teilaspekt dieses Themas herausziehen und ihn auch überspitzen, um deutlicher verstanden zu werden. Eine, wenn nicht die gefährlichste Seite des Problems vieler Entwicklungsländer ist die Explosion der Zahl ihrer Bevölkerung. In meiner Schulzeit in den zwanziger Jahren errechnete man die Bevölkerung der Welt auf zwei Milliarden Menschen. Heute – ein halbes Jahrhundert später – macht die Weltbevölkerung schon 4,8 Milliarden aus. Die Bevölkerungswissenschaftler gehen davon aus, dass diese Zahl schon in weiteren 35 Jahren, im Jahre 2020, auf acht Milliarden ansteigen wird. Andere Wissenschaftler reden davon, dass sich ungefähr im Jahre 2100, das sind vier Generationen von heute ab gerechnet, die Weltbevölkerung bei sieben bis zehn Milliarden stabilisieren könnte. Oder noch mal anders: Vom Jahr 1925 an – das war das Jahr, in dem ich zur Schule kam – hundert Jahre in die Zukunft gerechnet, wird sich, davon müssen wir ausgehen, die Weltbevölkerung vervierfachen.

Viermal so viel Menschen auf dem Erdball, die gespeist werden müssen, denen man Unterkunft und Arbeit geben muss. Selbst wenn wir zu diesem Zweck auf der ganzen Welt im Laufe der unmittelbaren Zukunft vernünftige Aktionsprogramme in Gang setzen könnten, so würden doch die bremsenden Auswirkungen auf die Bevölkerungsexplosion frühestens nach der Jahrhundertwende erstmalig fühlbar werden. Und es gibt im Augenblick für solche positiven, bremsenden Programme gar keine Aussicht angesichts der weit verbreiteten Unfähigkeit der ganzen Welt, dieses Problem in seiner ganzen Schärfe zu begreifen.

Nun frage ich: Wenn wir die Steuern wesentlich erhöhen und wesentlich mehr Entwicklungshilfe leisten wollten, könnte das demokratische Zustimmung finden beim Wahlvolk Westeuropas und Nordamerikas? Aber solche Zustimmung einmal unterstellt: Kann eine großzügig bemessene Entwicklungshilfe dann wesentlich mehr leisten, als die Kindersterblichkeit in jenen Teilen der Welt zu reduzieren? Und wenn es gelingt, die Kindersterblichkeit zu reduzieren, was wird denn dann anschließend aus den Bevölkerungsziffern? Vielleicht darf ich provokatorisch die Frage hinzufügen: Hätte es keine Kolonien im 19. Jahrhundert und bis in die Mitte des 20. Jahrhunderts keine Entwicklungshilfe gegeben, würde dann nicht vielleicht die Weltbevölkerung immer noch bei zwei Milliarden stehen und nicht bei beinahe fünf?

Was aber heißt es angesichts dieses Problems, eine »christlich begründete« oder christlich begründbare Entscheidung zu treffen, wenn das Massenelend in der Dritten Welt von morgen uns einerseits zwingt zu helfen und wenn wir damit auf der anderen Seite möglicherweise die Probleme von morgen in jenen Erdteilen nur noch vergrößern? Und wo ist hier der nach beiden Seiten gefährdete Weg tatsächlich zu finden, von dem Schönherr sprach: der Weg zwischen dem Eintreten für das geborene Leben und dessen Menschenwürde und andererseits unserer Mitverantwortung für eine Zukunft, die wir dann mit zehn Milliarden Menschen werden teilen müssen? Wo ist der Weg zu finden?

Wie diese Zukunft aussehen könnte, das kann man an einigen Stellen heute schon beobachten. Nehmen Sie den Fall Mexiko. Als die Ölpreise gewaltig in die Höhe gingen (wir haben damals gelitten, denn sie haben bei uns in der Mitte der siebziger Jahre die Arbeitslosigkeit ausgelöst, die seither nicht weniger, sondern eigentlich immer mehr geworden ist), da hat das dem Öl-Exportland Mexiko natürlich genützt. Mexiko verdiente mehr an seinem Öl und konnte mit dem Erlös des exportierten Öls zu Hause eine ganze Menge Nützliches tun. Aber parallel mit diesem Nutzen durch die höheren Ölpreise ist die Bevölkerung Mexikos gestiegen. Eine Stadt wie Mexico City hat heute 14 oder 15 Millionen Einwohner – unvorstellbar! Und im Ergebnis ist der Lebensstandard in jenem Land heute pro Kopf geringer, als er damals vor zehn Jahren gewesen ist. Noch dazu sind inzwischen die Ölpreise wieder heruntergegangen.

Ich wiederhole die Frage: Wie lautet in einer solchen Situation eigentlich die moralisch begründete, die christlich legitimierte oder die christlich gebotene Entscheidung, die wir zu treffen hätten? Mehr Entwicklungshilfe oder weniger? Mehr oder weniger Geburtenbeschränkung? Aber kann nicht ein Mehr an Geburtenbeschränkung oder Familienplanung dazu führen, dass dabei unsere christlichen Vorstellungen von menschlicher Würde und von individueller Freiheit Schaden leiden?

Ich verzichte an dieser Stelle auf den Versuch einer Antwort. Mir liegt nur daran, an diesem Beispiel zu zeigen, dass allein mit moralischer Besserwisserei dieses Problem der Welt nicht gelöst werden kann. Und allein mit der Berufung auf Jesus Christus auch nicht, wenn nicht der abwägende Verstand, die Vernunft und die Erfahrung dazukommen. Eine andere Antwort will ich im Augenblick nicht geben, es sei denn diese Teilantwort: Mir ist deutlich, jede prinzipielle, grundsätzliche, kategorische moralische Ablehnung von Empfängnisverhütung ist hinsichtlich der Zukunft nicht zu verantworten, so sehr die hinter solcher Ablehnung stehenden tief verwurzelten Überzeugungen auch das eigene Bewusstsein bisher geformt haben. Dies spricht sich in einer evangelischen Kirche übrigens leichter aus als in einer katholischen.

Nun zu meinem zweiten beispielhaften Thema: die Gefährdung des Friedens. Ich sprach schon von dem Zusammenhang zwischen dem sozialen Massenelend in großen Teilen der Welt und der Möglichkeit, ja der Wahrscheinlichkeit von tiefgreifenden politischen Krisen, die daraus folgen. Nicaragua ist ein Beispiel für den Zusammenhang zwischen dem wirtschaftlichen Thema einschließlich des Bevölkerungsthemas einerseits und dem Friedensthema andererseits. Alle Kriege auf der Welt seit 1945 sind nicht etwa deshalb entstanden, weil es nukleare Bomben gibt. Manche dieser Kriege aber sind in den Elendsquartieren der Welt entstanden, in Südostasien, in Vietnam, in Laos, in Kambodscha, um ein paar Beispiele zu geben. Soziales Elend kann politisch Kriege auslösen. Die nuklearen Raketen waren es jedenfalls nicht, die diese Kriege ausgelöst haben.

Trotzdem gilt natürlich, dass der neuerlich beschleunigte Rüstungswettkampf zwischen den Staaten der Dritten Welt untereinander, aber ebenso zwischen den nuklearen Supermächten und ihren Bündnispartnern und Klienten die ganze Welt ebenfalls gefährlich nahe an Kriege heranführen kann, dass er in manchen Fällen Kriege erst ermöglicht und ihre Führung erleichtert. Die Entwicklungsländer der Welt geben gegenwärtig insgesamt sechsmal so viel für militärische Rüstung aus, wie sie insgesamt an Entwicklungshilfe empfangen.

Nun gibt es viele Deutsche, welche diese politischen Gefährdungen des Weltfriedens heute für dringlicher, für wichtiger ansehen als die ökonomische Krise der Welt. Dass dies gerade in Deutschland häufig so gesehen wird, hängt natürlich mit den nuklearen Waffen in Europa zusammen, mit der Angst vor diesen Waffen, mit der Angst vor den tief in die Zukunft hineinwirkenden Schädigungen des Menschen oder der Menschheit, wenn auch nur eine einzige dieser nuklearen Waffen je gezündet werden sollte. Ein einziger nuklearer Sprengkopf kann über die Verstrahlung Wirkungen auslösen, die in Generationen noch wirksam sind. Aber andererseits beruht seit dreißig Jahren das System der gegenseitigen Abschreckung zwischen West und Ost zu einem großen Teil darauf, dass beide

Seiten diese schrecklichen Waffen haben. Es hat zwar in den letzten dreißig Jahren keinen einzigen Tag auf der Welt ohne Krieg gegeben, aber es hat keinen einzigen Tag Krieg zwischen West und Ost gegeben. Nun mag manch einer sagen, ja, das war bisher so, aber morgen kann's passieren. Und niemand von uns kann das wissen, das ist wahr.

Trotzdem möchte ich davor warnen, dass wir unsere Arbeit für eine friedliche Ordnung der Zukunft, unsere Hoffnung auf die Lösung der gegenwärtigen politischen Krisen ausschließlich an die Forderung nach Abschaffung dieser nuklearen Waffen knüpfen. Ich sage keineswegs, der nukleare Rüstungswettlauf sei ungefährlich – um Gottes willen, nein. Ich sage nur, die Fixierung auf diesen einen einzigen Aspekt – der uns Deutsche natürlich besonders berühren muss, die wir hier auf dem theoretisch zu denkenden Gefechtsfeld leben – verstellt uns den Blick für die Gefahren, die außerdem unseren Frieden und den Frieden auf der Welt bedrohen.

Mir scheint, es gibt zweierlei Arten von Friedensexperten, vor denen man sich hüten, denen man lange und kritisch zuhören und über deren Thesen man selbständig nachdenken und urteilen muss. Das eine sind die Schwärmer mit ihrer Tendenz, aus der politischen Wirklichkeit der Welt am liebsten auszusteigen und abzusehen von den machtpolitischen, den militärischen, den technischen Wirklichkeiten in der Welt, abzusehen zu Gunsten einer großen moralischen Anklage oder Einklage, einige sogar zu Gunsten einseitiger Selbstentwaffnung. Das mag man denn so vertreten können, nur bleibt die Frage, ob man vor der nachkommenden Generation die Folgen wird verantworten können, die davon ausgelöst werden könnten, wenn wir uns selbst entwaffnen und andere tun es nicht. Und das andere Extrem sehe ich in der unsinnigen, vermeintlich realpolitischen Attitüde, als ob Sicherheit sich ausschließlich auf Waffen, auf militärischer Macht aufbauen ließe, seien diese Waffen nun Angriffswaffen oder Verteidigungswaffen.

Auch bei diesem Beispiel möchte ich die Entscheidung einmal überspitzt formulieren und fragen: Bedeutet es wirklich eine moralische Entscheidung, in der heutigen Lage der Welt einseitig für totale Abrüstung und Waffenlosigkeit unserer Seite einzutreten und damit uns selbst und – was noch gravierender sein könnte – alle anderen und späteren Mitbürger der nur erhofften, aber keineswegs sicheren Friedfertigkeit der anderen Seite anheimzugeben? Die Umkehrung muss ich nicht erst deutlich machen; denn keiner von uns mag dafür eintreten, dass ungebremstes Wettrüsten – ich habe den Ausdruck Rüstungswettkampf gebraucht – und ungebremstes Anstreben militärischer Überlegenheit eine christlich motivierbare Entscheidung sei. Im Ergebnis würde dies ja bedeuten, dass wir die Sicherheit der Mitmenschen auf der östlichen Seite, in der DDR, in Polen, in der Sowjetunion, in Ungarn vernachlässigen oder gering achten würden, ganz abgesehen von der Geld- und Materialverschwendung des Rüstungswettkampfs, ganz abgesehen davon, dass man mit diesem Geld tatsächlich vielen Menschen in der Dritten Welt besser und wirksamer helfen könnte.

Also auch hier ergibt sich die Frage: Wie lauten denn eigentlich unsere Antworten nach dieser Auseinanderlegung? Sind die Antworten einfach? Ergeben sie sich klar und deutlich aus dem großen oder dem kleinen Katechismus? Offensichtlich ist das nicht der Fall. Wir brauchen vielmehr für die Antworten Sachverstand, Erfahrung, politische Vernunft und Abwägung.

Mir scheint, eine der notwendigen Schlussfolgerungen in dieser Lage ist die: Ein Gleichgewicht der Rüstung auf beiden Seiten ist geboten, weil das gleichzeitig bedeutet, dass keine Seite *mehr* Chancen zur Überwältigung des Nachbarn hat als die andere Seite. Und zweitens scheint mir, dass man versuchen muss, durch Verträge miteinander das Gleichgewicht auf niedriger Ebene festzusetzen und das, was darüber ist, abzurüsten und zu beseitigen. Verträge zur Rüstungsbegrenzung erfordern aber, dass man miteinander reden muss und zuhören muss und wieder reden muss und wieder zuhören muss, dass man verhandeln muss und sich vertragen wollen muss, sonst gibt es nämlich keinen Vertrag. Übrigens muss man dann später auch die etwa geschlossenen Verträge gemeinsam überwachen und kontrollieren, dass sie auch eingehalten werden. Es scheint mir, es wäre wünschenswert und sicherlich nicht unchristlich, wenn man auf beiden Seiten in den Köpfen das Verständnis wecken würde, dass der eine allein sich nicht sicher fühlen kann, wenn der andere sich nicht auch sicher fühlen kann; dass man Partnerschaft braucht zur beiderseitigen Sicherung des jeweils eigenen Friedens.

Und zu dieser Einstellung der Partnerschaft bei aller weltanschaulichen Gegnerschaft, die bleiben wird, braucht man Verständnis füreinander. Aber wie macht man das? Politische Vernunft, politische Erfahrung gehören dazu. Es gehört in der Demokratie allerdings auch dazu, dass die Regierung in Frankreich oder in der Bundesrepublik oder in England oder wo auch immer sich vor ihren Wählern damit behaupten kann.

Eines der ganz wichtigen Erfordernisse ist, sich gegenseitig die Verdächtigungen und Ängste zu nehmen. Dies ist allein zwar noch kein Vertrag, möglicherweise aber der wichtigste unter vielen anderen Schritten. Der Versuch, die beiderseitige Rüstung auf ein niedrigeres, verabredetes, beiderseits im Gleichgewicht befindliches Niveau herunterzubringen, braucht hundert kleine Schritte der Verhandlungen. Der Vertrag kann nicht in einer einzigen großen moralischen Entscheidung zustande gebracht werden, denn man braucht beide Seiten, um ihn zustande zu bringen.

Eine der größten Belastungen besteht darin, dass »die Regierten« im Sinne der Barmer Erklärung das Geschehen gar nicht genau überprüfen können. Sie lesen die Zeitung und gucken in die Fernsehröhre und denken, sie hätten alles mitgekriegt. Aber sie kennen nur einen Ausschnitt aus dem wirklichen Geschehen. Die Regierten können eigentlich nur die

Richtung dessen prüfen, was die Regierenden machen; die Details können sie kaum übersehen. Deswegen ist wichtig, dass Regierungen auch bei ihren eigenen Wählern und auch bei ihrer eigenen Opposition Vertrauen hinsichtlich der Redlichkeit ihrer Verhandlungsabsicht genießen können.

Lassen Sie mich zu einem letzten Beispiel kommen: die friedliche Nutzung der Kernenergie. Durch das Ereignis von Tschernobyl hat das Thema heute eine unerhörte Aktualität. Eigentlich dauert die Debatte in der Welt und auch bei uns in der Bundesrepublik über die Chancen und Risiken ziviler Nutzung der Kernkraft nun schon beinahe zwanzig Jahre an. Und wir alle haben im Lauf dieser langen Jahre einen »Lernprozess« durchgemacht, wie die Soziologen das heute nennen. Auf Deutsch: Wir haben alle etwas dazugelernt, wir haben Erfahrungen gemacht, wir alle haben unsere Urteile, die wir vor zwanzig oder vor fünfzehn oder vor zehn Jahren gefällt haben, inzwischen ein wenig, manche sogar sehr stark verändert.

Nach dem Unglück in Tschernobyl haben dieses Jahr offenbar viele vollständig vergessen, dass im vorigen Jahr das Thema größter öffentlicher Erregung das Waldsterben war. Dessen Ursache waren aber keine nuklearen Kraftwerke, sondern vor allem Kohle-, Braunkohle- und Erdgaskraftwerke und solche, die auf Ölbasis arbeiten. Damals waren Luftverschmutzung und Waldsterben das große Thema – und mit Recht. Die Debatte ging über Katalysatoren für Autos, darüber, dass man die Kraftwerke durch Filteranlagen umrüsten müsse, damit der saure Regen verringert werde – alles wohl zu Recht. In diesem Jahr scheint das alles nicht mehr zu gelten; in diesem Jahr sind vielmehr eine Menge Menschen der Meinung: auf jeden Fall sofort die Kernkraftwerke stilllegen. Sie sagen leider nicht zugleich: egal, was uns die Kohlekraftwerke an Unheil bescheren (was eigentlich doch dazugehört). So schwanken wir in Stimmungen hin und her.

Mein Appell ist auch hier wieder der Appell an die vernunftgemäße Abwägung. Denn jede der Energiequellen ist mit großen Risiken verknüpft. Die nukleare Elektrizitätsgewinnung ist mit dem Risiko verknüpft, welches wir im amerikanischen Three Miles Island oder im ukrainischen Tschernobyl erlebt haben. Sie ist mit dem Risiko verknüpft, dass man einstweilen noch nicht weiß, wo man zum Schluss mit der immer größeren Masse abgebrannter Brennstäbe bleibt. Und sie ist mit dem Risiko verknüpft, dass die Entfernung zwischen der nuklearen Herstellung von Elektrizität und der Herstellung nuklearer Bomben nicht mehr ganz so weit ist wie vor dreißig Jahren.

Aber die anderen konventionellen Kraftwerke sind ebenfalls mit großen Risiken verknüpft. Im Kohlebergbau sterben in Deutschland pro Jahr sechzig Menschen; Bergmann ist nach wie vor ein höchst gefährlicher Beruf; wenn man sich die Todesursachen bei den Rentnern aus den deutschen Kohlebergwerken anschaut, findet man auch heute noch immer wieder Staublunge. Das ist eines der Risiken. Das Risiko beim Erdöl ist die Unsicherheit über den Preis. Könnte er demnächst nicht wieder ganz oben sein, und wie viel Arbeitslose kriegen wir dann? Unsicher bleibt ebenfalls, ob das Öl immer zur Verfügung steht. Krieg im Nahen Osten bleibt eine nicht vorhersehbare Möglichkeit.

Öl, Kohle und Gas erzeugen zudem das, was wir sauren Regen nennen. Vieles könnte zwar weggefiltert werden, allerdings mit Milliarden an Investitionen, die leider noch immer zu langsam erfolgen. Ich will auch glauben, dass die chemischen Gefährdungen der Ozonschicht der Atmosphäre beherrschbar gemacht werden.

Aber ein Risiko bleibt bei all diesen Kohlenwasserstoffen, ob Kohle oder Braunkohle, Gas, Öl oder Holz: bei der Verbrennung entsteht immer Kohlendioxid, das in die äußere Atmosphäre entweicht. Die Wissenschaft vertritt nun seit einiger Zeit mit zunehmender Lautstärke die Meinung, dass die Verbreitung des Kohlendioxids in der äußeren Atmosphäre dazu führt, dass die Erde nicht mehr alle Hitze der Sonneneinstrahlung abgeben kann und dass infolge dessen die durchschnittliche Jahrestemperatur auf der Erde steigen wird. Wenn sie nur um zwei bis drei Grad stiege, so würden die Konsequenzen ungeheuer sein. Hunderte Arten von Pflanzen und Tieren würden eingehen, andere vielleicht sich ausbreiten. Die großen Eismassen an den beiden Polen würden teilweise abschmelzen, der Meeresspiegel würde sich heben, unmerklich zunächst, dann aber mit katastrophalen Konsequenzen.

Keine der beiden großen Energiequellen ist also ohne Risiko, weder die Kernkraft noch das Verbrennen von Kohlenwasserstoff. Kein Wissenschaftler kann uns im Augenblick wirklich sagen, welches Risiko am größten sei. Die Folgen etwa beim Kohlendioxid werden, so sagen uns die Naturwissenschaft und die Klimatologie, früh im nächsten Jahrhundert fühlbar zu Buche schlagen. Wir müssen aber heute Entscheidungen treffen – Sie, die Regierten, genauso wie die Bundesregierung oder der Bundestag in Bonn.

Kann die Entscheidung also lauten: sofort raus aus allen Kernkraftwerken, lieber heute als morgen? Und dafür unsere ganze Energie aus neu hinzuzufügenden Kohle- und Ölkraftwerken beziehen? Oder sind wir bereit, den Strom zu rationieren? Wenn das offenbar nur eine Minderheit in Kauf nehmen will, dann vielleicht auch deshalb, weil sie die Risiken nicht geprüft und durchdacht hat? Wie ist das mit uns anderen? Wollen wir die Risiken der Kernkraft in Kauf nehmen, die wir auch nicht alle zu Ende denken können?

Ich verzichte auch hier auf eine Antwort. Mir liegt auch hier nur daran, deutlich zu machen, dass die Antworten nicht im Katechismus gefunden werden können, sondern dass die Antworten durch Nachdenken und Abwägen gefunden werden müssen – vielleicht im Sinne christlicher Freiheit für die nach uns Kommenden. Vielleicht wäre es eine wirklich moralische und zugleich vernunftgemäße Entscheidung, wenn wir den nach uns Kommenden Entscheidungsfreiheiten übrig ließen und nicht alles für sie und für alle Ewigkeit heute schon vorwegnehmen wollten. Vielleicht sollten wir es ihnen überlassen, in fünf oder in zehn oder in fünfzehn Jahren, wenn man die Risiken besser als heute beurteilen kann, weitergehende Entscheidungen zu treffen. Es kann sein, dass wir im Jahr 2000 wesentlich klüger sind und sagen: Diese eine Sache lehnen wir ab, das Risiko ist groß, wir machen das andere, obwohl das auch Risiken hat. Vielleicht wird die Technik inzwischen Neues entwickeln, mit dessen Hilfe man die Risiken auf beiden Seiten mindern kann; oder vielleicht wird die Technik bis dahin die Hoffnung erlauben, in großem Stil Sonnenenergie nutzbar zu machen.

Mir will scheinen, es wäre moralisch, aber auch vernunftgemäß das Klügste, sich heute so zu verhalten, dass die Freiheit zukünftiger Entscheidungen durch künftig entscheidungsbefugte Menschen heute so wenig wie möglich eingeengt wird. Freiheiten auch den anderen zu lassen, das scheint mir am besten mit dem Prinzip der christlichen Freiheit vereinbar zu sein.

Aber ich räume ein, man kann zu ganz anderen Ergebnissen kommen. Ich kann nur nicht mitmachen, wenn einer sagt, aus Kostengründen muss der Bergbau dicht gemacht werden, oder aus umweltpolitischen Gründen müssen alle Braunkohlenbergwerke dicht gemacht werden. So einfach liegt die Sache nicht. Es gehört viel Sachverstand, viel Vernunft dazu, die Risiken beider Arten von Energie richtig zu verteilen, und die christliche Ethik allein liefert uns dafür keine Richtschnur. Sie kann uns nur dazu anhalten, unsere Entscheidungen im Gewissen wieder und wieder zu prüfen und uns nicht Stimmungen oder Moden hinzugeben.

Zum Schluss über die Frage christlicher Verantwortung in einer Demokratie, in einer Demokratie mit einer Vielfalt von Meinungen, von Grundüberzeugungen, von religiösen, aber auch von areligiösen und antireligiösen Überzeugungen. Die Kirche hat es sich mit diesem Thema nicht leicht gemacht, die evangelische Kirche am allerwenigsten. Auch für die Kirchen waren die Gefährdungen zu beiden Seiten ihres Weges immer sehr deutlich: auf der einen die weit übertriebene Identifizierung mit einem wie auch immer gearteten Staatswesen. Die Barmer Thesen waren ja der Versuch, den Irrweg der sogenannten Deutschen Christen, den Irrweg einer Überidentifizierung mit dem nationalsozialistisch missbrauchten Staat abzuwehren. Und auf der anderen Seite ist auch die andere Gefährdung deutlich, die ich sehe in prinzipieller Verweigerung, in prinzipieller Verwechselung von bewusst angestrebter Machtlosigkeit mit tatsächlich eintretender Wirkungslosigkeit, und dies alles unter moralischer Rechtfertigung. Ein wirkungsloser Staat ist auch ein schlechter Staat.

Auf allen drei Feldern, die ich beispielhaft als Problemfelder behandelt habe – Weltwirtschaft und Weltbevölkerung; nukleare Waffen und Frieden; Risiken der Energieerzeugung – stellt sich die Frage: Was ist eigentlich in einer Demokratie den entscheidenden, den wählenden Bürgern, den Regierten zumutbar? Welche Opfer kann ich ihnen zumuten? Natürlich, wenn wir die Autos morgen alle stilllegten, würde das mit dem Waldsterben etwas glimpflicher abgehen; aber offenbar kann das niemand wollen, denn es wäre nicht zumutbar. Auch eine Bewirtschaftung der Elektrizität wäre kaum zumutbar. Eine Erhöhung der Steuern zwecks höherer Entwicklungshilfe stößt auf ähnliche Vorbehalte. Das zeigt: Die Regierenden, die die Verantwortung tragen, haben relativ schmale Spielräume, innerhalb derer sie Vorschläge machen können, zu denen die Wähler dann ja oder nein sagen. Darf die Regierung von den Steuer zahlenden Wählern verlangen, dass sie für die Entwicklungspolitik wesentlich größere Opfer bringen? Darf eine Regierung von ihren Bürgern verlangen, dass unser Land sich schutzlos macht gegenüber fremdem Druck oder gar fremdem

Angriff? Darf man ein Volk zu einseitiger totaler Abrüstung zwingen wollen? Darf man die Autos stilllegen? Darf man ein Volk zwingen wollen zu immer mehr Steuern?

Das alles klingt absurd. Sie wissen überall schon die Antwort: nein, dieses darf man nicht, jenes darf man nicht. Was darf dann eigentlich eine Regierung? Die Spielräume der Handelnden sind sehr gering. Ich muss nicht mehr handeln – Gott sei's gedankt. Umso mehr habe ich Mitleid mit denen, die handeln müssen und manchmal nicht können.

Ich habe heute Abend einige Fragen aufwerfen wollen, bei denen ich den Vorwurf einer vielleicht nicht ganz zulässigen Überspitzung durchaus in Kauf genommen habe. Aber mir war es darum zu tun, zu zeigen, welchen in die Tiefe gehenden, vernunftgemäßen Fragestellungen jede Entscheidung, die wir treffen, gewachsen sein muss. Insbesondere dann, wenn die Entscheidung beansprucht, moralisch oder gar christlich begründet zu sein. Mir war es darum zu tun, deutlich zu machen, dass absolute moralische Forderungen wenig hilfreich sind, was die daraus entstehenden Wirkungen angeht.

Jeder, der politisch handeln muss, jeder, der politische Handlungen zu verantworten hat, der hat auch die Folgen zu verantworten, und das heißt auch jene Folgen, die er nicht vorhergesehen hat. Er muss wissen: Er ist verantwortlich nicht bloß für seine lauteren oder weniger lauteren Absichten. Er muss wissen, dass er nur in engen Grenzen handlungsfähig ist.

Kein Beschluss der Vereinten Nationen in New York kann die Urwälder Lateinamerikas davor retten, abgeholzt und verbrannt zu werden. Keine Synode kann durch einen Synodalbeschluss die Bevölkerungsexplosion der Dritten Welt beenden. Und der eigene Friede, unsere eigene Freiheit können nicht nur dadurch garantiert werden, dass wir durch Bundestagsbeschluss auf unsere Verteidigung verzichten; sie können offenbar aber auch nicht dadurch garantiert werden, dass wir unsere Verteidigungsanstrengungen übertreiben.

Wer bereit ist zur späteren Verantwortung für die Folgen dessen, was er heute tut oder fordert, so eng begrenzt sein Spielraum auch ist, der soll – so meine ich sehr persönlich – in seinem Anspruch bescheiden sein; er sollte die Freiheit mindernden Folgen seines heutigen Handelns so klein wie möglich halten. Deswegen glaube ich, dass wir auf den genannten drei Feldern – wie auf vielen anderen Feldern auch – für unsere Kinder, für unsere Enkel die Freiheit zu *ihren* Entscheidungen offenhalten müssen. Aber das heißt nicht, dass wir uns vor *unseren* Entscheidungen drücken könnten.

Ich warne vor den modernen Wiedertäufern, die für alles ein ganz einfaches moralisches Konzept haben und die nur zu leicht vergessen, dass dies eine unerlöste Welt bleiben wird. Und keiner von uns, auch nicht derjenige unter uns, der denkt, die besten moralischen und christlichen Gründe für sich ins Feld führen zu können, darf sich im Nachdenken über die tatsächliche Machbarkeit seiner Forderungen täuschen. Keiner darf sich dem Nachdenken über alle Konsequenzen seiner Forderungen entziehen, auch gerade aller der unerwünschten, der negativen, neues Unheil auslösenden Konsequenzen. Unser Leben bleibt risikoreich.

Aber selbst wenn wir uns um sorgfältiges Abwägen bemühen, bleiben wir gleichwohl in der Gefahr, schuldig zu werden und Falsches zu tun. Und sei es auch nur dadurch, dass wir nichts getan haben, dass wir unterlassen haben zu handeln. Damit wir aber gleichwohl handeln können, glaube ich, brauchen wir das Vertrauen auf Gott. Um Martin Luther zu zitieren und sein Wort auf alles politische Handeln anzuwenden: Wir sind Bettler, das ist wahr.

Wahr ist, Gott bleibt der Herr über die Geschichte des Menschen. Das Vertrauen auf Gott hat den allermeisten von uns, die wir überlebt haben im Krieg und in der Nazizeit, den Willen zum Leben bewahrt. Es hat mich in der langen Zeit der Abwehr terroristischer Morde, Entführungen, Geiselnahmen, der vielfachen Drohung der Wiederholung und Fortsetzung der Gewalttaten davor bewahrt, den Weg der abwägenden, den Weg der an Moral und Recht sich orientierenden Vernunft zu verlassen.

Ich glaube, Vertrauen auf den Herrn der Geschichte gibt uns auch den Mut dazu, Ängste auszuhalten; diese Welt, so wie sie wirklich ist, als Heimat anzunehmen, und diese Welt, wo sie noch nicht Heimat ist oder wo sie es nicht mehr ist, wieder zur Heimat zu machen.

Das gemeinsame Dach
bleibt das Ziel

Rede am 25. Oktober 1986 auf Einladung des Stellvertretenden Vorsitzenden des Bundes der Evangelischen Kirchen in der DDR, Manfred Stolpe, vor 1400 Christen aus allen Teilen der DDR in der Nikolaikirche in Potsdam

Diese wieder aufgebaute Kirche habe ich zum ersten Mal gesehen, als meine Frau und ich das erste Mal im Oberlin-Haus zu Besuch gewesen sind, und dazu kam dann, im sogenannten Lutherjahr, ein Besuch in Wittenberg. In diesem Jahr liegt kein besonderer Anlass solcher Art vor, aber bedarf es denn eigentlich eines besonderen Anlasses, wenn Deutsche Deutsche besuchen? Oder wenn Christen das Gespräch suchen mit anderen Christen? Oder wenn sie in aller Bescheidenheit hoffen, als Bruder angenommen zu werden?

Zwei persönliche Vorbemerkungen vorweg. Zum ersten: Ich habe die Absicht, mich heute Nachmittag einige Male selbst zu zitieren, Sie werden das vermutlich nicht immer bemerken. Bitte verstehen Sie, dass dies nicht aus Eitelkeit geschieht, sondern dass es geschieht wegen meiner These: Ein jeder von uns hat die Pflicht, an jedem Ort mit der gleichen Zunge zu reden. Was er zum gleichen Thema etwa früher als Bundeskanzler vor den Vereinten Nationen in New York gesagt hat oder gegenüber einem sowjetischen Generalsekretär in Moskau, oder was er als Abgeordneter im Bundestag zu Bonn sagt, was er als privater Bürger in der Marktkirche zu Hannover sagt, das muss er ganz genauso in der Nikolaikirche in Potsdam sagen. Keiner hat das Recht, verschiedenen Zuhörern zur gleichen Frage verschiedene Antworten zu geben.

Zum zweiten muss ich Ihnen bekennen, dass ich nur sehr

ungern auf dieser Kanzel stehe. Ich habe mich dem Argument der Gastgeber nicht widersetzen wollen, aber ehrlich gesagt: Ich stünde lieber da unten an einem Lesepult. Weshalb? Weil ich immer gedacht habe, dass ein politisches Amt keinen Christen dazu legitimiert, eine Kanzel für sich zu beanspruchen, auch kein früheres politisches Amt.

Unser Superintendent hat vorhin erinnert an das Edikt von Potsdam heute vor gut dreihundert Jahren. Damals hatte der französische Ludwig, später Sonnenkönig genannt, das Edikt von Nantes aufgehoben, das heißt die religiöse Duldung der protestantisch reformierten Hugenotten in seinem Königreich aufgehoben. Danach sind viele französische Christen emigriert, viele gingen nach Brandenburg. Sie brachten ihren Glauben mit. Als Herr Jarowinsky, Mitglied des SED-Politbüros, und ich gestern Nachmittag darüber sprachen, sagte er, das Potsdamer Toleranz-Edikt des Großen Kurfürsten habe natürlich auch dessen ökonomischen Interessen gedient; und ich habe hinzugefügt: natürlich ebenso den Interessen der Hugenotten. Die Hugenotten haben auch ihren Fleiß mitgebracht, ihre Begabungen, ihre schöpferischen Kräfte, ihren kaufmännischen Verstand und ihre nüchterne französische Vernunft. Alles dies zusammen, die Vernunft in Sonderheit, hat später Preußen und das Preußentum wesentlich mitgeprägt. Wir haben heute noch Zeugnisse dieser Prägung, etwa in den Worten Kurt Tucholskys, der geschrieben hat, dass die Hugenotten ins Land kamen, davon zeuge heute noch »manche Frauenschönheit und der ganze Fontane«.

Toleranz, schon gar religiöse Toleranz, war im nachreformatorischen Europa, im Europa nach der Gegenreformation, ein ungewöhnliches Wort. Tatsächlich ist ja, mindestens seit den von der Kirche angestifteten Kreuzzügen, die Geschichte der Kirchen in Europa zugleich auch eine Geschichte der Intoleranz, eine Geschichte des Willens, durchaus nicht zu dulden, dass Menschen anderen Grundüberzeugungen anhingen.

Religiöse Intoleranz ist in der europäischen Geschichte vielfältig zum Motiv geworden, zum Anlass, zum Vorwand genommen, auch zum Instrument gemacht worden von blutigsten Verfolgungen und von Krieg. Die Bartholomäusnacht in Frankreich oder der Dreißigjährige Krieg in Deutschland sind Beispiele, die wir alle kennen. Hundert Jahre vor dem Dreißigjährigen Krieg, 1555, hatte der Augsburger Religionsfriede zwar versucht, Gleichberechtigung herzustellen für katholische auf der einen und für lutherische Glaubensüberzeugung auf der anderen Seite, *nota bene* nicht für die reformierten Protestanten. Aber dieser Augsburger Religionsfrieden hatte in unseren heutigen Augen jedenfalls einen kardinalen Fehler, denn er bestritt den Untertanen der Fürsten ihre persönliche Religionsfreiheit.

Sie werden sich vielleicht aus Ihrer Schulzeit an den 1555 postulierten Rechtssatz erinnern: Cuius regio, eius religio. Das heißt auf Deutsch: Wer ein Land oder wer einen Staat regiert, der hat das Recht zu bestimmen, welchem Glauben die Einwohner anzuhängen haben. Wir heutigen Menschen, nach zwei Weltkriegen, nach der schlimmsten Intoleranz, der terroristischen, mordenden Intoleranz der nationalsozialistischen Diktatur, wir sehen jenes Prinzip – cuius regio, eius religio – inzwischen als Barbarei an. Wenn zum Beispiel heute die SED von strikter Trennung von Staat und Kirche spricht, oder wenn das Bonner Grundgesetz von 1949 die Gewissensfreiheit und damit die Religionsfreiheit der einzelnen Personen ins Zentrum stellt oder wenn zum Beispiel die Schlussakte von Helsinki von 1975 von den »gemeinsamen Werten aller europäischen Völker« spricht, so ist dies zwar alles nicht dasselbe, aber es wurzelt doch im gleichen Urgrund.

Heute bedeutet Toleranz etwas anderes als zur Zeit Friedrichs II. Friedrich der Große übte Toleranz aus Gleichgültigkeit, zeitweise aus Verachtung gegenüber Kirche und religiösen Bekenntnissen. Wir Heutigen dagegen wissen: Wir müssen die Glaubensüberzeugung des anderen achten und respektieren, gerade auch dann, wenn wir sie nicht teilen können. Wir Heutigen sagen: Ich achte und respektiere dein Gewissen, deine Grundwerte, weil ich deine Menschenwürde genauso hoch schätze wie meine eigene.

Es hat übrigens schon vor Christus die griechische stoische Philosophie ähnlich gedacht. Ebenso hat der römische Spätstoiker Marcus Aurelius, ein Mann, dessen Ethik mich von meiner Jugend an immer beeinflusst hat, vor bald zweitausend Jahren schon geschrieben: »Alle Menschen sind dir verwandt, vom selben Fleisch und Blut, ja vom selben Geist. Bist du denn selbst ohne Fehl? Bedenke, wie viel du anderen zu danken hast. Die anderen handeln auch gar nicht aus Lust am Bösen. Gerade, wenn du selbst im Besitz der rechten Erkenntnis zu sein glaubst, sage dir, dass auch der andere sich von bestimmten Werturteilen leiten lässt.«

Diese Toleranz ist allerdings nicht grenzenlos. Sie findet ihre Grenze, vielleicht ihre einzige Grenze, an der etwaigen Intoleranz des anderen. Die vielen Kriege während der letzten Jahrzehnte zwischen muslimischen Arabern und jüdischen Israelis haben eine wichtige Wurzel in der gegenseitigen Intoleranz, in der beiderseitigen Überzeugung, einen heiligen Krieg zu führen, einen Krieg, in dem Gott auf meiner Seite steht. In ähnlicher Weise steht eine gegenseitige Verneinung von Grundwerten der jeweils anderen Seite der Abrüstung zwischen Ost und West im Wege. Wenn einer den andern zum Beispiel verletzt mit dem Wort vom Reich des Bösen oder ihn als Goebbels apostrophiert, wenn der andere mit ähnlicher Münze die Kette gegenseitiger Herabsetzung begonnen hat und sie später fortsetzen würde, wenn nicht auch die beiden Weltmächte gegenseitige Toleranz lernten, dann müssten wir um den zukünftigen Frieden besorgt sein.

Die Bewahrung des Friedens verlangt nach Toleranz, auch zwischen den Männern oder Frauen an der Spitze der Staaten.

Wie kann aber ein Staatsmann die Grundwerte der anderen achten und respektieren, wenn er sie gar nicht kennt, wenn er sie gar nicht versteht? Die Antwort lautet: Wer Toleranz will, der muss den Dialog mit dem anderen wollen und führen.

Deshalb zum Beispiel war Reykjavik nötig und nützlich, auch wenn es den großen umfassenden Erfolg nicht gezeitigt hat. Deshalb wird jedes weitere Treffen dieser Art nützlich sein. Deshalb ist zum Beispiel demnächst das Treffen in Wien – im Rahmen der vielen Konferenzen, die jener Helsinki-Konferenz über Sicherheit und Zusammenarbeit in Europa gefolgt sind – zwischen den beiden Außenministern Shultz und Schewardnadse nützlich und notwendig.

Notwendig! Denn wer mit dem anderen nicht redet, der kann ihn nicht verstehen. Wer ihn nicht fragt, der kann den anderen nicht verstehen. Wer auf dessen Fragen nicht antwortet, der kann nicht erwarten, dass der andere ihn versteht. Wer die jeweils andere Seite nicht versteht, wie sollte er Vertrauen haben in die zukünftige Handlungsweise der anderen Seite? Und wie sollte er Vertrauen haben in die Stetigkeit und die Zuverlässigkeit des Handelns der anderen Seite? Sofern er aber mit Stetigkeit der anderen Seite nicht einigermaßen rechnen könnte, so müsste er in Unsicherheit leben; er müsste Angst haben – erst recht in Zeiten der Hochrüstung. Wer nicht weiß, was der andere wirklich will, der muss Angst vor ihm haben. Die Rüstungsspirale, deretwegen den Politikern in Moskau und Washington gleichermaßen von der jeweils anderen Seite schwere Vorwürfe gemacht werden, sie hängt ganz wesentlich damit zusammen, dass sie sich gegenseitig nicht verstehen, dass sie sich gegenseitig nicht, wie man hierzulande zu sagen pflegt, richtig »einschätzen« können. Wenn sie nicht ausreichend miteinander reden, dann können sie nicht verstehen, welche Ängste, welche Aspirationen, welche Interessen den anderen wirklich bewegen. Der Dialog zwischen den beiden ist wichtiger als all die vielen gut gemeinten Resolutionen.

Manchmal denke ich, nach dem Lutherjahr, nach der schönen Ausstellung über Friedrich den Großen hier in Potsdam, danach wäre es gut, sich an einen dritten großen Deutschen zu erinnern, an den preußischen Aufklärungsphilosophen Immanuel Kant in Königsberg, heute Kaliningrad. Kant hat sich nicht mit der Bergpredigt befasst, aber er hat doch auch eine utopische Schrift verfasst: »Vom ewigen Frieden«. Dieses schmale Bändchen fängt, wenn ich es recht erinnere, mit der Schilderung eines Gasthauses an, das ganz nahe bei einem Friedhof liegt; draußen hängt ein Schild über der Kneipe und darauf steht: Zum ewigen Frieden. Eine ziemlich bittere Ironie – gleich neben dem Friedhof. Kant sieht klar, dass der ewige Frieden eine Utopie bleibt, wenn nicht jeden Tag Menschen sich um den Frieden bemühen. Er sagt: Der Frieden muss immer wieder gestiftet werden.

Das setzt immer wieder Vernunft voraus, politische Vernunft. Die Vernunft gebietet, sich in die Lage des anderen zu versetzen und seine Interessen genauso gut zu begreifen wie meine eigenen; zu verstehen, was ihn bewegt, was seine Ziele sind. Ohne vernunftgemäßes Verstehen der Beweggründe des anderen, ohne ein gewisses Maß an Vertrauen in die Vernunft auch des anderen wäre der Frieden nicht immer wieder neu zu stiften.

Ich bin ein ausgesprochener Anhänger des Prinzips des Gleichgewichts der Macht. Schon weil ich mir nicht vorstellen kann, wie zwei Mächte einen Abrüstungsvertrag unterschreiben könnten, der nicht beiden gleichermaßen Gewissheit gibt, dass die Opfer, die sie bringen, ihrer tatsächlichen Sicherheit dienen. Niemand unterschreibt freiwillig einen Vertrag, von dem er denkt, dass dieser Vertrag ihn benachteiligt und den anderen begünstigt, auch nicht auf dem Felde der Abrüstung. Daraus folgt, dass sie beide etwas aufgeben müssen von dem, was sie bisher erstrebt oder was sie bisher für richtig gehalten haben. Aber ich füge sogleich hinzu: Selbst ein Gleichgewicht der

Waffen und der militärischen Macht sichert allein noch keineswegs den Frieden. Annäherndes Gleichgewicht ist zwar eine unverzichtbare Voraussetzung von Abrüstungsverträgen, aber Gleichgewicht allein hindert noch niemanden, Kriege anzufangen.

Zum Gleichgewicht gehören Verträge, und für Verträge braucht man den Willen zum Kompromiss. Wir Deutschen haben von Generation zu Generation die Redensart vom »faulen Kompromiss« weitergegeben. Idealistisch, wie wir gerne sind, neigen wir dazu, einen Kompromiss zwischen gegenläufigen Interessen zwangsläufig für eine faule Sache zu halten. Und natürlich gibt es durchaus faule Kompromisse auf der Welt, das will ich nicht bestreiten. Faule Kompromisse sind zum Beispiel solche, die geschlossen werden, um das tatsächliche Problem einfach nur zuzudecken, es nur dem Anschein nach zu lösen. Faule Kompromisse hat es in der Geschichte gegeben und es mag sie auch in Zukunft wieder geben.

Der Kompromiss, von dem ich rede, ist der gleichgewichtige Kompromiss zwischen gegenläufigen Interessen. Diese Art von Kompromiss und das Wesen des Friedens, sie liegen ganz nahe beieinander. Frieden halten kann nur der, der den Kompromiss will und der ihn nachher auch einhält. Es gilt zwischen den Staaten, aber es gilt gleicherweise auch innerhalb eines Staates: Der Frieden hängt davon ab, dass ein Ausgleich der Interessen, dass ein Kompromiss zwischen gegenläufigen Interessen möglich gemacht und eingehalten wird.

In Deutschland neigt man dazu, in der Politik die Leidenschaft zur Vernunft gering zu schätzen, weil sie die Verfolgung eigener Ideologie behindert. Ich selber bin in den letzten Jahrzehnten häufig als Pragmatiker gescholten worden; Pragmatismus war als ein Schimpfwort gemeint. Ich selbst finde das Wort keineswegs herabsetzend. Wir Deutschen neigen zwar dazu, Idealisten zu sein; aber deshalb tut es uns gut, wenn wir Leute haben, die in der Wirklichkeit denken und nicht bloß in dem, was wir uns wünschen; und die das, was in der Wirklichkeit veränderbar ist, tatsächlich verändern, pragmatisch, praktisch verändern. Das heißt nicht, dass man seine Grundwerte aus den Augen verlieren darf, keineswegs. Aber Grundwerte allein – ohne die Fähigkeit zum schrittweisen, pragmatischen, praktischen Verändern – garantieren den Frieden nicht. Isoliert können sie außerdem zur Rechthaberei verleiten; Rechthaberei und Intoleranz gefährden den Frieden.

Ebenso wie die Toleranz hat auch der Dialog eine lange Tradition in der kulturellen Entfaltung Europas. Seit Sokrates, seit Plato ist der Dialog die Methode einer sich vertrauensvoll aufeinander einlassenden, sich auf das Gespräch einlassenden Wahrheitssuche. Nun ist heute Nachmittag nicht von Wahrheitssuche im Sinne der Philosophie die Rede, sondern von politischer Verantwortung in einer interdependenten Welt, in der alles mit allem zusammenhängt und keiner sein Glück oder seinen Frieden allein für sich suchen und sichern kann. Jeder ist verschränkt in das Schicksal des anderen.

Die Sorge um den Frieden in dieser interdependenten Welt ist gegenwärtig durchaus eine Sorge der verantwortlichen politischen Führer. Aber Friedensbedrohung und Friedenssicherung sind nicht nur Sorge der Regierungen! Die Sorge ist in vielen Staaten längst in das Zentrum des Bewusstseins der Bürger gerückt. In den letzten Jahren ist an vielen Orten die Befürchtung gewachsen, dass trotz aller Leidenschaft, den Frieden sicherer zu machen, die bisherigen Anstrengungen nicht ausreichen könnten. Manche Völker spüren mit Beklemmung, dass die Bedrohung nicht geringer wird, ja sogar, dass die Bemühung um Versöhnung verdächtigt wird. Wenn vom Dialog als Element der Friedenssicherung die Rede ist, dann sind also nicht nur die Chefs der Supermächte angesprochen, sondern auch die Chefs der mittleren und kleineren Mächte. Vor allem aber: Wir alle sind angesprochen, wir alle, die privaten Bürger!

Wie können wir beitragen, den Frieden zu bewahren? Dazu

müssen wir eine ganze Menge wissen. Wir müssen als Europäer zum Beispiel wissen: Es kann in Europa keine Sicherheit ohne ein ungefähres Gleichgewicht der militärischen Kräfte geben. Deshalb müssen wir danach streben, dass es durch Verträge hergestellt und durch Verträge stabil gemacht wird. Wir müssen wissen: Gleichgewicht der militärischen Kräfte allein reicht nicht aus, sondern der Wille zum Ausgleich der Interessen auf anderen Gebieten, und nicht nur auf dem Feld des Militärs, muss dazu kommen; wir brauchen den Willen zum Kompromiss auch auf allen anderen Gebieten, den Willen zur Beherrschung von Konflikten oder mit einem Wort: den Willen zur Entspannung. Wir müssen alle das Prinzip der Blockfreiheit oder der Neutralität jener Völker und jener Staaten anerkennen, die sich für neutral oder für blockfrei erklärt haben; wir wollen widersprechen, wenn unsere Regierungen ihre Macht auf fremde Völker und Territorien ausdehnen wollen. Ob wir zum Warschauer Pakt gehören oder zum Nordatlantikpakt, wir alle müssen wissen: Übertriebene Sicherheit für den einen bedeutet Unsicherheit für den anderen. Und daraus folgt abermals: Der Frieden bedarf der Vertragspartnerschaft und der Vertragstreue zwischen beiden Seiten. Ich gehe noch ein Stück weiter und sage: Der Friede bedarf der Sicherheitspartnerschaft. Er bedarf partnerschaftlichen Verhaltens beider Seiten, um den Frieden für beide Seiten zu wahren. Einen Krieg beginnen, vielleicht sogar ihn eine Zeit lang führen, das mag heute ein Staat oder seine Regierung allein können. Umgekehrt aber: den Krieg verhindern, das können wir nur noch gemeinsam!

Wir müssen wissen: Dies alles geht nicht, ohne dass wir im Innern unserer Staaten wie nach außen auf die Anwendung von Gewalt verzichten. Das völkerrechtliche Prinzip des Gewaltverzichts ist in den letzten Jahren an mehreren Orten der Welt verletzt worden. Aber es muss so umfassend gelten, wie es in der Charta der Vereinten Nationen niedergelegt worden ist. Das Gewaltverbot gilt für den Einsatz aller Waffen, nicht nur nuklearer Waffen. Auch konventionelle Waffen haben eine unvorstellbare Zerstörungskraft, wir Deutschen haben das erlebt von Dresden bis Hamburg. Der Ersteinsatz jeglicher Waffen ist verboten. Wir müssen alle wissen: Es gibt keinen »gerechten Krieg«. Erlaubt ist nur und erlaubt ist ausschließlich die Verteidigung gegenüber fremdem Angriff.

Wir Deutschen, *alle* Deutschen müssen wissen: Zum Frieden in Europa ist der Dialog zwischen den Menschen auf beiden Seiten Deutschlands notwendig, nicht nur zwischen den Regierenden, auch zwischen den Regierten. Die Regierten auf beiden Seiten Deutschlands tragen Mitverantwortung für das, was geschieht oder was nicht geschieht. Gewiss haben wir Deutschen es in der Lage, in der Europa sich schon seit vier Jahrzehnten befindet, aus mehreren Gründen schwerer, unsere Pflichten gegenüber der Friedensbewahrung zu erfüllen, als die Menschen anderer Völker. Für die Franzosen, die Italiener, die Holländer, die Spanier oder für die Schweden, die Finnen, die Polen, die Ungarn, für die Engländer, Chinesen, Japaner oder Russen ist die bewusste Selbstidentifikation mit der eigenen Nation etwas völlig Selbstverständliches, das niemals zur Debatte stand. Für sie alle gilt die Übereinstimmung von Kulturnation und Staatsnation. Unsere deutsche Diskussion darüber ist für die anderen europäischen Völker fast unverständlich; Belgien ist die einzige Ausnahme.

Aber für uns Deutsche ist heute die Selbstidentifikation des einzelnen Menschen mit der eigenen Nation schmerzhaft, schwierig, für manche unvollziehbar. Schmerzhaft nicht nur wegen Auschwitz, aber *auch* wegen Auschwitz. Auch wegen der rücksichtslosen Teilung des europäischen Kontinents und Deutschlands und des deutschen Volkes. Diese Art der Teilung hat inzwischen, insbesondere bei nachwachsenden Generationen, die erst nach dem Krieg erwachsen geworden sind, erst viel später geboren sind, bei vielen zum Verlust der Selbstverständlichkeit geführt, mit der andere Völker und Angehörige anderer Völker in Europa ihre nationale Identität empfinden. Unser Verlust ist verstärkt worden durch mannigfaltige gegenseitige Beschuldigungen, Lügen auf beiden Seiten, Entstellungen, Vorwürfe, Verletzungen. Diese Verletzungen sind am stärksten jenen spätgeborenen Deutschen zugefügt worden, die sich der schweren Beeinträchtigung ihrer Geborgenheit gar nicht bewusst sind. Dass es in Deutschland mehr Angst gibt als in anderen europäischen Völkern, hängt hiermit zusammen. Der Mensch braucht zu seiner Geborgenheit seine Familie, seine engsten Freunde, seine Kinder oder seine Eltern; er braucht seine Heimat; er braucht aber auch die Geborgenheit in der eigenen Nation. So ist es in allen übrigen Staaten, bei uns dagegen ist es sehr schwierig.

Unsere Aufgabe bleibt, bei aller Schwierigkeit, Gelassenheit zu lernen, Gelassenheit zu bewahren, zu lernen, Gelassenheit mit moralischer Integrität zu verbinden. Anders gesagt: Wir müssen lernen, mit der Teilung zu leben. Niemand weiß, wie lange sie dauern wird. Wir müssen zugleich am moralischen Imperativ der Gewissensfreiheit der einzelnen Person festhalten, aber dabei das Ziel einer schrittweisen Überbrückung der Grenzen, einer schrittweisen Herstellung eines gemeinsamen Daches nicht aus den Augen verlieren.

Machen wir uns nichts vor: Es gibt viele Menschen in Europa, die den geteilten Zustand Deutschlands und die Art und Weise, wie wir Deutschen auf beiden Seiten mit der Teilung umgehen, für eine der wesentlichen Gefährdungen des Friedens in Europa halten. Täuschen wir uns nicht darüber: Es liegt im Interesse des Friedens auf diesem Kontinent, dass wir Deutschen lernen, gelassen umzugehen mit unserer sehr besonderen Situation, ohne dabei unsere eigenen Werturteile, unseren eigenen Glauben zu kompromittieren. Wir müssen lernen, das Augenmaß zu pflegen für das Mögliche und für das Machbare.

Zu dem für uns Machbaren gehört jedenfalls das Gespräch zwischen den Deutschen auf beiden Seiten, der Dialog zwischen den Regierenden auf beiden Seiten, den Regierten auf beiden Seiten und zwischen Regierten und Regierenden. Gespräch heißt ja nicht nur, selbst zu sprechen, es heißt eben auch, dem anderen zuzuhören und ihm Fragen zu stellen und auf seine Fragen Antworten zu geben. Dies ist notwendig, weil es auch zukünftig wahr bleibt, was vor Jahr und Tag Erich Honecker und ich mit den gleichen Worten gesagt haben, nämlich: »Es darf von deutschem Boden nie wieder Krieg ausgehen!« Weil es nie wieder geschehen darf, deswegen müssen wir Deutschen bereit sein, aufeinander zuzugehen, einander zu helfen und miteinander Kompromisse zu schließen, so schwer es uns Deutschen immer wieder fällt.

Wenn es also wahr ist, dass die Art und Weise, wie wir Deutschen mit unserer geteilten Situation umgehen, in den Augen der übrigen Europäer ein wichtiges Kriterium für den Frieden in Europa ist, wenn es auch wahr ist, dass dies eine gegenwärtig einmalige Situation eines Volkes in Europa ist, so hat es doch Ähnliches in früheren Zeiten der europäischen Geschichte auch schon gegeben. Dies ist nicht das erste Mal. Ich erinnere an das vorletzte Mal, die Aufteilung Polens Ende des 18. Jahrhunderts, sie hat bis nach dem Ersten Weltkrieg gedauert.

Ich las gestern das Hirtenwort des katholischen Episkopats in der DDR und fand dort einen Satz, scheinbar nicht von großem Belang, der, wie ich denke, es wohl in sich hat. Da heißt es, unter der Überschrift »Realistische Wahrnehmung der Gegebenheiten«: »Wir müssen uns vor Augen halten, dass unsere Situation nicht so außergewöhnlich ist, wie wir manchmal meinen.« Und der Hirtenbrief fährt fort: »Das lehrt uns schon ein kurzer Blick auf die Situation der Kirche in anderen Ländern.« Oder in anderen Kontinenten, oder zu anderen Zeitpunkten der Geschichte, so würde ich hinzufügen. Dieser Satz im katholischen Hirtenbrief sagt: Es ist kein Grund zur Verzweiflung, denn die Geschichte zeigt und die Gegenwart in anderen Kontinenten zeigt: Andere vor uns und andere gleichzeitig waren und sind *auch* in sehr schwieriger Lage, und sie haben *auch* durchgestanden.

Lassen Sie mich eine Schlussüberlegung anstellen. Ich möchte, nachdem ich die Mitverantwortlichkeit aller angesprochen habe, darauf hinweisen, dass jeder, der handelt, oder jeder, der handeln muss, auch die Folgen dessen, was er tut, verantworten muss. Je gewichtiger das politische Handeln eines Menschen oder eines Amtsinhabers, sei es im staatlichen Bereich, sei es im privaten, sei es im gesellschaftlichen, sei es in den Kirchen, je gewichtiger seine Stellung ist, desto größer möchten die Folgen möglicherweise sein, seines Handelns oder seines Nichthandelns. Und er ist nicht nur verantwortlich für seine lauteren, anständigen Absichten, er ist auch für die Folgen dessen, was er tut, verantwortlich. Das kann etwas sehr anderes sein. Er ist sogar auch verantwortlich für die von ihm unbeabsichtigt eintretenden Nebenfolgen.

Ich wünsche Ihnen Gottes Segen als Ihr Nachbar, als ein Deutscher gegenüber seinen deutschen Landsleuten und als ein Christ gegenüber seinen Brüdern.

Brücken bauen in Europa

*Rede auf dem Kirchentag der Evangelischen Kirche
von Mecklenburg am 18. Juni 1988 in Rostock*

Ihre Einladung gilt einem Bürger des anderen deutschen Staates, der dort einmal, lange ist es her, politische Verantwortung getragen hat. Aber ich bin hier als ein ganz privater Bürger. Ich denke, Ihre Einladung hat auch dem Christen gegolten. Ich bin dankbar dafür – und dafür, von Ihnen hier in Rostock als Bruder angenommen zu werden. Im gegenseitigen Annehmen als Brüder liegt ja einer der wichtigen Gründe dafür, dass die christliche Gemeinde von Anfang an jene Verheißung erfahren konnte, die da sagt: »Wo zwei oder drei in meinem Namen versammelt sind, da bin ich mitten unter ihnen.«

Für meine Frau und für mich bedeutet dieser Tag in Rostock viel. Wir erleben einen Augenblick der Gemeinsamkeit, einen Tag, wenn Sie so wollen, der Einheit. Solch Tag ist immer noch nicht so selbstverständlich, wie er sein sollte – und wie er sein könnte. Aber kann es etwas geben, was noch normaler wäre, als dass Deutsche sich gegenseitig besuchen?

Vor einigen Jahren hat mich Ihr vormaliger Landesbischof Rathke gemeinsam mit dem Staatsratsvorsitzenden im Güstrower Dom empfangen. Er begrüßte in einem einzigen Satz den Marxisten Erich Honecker und den Christen Helmut Schmidt. Trotzdem hätte der Letztere damals das Wort kaum ergreifen können. Deshalb bin ich dankbar, heute hier als Bruder angenommen zu sein – und als solcher möchte ich zu Ihnen sprechen; und nicht alles wird jedermann gefallen.

Das Thema, das mir aufgetragen ist, lautet »Brücken bauen in Europa – meine Erwartungen an die Kirchen«. Jeder von uns weiß, um welche Klüfte und Abgründe es geht, über die wir Brücken bauen wollen.

Nächstes Jahr wird es ein halbes Jahrhundert her sein, dass von deutschem Boden aus und aus totalitärer Hybris jener zweite Weltkrieg ausging, der, von Deutschen total geführt und total verloren, die Teilung Europas und die Teilung Deutschlands ausgelöst hat.

Seitdem hat es lange Zeiten des Kalten Krieges gegeben und nur eine kurze Zeit der Entspannung. Diese fand mit der großen Konferenz von Helsinki ihren Höhepunkt, aber bald schon wieder ihr Ende. Allerdings haben wir – die deutschen Staaten – im Verhältnis zueinander jene erste Entspannung zwischen uns beiden einigermaßen bewahren können; aber die beiden Großmächte fielen in den Kalten Krieg zurück. Auch heute noch geben die Vereinigten Staaten von Amerika über sechs Prozent und die Sowjetunion sogar über zwölf Prozent ihrer nationalen Wertschöpfung für militärische und Rüstungszwecke aus.

Aber nun, in den allerletzten Monaten, ist zwischen ihnen beiden doch etwas in Bewegung gekommen. Und erstmals überhaupt in der Geschichte haben sich die Führungsmächte der beiden militärischen Bündnissysteme auf einen Abrüstungsvertrag verständigt. Erstmals werden vorhandene Waffen tatsächlich vernichtet. Und ich will nicht verhehlen, dass ich durchaus Befriedigung darüber empfinde, dass ich in meinem früheren politischen Amt zu jenem Prozess habe beitragen können, an dessen Anfang neue Mittelstreckenraketen SS 20 auf Westdeutschland, auf Westeuropa gerichtet wurden und an dessen Ende der Vertrag über die beiderseitige Vernichtung der beiderseitigen Mittelstreckenraketen steht. Ich weiß, dass meine Politik zu genau diesem Ziel damals auch unter Christen manchem Missverständnis ausgesetzt gewesen ist; auch, dass viele Menschen an ihrem Erfolg gezweifelt haben.

Wenn sie heute auf beiden Seiten gleicherweise auf Null gehen, so dürfen wir Reagan und Gorbatschow für diesen Erfolg der Vernunft dankbar sein. Es wird Zeit mit der Abrüstung! Von dem neuen Jahrhundert trennen uns nur noch weniger als zwölf Jahre. Es ist höchste Zeit für weitere Abrüstung, wenn wir denn im neuen Jahrhundert ein wenig sicherer leben wollen als heute!

Wir haben verstanden, es gibt keine Sicherheit nur für die eine Seite. Sicherheit *vor* dem anderen muss immer zugleich auch heißen: Sicherheit *für* den anderen! Man kann sich immer nur dann sicher fühlen, wenn auch der Gegner sich sicher vor mir selber weiß. Das ist gemeint mit dem Wort von der Sicherheitspartnerschaft. Deshalb braucht Europa gleichgewichtige Abrüstungsverträge, Verträge mit zwei Partnern.

Gleichgewicht ist aber nicht nur eine Kategorie der Waffen oder der Mannschaftsstärken, sondern Gleichgewicht ist zugleich eine Kategorie der Psychologie und der internationalen Politik. Nur derjenige kann einen Vertrag erreichen, der auch selbst sich vertragen will. Vertrag und vertragen gehören zusammen, und zum Vertragen-Wollen gehört, dass man in dem anderen nicht nur den Gegner oder gar den Feind sieht, sondern einen Staat – und dessen Regierung –, der Interessen hat, der Ziele verfolgt, der letzten Endes für sich und sein Volk Sicherheit und Frieden wünscht, weil ohne diese seine anderen Ziele nicht bleiben.

Wenn wir aber auf beiden Seiten die Feindbilder beseitigen wollen, dann müssen wir uns kennenlernen. Man muss sich ganz persönlich kennenlernen. Lange Jahre hatten wir Kalten Krieg, weil die Führungspersonen der beiden Großmächte sich nicht persönlich kannten. Sie wollten sich gar nicht kennen; sie trafen sich nicht, sie beschimpften sich gegenseitig. Gott sei Dank, dies scheint jetzt überwunden. Aber eines müssen wir alle daraus lernen: Man kann den anderen nur verstehen, wenn man ihm zuhört. Wenn man ihn fragt und seinen

Antworten zuhört. Und er kann mich nur verstehen, wenn ich seine Fragen beantworte.

Gerade wir Deutschen auf beiden Seiten müssen uns zu dieser Erkenntnis erziehen: Wer den anderen zum Feind erklärt, der erzeugt Angst vor dem anderen. Angst vor dem anderen kann aber zur Vorstufe des Konfliktes werden. Wer mit dem anderen nicht redet, wer ihn nicht besuchen, wer seinen Besuch nicht empfangen will, wer den Dialog nicht will, der muss zwangsläufig Angst und Furcht erzeugen. Zwangsläufig erzeugt er Furcht auch vor sich selbst.

Als Franklin Roosevelt – am Ende gemeinsam mit Stalin und Churchill Sieger in der Anti-Hitler-Koalition – 1941 seine vier Freiheiten verkündete, da sprach er von der Freiheit der Rede und der Freiheit der Religion für jedermann, der Freiheit von Not – und von der Freiheit von Furcht.

Wenn wir unsere Mitmenschen wenigstens von einem Teil ihrer Ängste und ihrer Furcht befreien wollen, dann müssen wir sie reden lassen. Wir müssen sie fragen lassen, und sie haben Anspruch auf Antworten. Jeder Mensch hat ein natürliches, von Gott gegebenes Recht auf seine Meinung, auf seine freie Rede, auf seine Religion und auf seine persönliche Würde.

Als 1975 Ford, Breschnew, Callaghan, Giscard d'Estaing, Gierek – die Staatsmänner aller europäischen Staaten einschließlich des Vatikans, einschließlich Honeckers und meiner selbst, als wir uns in Helsinki getroffen haben, da haben wir einstimmig und gemeinsam unseren Willen schriftlich erklärt, in unseren jeweiligen Staaten diese Grundrechte jedes Menschen zu verwirklichen. Tatsächlich aber ist die volle Verwirklichung des Korbes III der Helsinki-Erklärung, die volle Verwirklichung der Menschenrechte noch nicht erreicht worden. Allerdings sind in der letzten Zeit aus der Sowjetunion Nachrichten zu uns gedrungen, welche gewisse vorsichtige Hoffnungen auslösen. Wenn in diesen Tagen Generalsekretär Gorbatschow auf seiner Allunionskonferenz genügende Zustimmung erfahren sollte, so können seine Vorstellungen von Glasnost, seine Vorstellungen vom neuen Denken, vom gemeinsamen europäischen Haus auch für uns Deutsche durchaus positive Veränderungen mit sich bringen.

Uns Deutschen ist in Europa in den Jahren seit 1945 vielfältig ein Geschenk zuteil geworden, nämlich dass unsere Nachbarn uns wieder angenommen haben, dass sie trotz aller Gräuel zur Annäherung, ja zu Versöhnung bereit gewesen sind. Diese Entwicklung wird sich vertiefen, wenn wir uns in Europa noch intensiver gegenseitig kennenlernen, wenn die vielen Wohnungen im gemeinsamen Haus Europa offene Fenster und offene Türen haben werden.

Jeder Schritt zu diesem Ziel schafft Vertrauen; und Vertrauen schafft die Voraussetzung für die Bereitschaft zum Vertragen und für Verträge, wobei dann schließlich auch gegenseitige Kontrolle zur Verwirklichung der Verträge gehört. Gorbatschows Wort vom gemeinsamen Haus Europa ist ein wichtiges Wort.

Ob unsere Vorfahren Russen waren oder Polen, Tschechen oder Deutsche, Italiener oder Franzosen, Engländer oder Skandinavier: Sie alle zusammen haben das Christentum und den christlichen Glauben angenommen. Zusammen haben sie die europäische Musik geschaffen, die europäische Malerei, die europäische Literatur und die Philosophie. Und dabei haben die Zentren der geistigen Ausstrahlung oft gewechselt: Bologna, Prag, Paris, Rom, Madrid, Genf, Weimar. Natürlich denkt man in Rostock wie in Hamburg dann auch an die Hanse – von Lübeck bis Nowgorod. Geistig war Europa über ein Jahrtausend und ist heute noch ein Ganzes, im Laufe von Jahrhunderten aus einer ungeheuren Vielfalt geschichtlich geknüpft.

Wir Deutschen haben mehr Nachbarvölker als alle anderen europäischen Nationen. Dies ist einer der Gründe für die vielerlei Kriege, in die wir in den letzten Jahrhunderten verwickelt gewesen sind. Dass wir angesichts der Vielzahl unserer Nachbarn keine ausreichende Fähigkeit zur Friedenswahrung entwickelt haben, das ist eine der Ursachen für die fünf Kriege, die wir Deutschen seit 1864 geführt haben. Kaum eine andere Nation in Europa bedarf so sehr der Fähigkeit zur guten Nachbarschaft wie wir Deutschen.

Andererseits haben aber wir Deutschen es angesichts der Teilung gewiss schwerer, unsere Pflichten zur Friedensbewahrung zu erfüllen, als Menschen in manchen anderen Völkern. Die Teilung hat zu innerer Verletzung, zum Verlust der Selbstverständlichkeit, zu einer schweren Beeinträchtigung der Geborgenheit geführt. Hier liegt die Ursache dafür, dass das Phänomen der Angst unter uns Deutschen so viel stärker ist als anderswo.

Niemand von uns weiß, wie lange die Teilung dauern wird. Jeder von uns weiß, dass die meisten unserer Nachbarn sich mit der Teilung Deutschlands eher zufriedengeben als mit der Teilung Europas. Und jeder von uns weiß, dass wir eine Aufhebung der Teilung nicht erzwingen können. Jeder weiß: Niemals wieder darf von deutschem Boden ein Krieg ausgehen. Trotzdem darf jeder von uns an seiner Hoffnung auf ein gemeinsames Dach über der deutschen Nation festhalten. Selbst Gorbatschow hat in seinem Perestroika-Buch ja doch ausdrücklich offengelassen, wie die Geschichte Deutschlands später verlaufen kann.

Lassen Sie mich aber einen klaren Satz hinzufügen: Wir heutigen Deutschen müssen lernen, mit der Teilung zu leben. Dieser Rat richtet sich an beide, an die in der Deutschen Demokratischen Republik und an die in der Bundesrepublik Deutschland. Wir leiden beide. Sie hier in Rostock leiden gewiss mehr als wir im Westen, aber beide müssen wir die Gelassenheit lernen.

Darüber hinaus habe ich Ihnen, liebe Rostocker, nichts zu raten. Ich rate Ihnen weder: Kommt herüber. Noch rate ich Ihnen: Bleibt hier! Ich habe kein Recht zu solcherlei Ratschlägen.

Aber eines weiß ich: Je mehr Brücken es geben wird – hinüber und herüber –, je mehr wir alle über diese Brücken reisen können, umso mehr wird die Frage ausreisen oder hierbleiben an Gewicht verlieren.

Dies möge die Regierung der DDR bedenken!

Und wenn ich für die gleiche Regierung noch eine Fußnote anfügen darf: Je eher die Bürger der DDR zum Beispiel die Zeitung, für die ich arbeite, aus Hamburg abonnieren dürfen, umso besser für die Entwicklung des freien Geistes in ganz Deutschland.

Ich gehöre zu denen, die immer den Weg der schrittweisen Überbrückung der Grenzen gegangen sind; jeder kann das nachprüfen. Ich werde auch in Zukunft dabeibleiben. Dabei können Kompromisse immer wieder nützlich sein. Allerdings: Die Gewissensfreiheit der Person und die Würde des einzelnen Menschen, die erträgt keinen Kompromiss und keinen Abstrich. Das haben wir aus dem Zusammenbruch der ersten Demokratie in Deutschland gelernt.

Es waren Hitler und seine Gesellen, die Deutschland und die deutschen Juden und dann unsere Nachbarvölker mit unerhörter krimineller Energie in die Katastrophe geführt haben – aber der Boden dafür war doch schon vorher bereitet gewesen. Die Erziehung zur Demokratie, die Erziehung zum eigenen Urteil, die Erziehung zur Humanitas, zur Menschlichkeit, die Erziehung zu Würde und Freiheit der einzelnen Person, die hatte generationenlang vorher nicht ausgereicht.

Wir heutigen Deutschen müssen wissen: Damals, zu Beginn der dreißiger Jahre, hat es mit der Suche nach Sündenböcken angefangen. Dann hat es sich fortgesetzt mit Gewalt gegen Schriften und Bücher und mit Gewalt gegen Sachen. Die Gewalt gegen Menschen war dann nur noch die längst vorbereitete Konsequenz. Mit der Verachtung der Würde des Mitmenschen, mit dem Niederbrüllen von anderer Bürger Meinung hatte es begonnen. Mit der pauschalen Verurteilung des ganzen demokratischen Systems setzte es sich fort – und der Mord war schließlich nur noch die letzte Konsequenz.

Diese sich unentrinnbar entfaltende Konsequenz antihumanen Verhaltens, die müssen wir verstehen, wenn wir Deutschen aus der damaligen Geschichte etwas lernen wollen. Wir müssen die Verdammungswürdigkeit aller Pauschalverurteilungen verstehen und sie innerlich erlebt haben, wenn wir lernen wollen – seien diese Pauschalverurteilungen gerichtet gegen »die Juden« oder gegen »die Deutschen« oder »die Kommunisten« oder »die Kapitalisten« oder gegen »das System« oder gegen »das Establishment« oder gegen wen immer.

Wir müssen in uns die Fähigkeit zum unabhängigen, zum individuellen, zum eigenständigen kritischen Urteil ausbilden. Wir müssen lernen, dass es in jeder Gesellschaft darauf ankommt, die Freiheit des Einzelnen als einen Handlungsspielraum zu begreifen, wobei es für die Freiheit des Einzelnen und der Gruppen durchaus rechtliche und moralische Grenzen gibt und geben muss. Oder anders gesagt: Jeder von uns muss das verantworten können, was er tut. Und später muss er wissen, was er zu verantworten hat.

Unter dem Wort des Petrus-Briefes »Fürchtet Gott, ehret den König«, haben 1934 – ein Jahr nach Beginn der Nazizeit – evangelische Christen in der Barmer Erklärung festgestellt, dass der Staat nach göttlicher Anordnung die Aufgabe hat, in der noch nicht erlösten Welt nach dem Maße menschlicher Einsicht und menschlichen Vermögens unter Androhung und Ausübung von Gewalt für Recht und Frieden zu sorgen. Und sie haben gesagt: »Wir verwerfen die falsche Lehre, als solle und könne sich die Kirche über ihren besonderen Auftrag hinaus staatliche Art, staatliche Aufgaben und staatliche Würde aneignen und damit selbst zu einem Organ des Staates werden.« Soweit jenes Zitat – es ist über fünfzig Jahre alt.

Wir wissen, dass der Konflikt, der in jener These umrissen ist, der Konflikt zwischen Kirche und Staat jederzeit und überall aufbrechen kann. Diese These weist für beide Seiten einen Totalitätsanspruch zurück. Weder darf der Staat für sich in Anspruch nehmen, durch seine Ordnung eine letztgültige Antwort auf das zu geben, was nach dem Sprachgebrauch der Bibel Erlösung der Welt heißt. Noch darf andererseits die Kirche, noch können ihre Vertreter sich anmaßen, in allen Fragen der Politik ein letztlich gültiges Mandat zu besitzen. Bei mir zu Hause im Westen wird übrigens durch politisierende Pastoren sehr viel häufiger gegen diese These verstoßen, als ich es hier bei Ihnen in der DDR erkennen kann.

Wo aber ein Staat seine eigenen Grundlagen in der Würde des Menschen begründet und in der Achtung der Menschenrechte, dort akzeptiert er zugleich, dass hier die Kirchen ein orientierendes Mitspracherecht haben, er akzeptiert das Mandat der Kirche, ja, er muss dieses Mandat sogar schützen. Dort aber, wo die Kirche sich durch Seelsorge und geistige Führung auf die Lebensbedingungen, auf die Sorgen und Wünsche ihrer Gemeindemitglieder einzulassen hat, dort muss die Kirche akzeptieren, dass ihr eine staatliche Ordnung vorgegeben ist.

Die großen Probleme, die dem politischen Handeln aller Völker heute aufgetragen sind, überschreiten schon längst die nationalen Grenzen, welche für die Regierungen gelten. Es gibt keine Sicherheit vor dem Krieg nur für ein einziges Land; es gibt keine wirtschaftliche Wohlfahrt für nur ein einziges Land. Kein einzelner Staat kann die körperliche Unversehrtheit oder die Gesundheit seiner Bürger allein mehr garantieren, wenn die Gefährdung der natürlichen Umwelt, wenn die Gefahr eines globalen Klimawechsels, wenn die Explosion der Weltbevölkerung, wenn schließlich die neu auftretende Aids-Seuche alle Grenzen überschreiten. Hier müssen die Staaten zusammenarbeiten, und die Grenzen dürfen keine Barrieren bilden. Aber auch die religiösen Überzeugungen, auch die weltanschaulichen Überzeugungen dürfen keine Barrieren bilden, wenn wir denn am Ziel einer menschlichen Gesellschaft festhalten wollen.

Eine persönliche Erfahrung in diesem Zusammenhang: Zu Beginn des letzten Jahres bin ich in einem Haus des Jesuitenordens in Rom mit einigen früheren Staats- und Regierungschefs aus allen fünf Erdteilen und mit leitenden Repräsentanten aller großen Religionen und Weltanschauungen zusammengetroffen: je ein hoher Priester des Buddhismus und des Islam, ein hoher Rabbiner und ein katholischer Kardinal, ein hoher Hindupriester, ein protestantischer Bischof, mehrere Marxisten und Kommunisten. Wir haben unsere gemeinsame Einsicht in die Weltprobleme des Friedens, der Entwicklung, der Umwelt, des Bevölkerungswachstums miteinander vertieft. Wir haben gemeinsam anerkannt, dass diese Probleme uns alle angehen. Und wir wurden uns einig, dass es zur Lösung dieser Probleme der Zusammenarbeit zwischen geistlichen und politischen Führern aus jeder Richtung bedarf.

Es war nicht so schwierig, zu einer gemeinsamen Position im Hinblick auf den Weltfrieden zu gelangen. Auch im Blick auf die Weltwirtschaft oder auf den Zusammenhang zwischen Bevölkerungswachstum, Entwicklung und Umweltzerstörung sind wir sehr schnell zu gemeinsamen Empfehlungen gelangt.

Was mir heute aber besonders am Herzen liegt, Ihnen mitzuteilen, ist dies: Wir waren alle berührt von der Erfahrung jener Tage in Rom, dass wir uns einigen konnten. Gleichgültig, von welchem religiösen oder weltanschaulichen oder philosophischen Hintergrund aus wir an die Probleme herantraten, wir konnten uns auf gemeinsame ethische Grundsätze einigen. Wir haben Brücken zueinander gefunden.

Eine Brücke zu bauen ist keine leichte Aufgabe. Aber jeder kann etwas dazu beitragen. Als jüngst Erich Honeckers Besuch in der Bundesrepublik bevorstand, habe ich in der »Zeit« geschrieben: Wir hätten so lange von den »Brüdern und Schwestern« in der DDR gesprochen; Honecker sei einer von ihnen, lasst uns ihn also als einen Bruder empfangen. Manche waren darüber pikiert; was Honecker selbst gedacht hat, weiß ich nicht. Aber ich hatte es nicht leichtfertig so dahingeschrieben.

Denn wir müssen ja für eine mitmenschliche Welt sorgen, für Brücken sorgen, für gegenseitiges Vertrauen sorgen. Wir müssen auch Kompromisse wollen. Und wir müssen Toleranz wollen. Und die Toleranz soll nur enden dort, wo sie auf die Intoleranz eines anderen stößt. Was aus all diesen Mühen, was aus all unseren Sorgen wird, das steht bei Gott. Auf ihn habe ich selber immer dann vertraut, wenn ich Angst hatte, gerade auch als Soldat im Krieg.

Liebe Rostocker, vielleicht darf ich Ihnen doch am Schluss eine Empfehlung mitgeben: Setzt Euer Vertrauen auf Gott den Herrn!

Wir haben die gleichen Propheten

Beitrag zum Islam-Symposion der »Zeit« im Frühjahr 1993

Der Islam erstreckt sich heute von Indonesien in Südostasien bis nach Nigeria, beides außerordentlich volkreiche Staaten. Indonesien ist das volkreichste islamische Land: 180 Millionen Menschen, davon mindestens 150 Millionen Muslime. Anhänger Mohammeds leben in Zentralasien, auf chinesischem und ehemals sowjetischem Boden genauso wie in Somalia oder in Algier und Paris, in Pakistan und in London oder in Hamburg, wo wir an der Schönen Aussicht, direkt an der Alster, eine große Moschee finden.

In unserer Zeit haben nun Hunderte von Millionen Muslime zum ersten Mal gelernt zu lesen und zu schreiben und moderne Elektronik zu bedienen. Sie sind innerhalb von zwei Generationen überrollt worden von der modernen Zivilisation, von moderner Kommunikationstechnik. Sie wissen damit umzugehen. Sie haben auch moderne Waffen bekommen. Doch alles das hat nach kurzer Zeit eine tiefe Enttäuschung ausgelöst. Was sich die Menschen von der modernen Zivilisation versprochen haben, ist in vielen Fällen nicht eingetreten, nicht zuletzt deswegen, weil die Bevölkerungsexplosion alle sozialökonomischen Fortschritte überrollt hat. Das führt in vielen Fällen zu Verbitterung, vor allem in den Slums der großen Städte.

In vielen Teilen der muslimischen Welt flüchten die Menschen in die Utopie eines religiös bestimmten Staates, einer religiös bestimmten Gesellschaft. Sehr deutlich ist das bei den iranischen Schiiten auch nach dem Tod Chomeinis; man sieht das ähnlich bei Muslimbruderschaften unter den Sunniten. Offenbar lauern hier große Gefahren. Es kommt hinzu, dass dem Koran die westliche Vorstellung eines demokratischen Staates ganz fremd ist, genauso fremd übrigens wie der Thora oder der Bibel. Das sind geistige Entwicklungen, die viel später erst nach der Entstehung der heiligen Bücher in die Köpfe der Menschen eingedrungen sind.

Weil die Demokratie in der Christenheit ein bisschen früher erfolgreich war als in den islamisch bestimmten Teilen der Menschheit, blicken sogenannte Christen zum Teil verächtlich, mit Hass oder auch mit Angst herab auf die Muslime. In den westlichen Demokratien ist sehr wenig Verständnis vorhanden für den Islam und seine inneren, sehr weitreichenden Differenzierungen, sehr wenig Verständnis auch für die geschichtliche Entwicklung des muslimischen Glaubens.

Ich habe in den siebziger Jahren einen Muslim kennengelernt, der mir ganz ungewöhnlich gefallen hat. Das war der Nachfolger Nassers in Ägypten, Anwar as-Sadat. Ich werde nie ein stundenlanges Gespräch vergessen. Wir fuhren den Nil aufwärts, es war dunkel, und wir haben, glaube ich, die ganze Nacht unter einem Sternenhimmel gesessen und philosophiert. Das heißt, im Wesentlichen hat er gesprochen; ich habe immer nur Fragen gestellt. Er erzählte Dinge, die mir damals – das ist beinahe zwei Jahrzehnte her – ganz unbekannt waren. Er erzählte, dass in der Mohammed zuteil gewordenen Offenbarung, wie sie im Koran ihren Niederschlag findet, alle drei Schriftreligionen mit großem Respekt behandelt werden. Ich hatte nicht gewusst, dass alle drei die gleichen Propheten nennen, mit zwei Ausnahmen: Die Thora enthält nicht den christlichen und koranischen Propheten Jesus, und das Neue Testament enthält nicht den islamischen Propheten Mohammed. Aber im Übrigen kommen fast alle Propheten in den drei heiligen Schriften vor. Besonders beeindruckt hat mich seine

Darstellung, wonach alle drei monotheistischen Schriftreligionen ihre Offenbarung am Sinai erfahren hatten, dass wir alle Kinder Abrahams seien. In allen drei Religionen empfängt Moses die Tafeln. Es muss doch möglich sein, dass den Menschen wieder bewusst gemacht wird: Sie alle stammen aus derselben Wurzel. Dann muss es möglich werden, dass sie zum Frieden miteinander finden.

Als ich später, nachdem Sadat ermordet worden war, ein weiteres Mal nach Ägypten kam, habe ich seinen Nachfolger gebeten, mir eine Möglichkeit zu schaffen, zum Katharinenkloster auf dem Sinai zu fahren. Das ist ein griechisch-orthodoxes Kloster. Der Abt dort, der den Titel eines Erzbischofs trägt, und seine Brüder haben mir voller Stolz die lange Tradition ihres Klosters erklärt. Aber sie haben auch darauf hingewiesen, dass Sadat sie nicht nur zu besuchen pflegte: »Sehen Sie dahinten den weißen Berg, da hat er sich ein kleines Häuschen gebaut, zum Meditieren und zum Beten.« Lange nach seinem Tode also habe ich von Leuten, die gar nicht wussten, dass ich mit Sadat befreundet war, bestätigt bekommen, dass das echt war in der Seele dieses Mannes, der seiner Versöhnung mit den Israelis wegen von religiösen Fanatikern ermordet worden ist.

Mich hat Sadat angeregt, ein bisschen zu studieren und zu lesen. Sehr spät in meinem Leben habe ich erfahren von der unglaublichen kulturellen und wissenschaftlichen Leistung, die unter arabischer Oberherrschaft im südlichen Spanien bis zur Reconquista vollbracht worden ist. Wenn ich es richtig verstanden habe, kennzeichnete ein hohes Maß von religiöser Toleranz Städte wie Cordoba oder Toledo. Sie waren damals, vor mehr als fünfhundert Jahren, größer als heute.

Für die westliche Welt ist es wichtig, den Islam zu verstehen. Wir müssen lernen, Gespräche mit Muslimen zu führen, die über das Wetter oder über die Lieferung von Maschinen, Flugzeugen, Waffen und über das Öl hinausgehen.

Die Notwendigkeit globaler
ethischer Maßstäbe

Rede auf der 8. Konferenz des Obersten Rats für islamische Angelegenheiten am 24. Juli 1996 in Kairo auf Einladung des ägyptischen Staatspräsidenten Hosni Mubarak und des Großscheiks Tantawi der Al Azhar-Universität vor religiösen Vertretern aus sechzig islamischen Staaten*

Lassen Sie mich zunächst Ihnen, Herr Vorsitzender, meinen tief empfundenen Dank dafür ausdrücken, dass Sie mich als Christ zu dieser ehrwürdigen islamischen Konferenz eingeladen haben. Ich bin mit großen Erwartungen hergekommen, in der Hoffnung, neue Erkenntnisse und Einsichten zu gewinnen.

Mein persönliches Interesse am Islam und an der Förderung des Dialogs zwischen dem Islam und den anderen Religionen und Kulturen wurde vor zwei Jahrzehnten von Präsident Anwar as-Sadat entfacht. Er war ein tief gläubiger Muslim und zugleich derjenige, der den Friedensprozess im Nahen Osten angestoßen hat, der seit seinem mutigen Auftritt in der Knesset in Israel zwar Fortschritte gemacht hat, aber noch keineswegs vollendet ist. Ich teile die Hoffnung Präsident Mubaraks und vieler anderer, dass noch zu unseren Lebzeiten Frieden im Nahen Osten geschaffen wird. Deshalb verfolge ich seine Anstrengungen mit großer Sympathie.

Als Sadat von Terroristen ermordet wurde, verloren sein Volk und die Welt einen herausragenden Staatsmann. Ich selbst verlor einen Freund und auch einen persönlichen Lehrer. Er lehrte mich Dinge, von denen ich vorher nichts gewusst hatte. Ich lernte von ihm, was die Religionen der Muslime, Christen und Juden gemeinsam haben – Propheten ebenso wie

---

* Übersetzung aus dem Englischen

Werte, insbesondere den Glauben an einen einzigen Gott. Dank Sadat las ich später im Koran, in der Bibel und in der Thora und stellte fest, dass er recht hatte, als er mir von Adam und Noah, von Ibrahim (Abraham), Musa (Moses), Ishaq (Isaak) und Mohammed erzählte. Von ihm lernte ich, dass die drei monotheistischen Religionen dieselben historischen Wurzeln haben, angefangen mit Ibrahim und Musa, deren Kinder wir alle sind. Außerdem bin ich überzeugt, dass Sadat absolut recht hatte, für Dialog und Frieden einzutreten – auch wenn dieser Gedanke in seiner Zeit völlig neu war. Er war ein Steuermann und Wegbereiter.

Nun ist im Gegensatz dazu der amerikanische Historiker Samuel Huntington vor drei Jahren mit der These hervorgetreten, ein Zusammenstoß der Kulturen und Religionen sei unvermeidlich. Nach meiner Ansicht irrt sich Huntington, was die Unvermeidlichkeit betrifft. Andererseits kann seine These nützlich sein, wenn und soweit sie uns auf eine große Gefahr für die Zukunft der Menschheit aufmerksam macht.

Nicht nur wir Christen aus dem Westen haben ein unzulängliches Verständnis des Islam, sondern auch viele Juden und ebenso viele Hindus und viele Anhänger des Konfuzius, von den Kommunisten ganz zu schweigen. Ein japanischer Freund, der verstorbene Takeo Fukuda, selbst ein Zen-Buddhist, initiierte vor acht Jahren eine Konferenz von herausragenden muslimischen Ulama, hinduistischen und buddhistischen Priestern, katholischen und evangelischen Bischöfen, einem hochrangigen jüdischen Rabbi sowie Vertretern des Konfuzianismus und des Kommunismus, zusammen mit einer Reihe von ehemaligen Staats- und Regierungschefs. Wir kamen aus fünf Kontinenten.

Die Konferenz, deren Vorsitz ich innehatte, verlief recht erfolgreich und verabschiedete eine gemeinsame Resolution. Vor einigen Monaten veranstalteten wir in Wien eine ähnliche interkonfessionelle und interkulturelle Konferenz, deren Ergebnisse im Mai dieses Jahres von einer Gruppe früherer Staatschefs in Vancouver – nach angemessener Diskussion – bekräftigt wurden. Gestatten Sie mir, einige Schlüsselsätze der im Mai 1996 vom InterAction Council unter dem Titel »Die Notwendigkeit globaler ethischer Maßstäbe« veröffentlichten Erklärung zu zitieren:

»Ohne Ethik und die aus ihr folgende Selbstbeschränkung wird die Menschheit in den Dschungel zurückkehren ... Die Weltreligionen stellen eine der großen Traditionen der Weisheit für die Menschheit dar ... Unsere Institutionen brauchen eine Umorientierung auf ethische Normen. In den Religionen und ethischen Traditionen der Welt können wir die Quellen einer solchen Umorientierung finden ...

Die globale Ethik ist kein Ersatz für Thora, Evangelien, Koran, Bhagavad-Gita, die Sutren des Buddha oder die Lehren des Konfuzius. Aber eine globale Ethik enthält ein notwendiges Minimum gemeinsamer Werte, Maßstäbe und Grundeinstellungen. Mit anderen Worten: einen Mindestkonsens über verbindliche Werte, unumstößliche Maßstäbe und moralische Einstellungen, denen alle Religionen, trotz ihrer dogmatischen Unterschiede, zustimmen und die auch von Nichtgläubigen gebilligt werden können ...

Wir empfehlen zwei für jede individuelle, soziale und politische Ethik grundlegende Prinzipien: 1. Jeder Mensch ist menschlich zu behandeln. 2. Was du nicht willst, das man dir tu, das füg' auch keinem andern zu. Diese Regel findet sich in jeder großen religiösen Tradition.

Auf der Grundlage dieser beiden Prinzipien gibt es vier unumstößliche Verpflichtungen, in denen alle Religionen übereinstimmen und die wir voll und ganz unterstützen: die Verpflichtung auf eine Kultur der Gewaltlosigkeit und der Ehrfurcht vor dem Leben; die Verpflichtung auf eine Kultur der Solidarität und einer gerechten Wirtschaftsordnung; die

Verpflichtung auf eine Kultur der Toleranz und eines Lebens in Wahrhaftigkeit; die Verpflichtung auf eine Kultur der Gleichberechtigung und Partnerschaft von Mann und Frau ...

In Kenntnis der unterschiedlichen Einstellungen der Religionen zu Ansätzen und Methoden der Familienplanung sind wir uns darin einig, dass der gegenwärtige Bevölkerungstrend das Streben nach einer effektiven Familienplanung unumgänglich macht. Die positiven Erfahrungen mehrerer Länder und Religionen sollten mit anderen geteilt und die wissenschaftliche Forschung über die Familienplanung intensiviert werden ...

Von der Grundschule bis zur Universität sollten Bildungsprogramme den Wert der ›affirmativen Toleranz‹ lehren, und entsprechendes Lehrmaterial sollte hergestellt werden. Besonders betont werden sollte die Entwicklung der Aspirationen der Jugend.«

So weit das Zitat aus dem Aufruf des InterAction Council. »Affirmative Toleranz« ist in höchstem Maße wünschenswert, insbesondere in einer Zeit, in der auf allen Seiten Fundamentalisten und Terroristen in Erscheinung treten: christliche Terroristen in Irland oder Bosnien, jüdische und muslimische im Nahen Osten. Es ist ein gefährliches Missverständnis, wenn den Menschen weisgemacht wird, Terrorismus sei nur in anderen Religionen als der eigenen zu finden und sei nur für diese typisch.

Tatsächlich müssen die friedlichen Menschen in der Welt mehr Toleranz gegenüber dem religiösen Glauben anderer Völker aufbringen als bisher. Wir müssen lernen, Toleranz aus Respekt zu üben – und nicht nur Toleranz aus Gleichgültigkeit und Ignoranz.

Meine Freunde, ehemalige führende Staatsmänner aus allen fünf Kontinenten, fordern die Universität der Vereinten Nationen, die UNESCO und alle Universitäten in den zweihundert Ländern der Erde auf, ihre Studenten Respekt und Toleranz für alle Religionen der Welt zu lehren, den interreligiösen und interkulturellen Austausch in ihren Mauern zu fördern und interreligiöses Verständnis in ihre Lehrpläne aufzunehmen.

In diesem Sinne begrüße ich die Anstrengungen der 8. Konferenz des Obersten Rates für islamische Angelegenheiten. Ich wünsche Ihnen Erfolg bei der Bewältigung der Aufgabe des Dialogs und Trialogs, denn im nächsten Jahrhundert, das in weniger als vier Jahren beginnt, dürfte nichts unheilvoller und gefährlicher sein als ein möglicher allgemeiner Zusammenstoß von Religionen und Kulturen.

Wir müssen bei den Politikern und in der Öffentlichkeit, bei allen Gläubigen und allen unseren Bürgern eine Geisteshaltung erreichen, die bewirkt, dass kein Christ den Islam hasst oder Angst vor ihm hat, kein Hindu und kein Jude den Islam verachtet – aber auch kein Muslim den Gläubigen aller anderen Religionen feindselig gegenübersteht. Ich bitte Sie, die eine fundamentale Erkenntnis anzuerkennen: Entweder werden wir zusammen untergehen, oder aber wir müssen – auf der Grundlage der gemeinsamen Werte unserer unterschiedlichen Religionen – einen global unterrichteten und global verbreiteten gemeinsamen Kodex von ethischen Grundwerten entwickeln.

Ich danke Ihnen, dass Sie einem Christen zugehört haben, der freilich einen tiefen Respekt für den Islam und den Propheten Mohammed empfindet, und dass Sie einem Mann gelauscht haben, der – genau wie Sie – an die Existenz eines einzigen Gottes glaubt.

Der Christ in der politischen Verantwortung

*Rede an der Augustana-Hochschule Neuendettelsau,
der Kirchlichen Hochschule der Evangelisch-Lutherischen
Kirche in Bayern, am 6. Dezember 1997*

Wenn im Programm mein Vortrag als »Festvortrag« angekündigt worden ist, so muss ich Ihnen gestehen, dass ich dieses Wort mit Unbehagen gelesen habe. Denn ich bin mir sehr bewusst, dass nicht alles, was ich zu sagen beabsichtige, allen Anwesenden zusagen kann. Ich habe eine sehr nüchterne Rede im Sinn. Ich werde keine theologischen Erwägungen, keine philosophischen oder politologischen Theorien darlegen, sondern einfach meine persönlichen Erfahrungen berichten – und vielleicht die eine oder andere Schlussfolgerung auch.

Vorweg und klar an den Anfang gestellt, will ich sagen: Ich bin einer von den vielen, die sich als Christen bekennen. Aber nach diesem Bekenntnis muss ich eine weitere Vorbemerkung machen, nämlich die: Ich kann zur Begründung meines Christentums nicht viel anderes sagen, als was ich in Dutzenden Reden und Aufsätzen seit 35 Jahren, seit meiner Zeit als hamburgischer Senator zum Thema gesagt habe. Zwar habe ich manches dazugelernt, vielerlei Anregungen aufgenommen, auch wohl manche Ecken und Kanten im eigenen Denken und in der eigenen Redeweise abgeschliffen. Aber mein Christentum hat sich in all den Jahrzehnten seither nicht geändert, es hat sich auch nicht vertieft.

Eher gehöre ich heute, stärker noch als früher, zu den »Distanzierten« in der Kirche – ein Begriff, den ich dem Hamburger Universitätstheologen Professor Kroeger verdanke. Wer also zufällig früher einmal den damaligen Innensenator oder den nachmaligen Regierungschef in Bonn zum gleichen oder zu einem verwandten Thema sprechen gehört hat, der wird vom heutigen privaten Bürger kaum etwas Neues erfahren.

Ich möchte Ihnen vorweg vier persönliche Geschichten erzählen.

Die erste Geschichte ist ganz kurz. Als meine Frau und ich 1942 geheiratet haben, da hat meine Frau, die ungetauft war, sich taufen lassen, damit wir kirchlich getraut werden konnten. Denn wir meinten einerseits, dass das Ende des Krieges fürchterlich sein würde (das ist ja auch tatsächlich so eingetreten – nicht ganz so fürchterlich, wie wir beide es erwartet hatten). Und andererseits meinten wir, dass die christlichen Kirchen den Kern würden bilden müssen, von dem aus die Übriggebliebenen ein anständiges Leben neu aufbauen könnten. Dies Letztere ist nur zum Teil eingetreten.

Die zweite Geschichte hatte schon vorher, bald nach Kriegsbeginn, begonnen, aber sie reicht bis in die heutige Gegenwart. Wir haben damals, wie wohl viele andere Deutsche jener Zeit auch, das Wort des Vaterunsers ganz und gar ernst genommen, nämlich, dass Gottes Wille geschieht – also auch auf Erden – und dass sein Reich und die Kraft und die Herrlichkeit sein würden. Mit einem Wort: Wie schrecklich auch immer Nazizeit und Krieg waren, so glaubten wir uns doch Gottes Willen und Gottes Ratschluss unterworfen und fanden darin Trost.

Ich glaube auch heute noch, dass nichts auf der Welt geschehen kann gegen den Willen Gottes. Aber gleichzeitig haben wir von millionenfachem Mord gehört, von alljährlichen Kriegen, auch nach 1945 auf der ganzen Welt, wir haben gehört von Auschwitz, von Hiroshima, vom tausendfältigen Tod im Reisfeld, vom Tod in Bosnien oder in Tschetschenien. War dies, ist dies alles Gottes Wille?

Und ich selbst, der ich – gemeinsam mit Millionen deutscher

Soldaten, von denen doch die allermeisten keine Nazis waren – gleichwohl geglaubt habe, dass wir unsere vaterländische Pflicht erfüllen müssten (»untertan der Obrigkeit«, wie es im Römerbrief des Paulus verlangt wird) – gemeinsam mit Millionen russischer Soldaten, von denen auch die allermeisten die Ideologie ihres Staates nicht teilten und keine Kommunisten waren, die aber gleichwohl auch ihre patriotische Pflicht glaubten erfüllen zu sollen, gemeinsam mit Millionen Soldaten auf der ganzen Welt, Millionen von Christen wie ich selbst – haben wir alle Gottes Willen erfüllt? Indem wir gegeneinander Krieg führten?

Ich habe bis heute keine Antwort auf solche Fragen gefunden. Ich habe sie auch nicht gefunden, als ich sehr viel später als Politiker abermals mit Gewalttaten und Gewaltbereitschaft konfrontiert gewesen bin, zum Beispiel angesichts der terroristischen Morde durch die sogenannte RAF, zum Beispiel auch in Gestalt der sowjetischen atomaren Raketenrüstung, die gegen Deutschland gerichtet war. Ich habe zwar oft gedacht und gehofft: »Mein Gott, lass mich das Richtige tun.« Aber zugleich habe ich gewusst, dass ich nur mit vernünftiger Abwägung und nur in stärkster Anstrengung des eigenen Verstandes und des eigenen Gewissens handeln durfte.

Lassen Sie mich eine dritte Geschichte anschließen. Sie handelt von dem ermordeten ägyptischen Präsidenten Anwar as-Sadat. Wir kannten uns gut, und wir sind Freunde gewesen bis zu seinem Tode. Er wusste, dass er sein Leben riskierte, als er sich um des Friedens willen entschloss, nach Jerusalem zu gehen, in die Hauptstadt seiner israelischen Nachbarn, die in vier Kriegen seine Feinde gewesen waren.

Sadat hat mich etwas sehr Wichtiges gelehrt – eigentlich hätte ich es auch selbst erkennen müssen: Für ihn war klar, dass Juden und Christen und Muslime ihren Glauben aus der gleichen Wurzel empfangen haben. Alle drei berufen sich auf Abraham und dessen Nachkommen; sie stimmen im Glauben an den einen Gott überein und ebenso in vielen anderen Elementen des Glaubens. Ebenso wie das Neue Testament der Christen nimmt auch der Koran an Hunderten von Stellen die jüdische Thora – und das heißt unser Altes Testament – wieder auf und zitiert sie respektvoll. Mohammed hat ausdrücklich mit großem Respekt von den Völkern gesprochen, welche »die Schrift besitzen«, von den »Schriftbesitzern«. Er hat damit die Juden gemeint und die Christen. Und fürwahr ist für die Muslime heute noch Jesus von Nazareth ein großer Prophet – *nach* Mohammed der bedeutendste.

All das wissen wir zumeist überhaupt nicht. Ich habe es von Sadat gelernt und habe dann im Gespräch mit jüdischen Gelehrten und mit protestantischen und katholischen Theologen bestätigt gefunden, dass das so ist.

Und hier schließt meine vierte Geschichte an. 1987 haben mein japanischer Freund Takeo Fukuda und ich sechs hohe Priester an einen Tisch gebeten: einen jüdischen Oberrabbiner, einen katholischen Kardinal, einen lutherischen Bischof, je einen muslimischen, einen hinduistischen und einen buddhistischen höchsten Würdenträger – dazu je einen chinesischen, sprich konfuzianischen Gelehrten, einen schwarzafrikanischen und einen kommunistischen Führer aus Osteuropa sowie außerdem politische Führer, Staatsmänner aus Südamerika, aus Nordamerika, aus Westeuropa und aus Australien. Wir waren damals weniger als zwei Dutzend Frauen und Männer aus allen Erdteilen. Die meisten von uns haben sich vorher nicht gekannt. Aber wir haben sehr bald freundschaftlich miteinander über die drängenden Weltprobleme reden können. Über Frieden, über Abrüstung, über Energieversorgung, über den Schutz der Umwelt, Schutz des Klimas, auch über Weltwirtschaft, über Entwicklungspolitik, über die Übervölkerung und über Familienplanung.

Wir haben uns nach zwei Tagen auf einen gemeinsamen schriftlichen Text einigen können über das, was wir – jeder in seinem Staat, jeder in seiner Kirche oder in seiner Religionsgemeinschaft oder in seiner Weltanschauungsgemeinschaft – zukünftig als notwendig vertreten wollten. Wir haben diesen uns gemeinsam überraschenden Grad übereinstimmender Verpflichtungen auf moralische Grundwerte, auf Frieden und menschliche Wohlfahrt ohne große Mühe erreicht. In den zehn Jahren seither haben wir ähnliche Treffen zweimal wiederholt – mit den gleichen beglückenden Ergebnissen der Übereinstimmung.

Sie mögen fragen: Was haben diese vier Geschichten mit unserem Thema zu tun? Ich gebe Ihnen darauf vier Antworten.

Die letzte Geschichte will Respekt bezeugen gegen andere Religionen und andere Bekenntnisse. Sie will zeigen: Unsere unterschiedlichen Religionen und Weltanschauungen hindern uns nicht, zum Besten aller zusammenzuarbeiten. Denn unsere moralischen Grundwerte liegen viel näher beieinander, als einige christliche Lehrer und Oberhirten, als viele Scharfmacher oder gar die Fundamentalisten auf allen Seiten uns glauben machen wollen. Der Friede zwischen uns ist möglich! Und wir müssen ihn immer wieder neu stiften, um mit Immanuel Kant zu sprechen.

Sehr persönlich füge ich hinzu: Es dient dem Frieden zwischen den Religionen, zwischen den Religionsgemeinschaften und Kirchen nicht, wenn die eine der anderen die Gläubigen abzuwerben versucht – so gut auch immer die Absicht sein mag. Deshalb habe ich mich seit Jahrzehnten gegen die sogenannte Judenmission der christlichen Kirche gewandt; deshalb bin ich gegenüber dem Grundanliegen der Mission des Glaubens von tiefer Skepsis erfüllt. Es erscheint mir als eine sehr menschliche, eine allzumenschliche Überheblichkeit, nur ein Christ oder nur ein Muslim oder nur ein Hindu könne selig werden – und deshalb sei es nötig, Menschen anderer religiöser Zugehörigkeiten zum Christentum zu führen, das heißt sie ihrer bisherigen Religion abspenstig zu machen.

Die Geschichte, die von Sadat handelte, will zeigen: Juden und Christen und Muslime können getrost aufeinander zugehen. Sie haben nicht nur gemeinsame moralische Werte, sondern sie teilen auch wichtige Elemente ihres Glaubens und ihrer Religions- oder Glaubensgeschichte. Wir müssen diese Gemeinsamkeiten nur erst entdecken. Sie sind verdeckt. Wenn wir sie aufgedeckt haben, sollten wir sie propagieren.

Die Lehre aus der zweiten Geschichte, in der angesichts der katastrophalen Gewalttaten der letzten fünfzig Jahre von Gottes Allmacht einerseits und von unserer persönlichen Verantwortung andererseits die Rede war, ist sehr viel schwieriger zu ziehen. Ich glaube, dass wir uns aus dem Gegensatz zwischen der Ergebung in den Willen Gottes auf der einen Seite und auf der anderen Seite unserer persönlichen Verantwortung vor dem eigenen Gewissen, vor dem Gesetz, vor unseren Mitmenschen, vor Gott, dass wir uns aus diesem tiefen Dilemma nicht befreien können und dass wir es deshalb auch keineswegs versuchen sollten. Aber der Kirche und unseren Pastoren und den Mitgliedern der Gemeinde ist aufgegeben, angesichts dieses Gegensatzes, angesichts dieser Antinomie, einander seelischen Beistand und Seelsorge zu leisten.

Heutzutage in Deutschland – vor allem gegenüber der Angst, welche Menschen haben, auch gegenüber der Angst, die den Menschen künstlich von anderen gemacht wird – ist es uns aufgetragen, Beispiele der Verantwortung und der Gewissenhaftigkeit, der Barmherzigkeit und der Solidarität zu geben. Es kann nicht jeder von uns dem Beispiel von Mutter Teresa nacheifern, aber jeder von uns kann seinem Nächsten helfen. Keinerlei Zweifel an diesem oder jenem Teil der Bibel oder an diesem oder jenem Teil unseres lutherischen Glaubensbekenntnisses darf jemals eine Wahrheit verdrängen, nämlich diese: Unser Christentum ist ohne jeden Zweifel eine Religion der Nächstenliebe und des Friedens.

Die Frage nach der Lehre aus der allerersten Geschichte, in

der meine Frau sich mitten in der Nazizeit taufen lässt, will ich am Schluss beantworten.

Zunächst aber dies: Wenn doch das Christentum eine Religion der Nächstenliebe ist, wieso konnten Christen dann mit gutem Gewissen in großer Zahl sogenannte Ketzer verbrennen? Wieso konnten sie in noch größeren Zahlen sogenannte Hexen verbrennen? Wieso konnten Christen mit der Bibel in der einen Hand und dem Schwert in der anderen Hand militärische Kreuzzüge unternehmen, um das Heilige Land, das heutige Israel und das heutige Palästina, zu erobern und dort Königreiche zu errichten? Wieso konnten unsere christlichen Vorväter anno 1555 zu Augsburg beschließen, dass der jeweilige Landesherr das religiöse Bekenntnis seiner Untertanen dekretieren durfte? Wieso konnten katholische wie auch evangelische Priester und Pastoren jahrhundertelang den Antisemitismus pflegen und den Islam verteufeln? Und all dies im Namen Christi? Wieso konnten christliche Spanier, Portugiesen und christliche Amerikaner andere Menschen als Sklaven kaufen und verkaufen? Wieso konnten Christen in Auschwitz Juden verbrennen? Und wieso konnten andere Christen im Zweiten Weltkrieg ganze Städte mitsamt allen Einwohnern verbrennen? Und wieso haben die deutschen Soldaten anno Wilhelmi auf ihrem Koppelschloss die Worte getragen: »Gott mit uns«?

Aus all diesen Fragen, die ich eben gestellt habe, müssen wir dieses lernen: Christen haben zu allen Zeiten grässliche Irrtümer begangen und scheußliche, fürchterliche Verbrechen begangen – vielfach sogar im Namen Christi und vielfach in der Überzeugung, rechtens zu handeln. Deswegen sollten wir heutigen Christen uns unserer Christlichkeit nicht allzu gewiss fühlen. Es ist nicht das Christentum, welches die Menschenrechte geschaffen hat oder – um in der Sprache des Grundgesetzes zu reden – welches die Grundrechte geschaffen hat. Von Rechten steht in der Bibel nichts, nichts im Neuen Testament, auch nichts in der Bergpredigt. Wer heute, wie ich selbst, als

Christ die Demokratie bejaht, der findet dafür im Neuen Testament kein Gebot. Es ist nicht das Christentum, welches die Demokratie geschaffen hat.

Sehr vieles, nein, sogar das allermeiste von den politischen Forderungen des Tages, von den Thesen und Antithesen des politischen Getümmels, lässt sich nur mit vielerlei Verbiegungen und mit weit hergeholten gedanklichen Verbindungen als christlich begründen. Welcher Spitzensteuersatz in der Einkommensteuer ist christlich? Welcher Rentenbeitrag ist christlich? Ist der Bau von Kernkraftwerken christlich? Oder ist das Verlangen nach ihrer Beseitigung christlich? Ist das Verlangen nach niedriger Staatsverschuldung christlich? Oder ist vielmehr umgekehrt das Verlangen nach allumfassender staatlicher Wohlfahrtsvorsorge ohne finanzpolitische Rücksichten ein christliches Verlangen?

Es gibt eine bedeutende christliche Moraltheologie; es gibt eine bedeutende katholische Soziallehre – gemünzt auf die Industriegesellschaften Europas; es gibt eine Theologie der Befreiung – gemünzt auf Lateinamerika; es gibt ein evangelisches Soziallexikon. Aber ist dies alles nicht in Wahrheit bloß nachösterliches Menschenwerk?

Es gibt ganz gewiss Christen in der Politik, es gibt gewiss christliche Politiker – aber dass es eine christliche Politik gäbe, daran habe ich allergrößte Zweifel. Mehr noch: Zwar gibt es antichristliche Politik, es gibt antikirchliche Politik; es gibt auch politisierende Kirchen. Aber wer könnte den Inhalt wahrhaft christlicher Politik definieren? Ich glaube, das kann keiner – weil es sie nicht geben kann.

Die Bibel kennt weder Menschenrechte noch Demokratie. Sie kennt auch kein Gebot, das Marktwirtschaft verlangt, oder gar ein Gebot, das Kapitalismus verlangt. Natürlich kann ich und will ich den von meinem Freund, dem verstorbenen Essener Kardinal Hengsbach, häufig wiederholten Satz unterschreiben, der da lautet: Die Menschen sind nicht für die Wirtschaft da, sondern die Wirtschaft ist für die Menschen da. Die Bergpredigt sagt, wir sollen gar nicht für den nächsten Tag sorgen. In Wirklichkeit und tatsächlich ist doch all unser Wirtschaften Vorsorge für den nächsten Tag.

Die Bergpredigt sagt auch, wir sollen nicht richten, auf dass wir nicht gerichtet werden. Aber tatsächlich haben wir uns Gerichte und Richter bestellt und hoffen, dass wir uns auf die Gerechtigkeit dieser Gerichte verlassen können.

Mir scheint, eine Schlussfolgerung legt sich von selbst nahe, nämlich: Weder die Bergpredigt noch überhaupt das ganze Neue Testament gibt uns klare Richtlinien dafür, wie wir unsere Gesellschaft oder unseren Staat oder wie wir die Völkergemeinschaft insgesamt einzurichten haben.

Und umgekehrt denke ich: Wer die Bibel zum Instrument seiner Politik macht oder machen möchte, der hat nur ganz, ganz selten recht. Unser Grundgesetz ist nicht aus der Bibel entstanden, sondern vielmehr aus der Anstrengung der Vernunft und der Erfahrung. Zwar steht im Vorspruch, in der Präambel zum Grundgesetz der Satz: »Im Bewusstsein vor Gott und den Menschen ...« Aber nach dieser Präambel folgen in 19 Artikeln fast ausschließlich Rechte der einzelnen Personen, Grundrechte genannt. Keine Rede von Verantwortlichkeiten. Eine Pflicht ist nachträglich eingefügt worden, aber nur halb, das ist die Befugnis, Wehr- und Zivildienstpflicht einzuführen; und über eine andere Pflicht gibt es einen ganz kurzen Absatz, der leider fast keine Beachtung findet, wo es heißt: »Eigentum verpflichtet.«

Das Neue Testament hingegen kennt keine Rechte des Einzelnen, sondern es richtet Gebote an die Einzelnen (oder an die Menschheit insgesamt). Ich denke, es wäre zu begrüßen, wenn wir hier in unserem Land zum Beispiel neben die Lehre von den Grundrechten auch eine Lehre von den Grundverantwortlichkeiten und Grundpflichten setzten. Wenn unsere jungen Leute nicht nur dazu erzogen würden, Rechte zu reklamieren, Ansprüche zu erheben, sondern auch dazu erzogen würden, Pflichten anzuerkennen. Das Letztere jedenfalls wäre in der Tat christlich.

Weil nun wir Deutschen, die wir Protestanten sind und Katholiken und Juden und Freidenker und Muslime, weil wir so vielerlei verschiedenen Bekenntnissen anhängen – wenngleich Protestanten und Katholiken wohl immer noch die Mehrheit ausmachen –, scheint es mir gut, dass damals im Grundgesetz nicht versucht worden ist, einen christlichen Staat zu errichten. Im Übrigen – das mag jetzt überraschen und Befremden auslösen: Um Demokrat zu sein, muss einer nicht unbedingt Christ sein. Und kein Christ muss unbedingt Demokrat sein.

Nun ist es ja so, dass über die zwanzig Jahrhunderte seit der Geburt des Rabbi Jesus von Nazareth Schriftgelehrte und Theologen immer wieder die Heilige Schrift streitig ausgelegt haben. Sie haben ihre geschichtliche Bedingtheit untersucht, die Echtheit einzelner Briefe, einzelner Teile, sie haben versucht, die Gleichnisse des Neuen Testaments in die jeweilige Gegenwart zu übertragen, so auch heute.

Wer von Ihnen zufällig vor einigen Wochen in der »Frankfurter Allgemeinen Zeitung« den Streit über eine versuchte Einigung zwischen Katholiken und Protestanten verfolgt hat – es geht um die Lehre von der Rechtfertigung des Menschen (über die Rechtfertigung streiten wir seit fünfhundert Jahren, seit Martin Luther) –, dem wird es vielleicht ähnlich gehen, wie es mir ergangen ist. Ich habe nämlich gedacht: Hoffentlich erreicht diese theologische Haarspalterei nicht unsere Gemeinden.

Was die Menschen in den Gemeinden heute wirklich glauben und was die Pastoren wirklich glauben, das hat jüngst ein Berliner Theologe, Klaus-Peter Jörns, durch eine weitgespannte Befragung herauszufinden sich bemüht (ich sage das ganz vorsichtig). *Ein* Ergebnis war: Die Religiosität ist immer noch weit verbreitet in Deutschland. Allerdings – auch dies ein wichtiges Ergebnis: Viel weniger weit verbreitet sind die in zweitausend Jahren auf unzähligen Synoden und Konzilien immer wieder umkämpften und immer wieder neu ausziselierten Glaubenssätze der vielen christlichen Kirchen.

Mir selbst ist es zu keiner Zeit anders gegangen, das muss ich Ihnen gestehen. Ich kann nicht an die Wunder in der Bibel glauben, nicht an das leere Grab. Ich glaube, Gott ist der Herr allen Geschehens. Aber mit der heiligen Dreieinigkeit von Gott und Sohn und Heiligem Geist habe ich ganz große Schwierigkeiten gehabt. Und ich bin der Frage gewärtig: Bin ich vielleicht deshalb kein Christ? Oder bin ich vielleicht nur ein ganz schlechter Christ? Und bin ich deshalb ein schlechter Politiker gewesen?

Aber muss ich wirklich glauben, dass Eva aus der Rippe des Adam geschaffen wurde? Wo ich doch weiß – wie inzwischen alle Naturwissenschaftler der ganzen Welt wissen –, dass alle heute existierenden Lebewesen entstanden sind durch biologische Evolution, durch Mutation und Selektion. Ich hätte gar keine Schwierigkeit zu sagen, die der biologischen Evolution zugrunde liegenden Prinzipien sind von Gott. Aber das ist nicht, was die Kirchen von uns verlangen, das wir glauben sollen.

Ich nenne mich gleichwohl einen Christen. Denn ich bin überzeugt von der Notwendigkeit der Moral, die das Christentum im Laufe von Jahrhunderten entfaltet hat. Ich bleibe in meiner Kirche, auch wenn sie mich bisweilen enttäuscht, ich bleibe in der Kirche, weil die Kirche Gegengewichte setzt gegen moralischen Verfall in unserer Gesellschaft, weil sie Halt bietet, den man sonst nicht besitzt.

Was den moralischen Verfall angeht: Es ist doch leider wahr, wenn vom wachsenden Missbrauch der Freiheiten die Rede ist und vom zügellosen Egoismus, der sich in unserer Gesellschaft ausbreitet. Meine verehrte Kollegin Marion Dönhoff hat recht, wenn sie sagt: »Eine entfesselte Freiheit führt zu Brutalität und

Kriminalität. Jede Gesellschaft braucht Bindungen. Ohne Regeln, ohne Tradition, ohne Konsens über Verhaltensnormen kann kein Gemeinwesen bestehen.« Ich füge hinzu: Wir können nicht in Frieden miteinander leben ohne die im Christentum entwickelten Pflichten und Tugenden. Wir brauchen die vier Kardinaltugenden des Heiligen Thomas von Aquino: die Tugend der Klugheit, die Tugend des Maßes oder der Mäßigung, die Tugend der Gerechtigkeit und die Tugend der Tapferkeit. Tapferkeit – leider Gottes – ist heute besonders dann vonnöten, wenn wir für die mitbürgerlichen Tugenden, die sogenannten sekundären Tugenden, eintreten. Wenn wir eintreten für die Achtung der Würde des anderen, für die Achtung seiner Rechte, für unsere Verpflichtung gegenüber dem Gemeinwohl, aber auch wenn wir für Anstand, für Reinlichkeit und auch für Ordnung eintreten.

Vor mehr als dreißig Jahren hat unser großer Hamburger Bürgermeister Herbert Weichmann gesagt: »Ohne sittliche Normen für das Verhältnis des Menschen gegenüber sich selbst und gegenüber dem Nachbarn müsste unsere Gesellschaft zerfallen und in gegenseitiger Zerfleischung enden.« Ich halte dieses Wort heute für genauso wahr wie jemals früher.

Damit Zerfall und Zerfleischung nicht eintreten, zu diesem Ziel haben wir alle eine Aufgabe: Wir alle müssen Beispiele geben, und die Kirche muss uns dazu ermutigen. Und damit komme ich auf die politische Verantwortung zurück. Ein Christ, der in politischer Verantwortung zu entscheiden hat, der sein politisches Handeln und sein Unterlassen zu verantworten hat, der gibt Beispiele – ob ihm dies nun bewusst oder nicht bewusst ist. (Mir war dies übrigens fast immer bewusst.) Aber gerade unbewusst kann er durchaus auch schlechte Beispiele geben.

Sie werden sich wahrscheinlich an Max Webers aus dem Jahr 1919 stammende Trilogie der Eigenschaften erinnern, die einen Politiker ausmachen: Leidenschaft, Augenmaß und Verantwortungsgefühl. Ich möchte weniger die Leidenschaft unterstreichen, mehr das Augenmaß, oder sagen wir es etwas genauer, die Urteilskraft. Am stärksten aber möchte ich das Wort vom Verantwortungsgefühl unterstreichen. Seien wir auch hier etwas genauer; ich spreche lieber vom Bewusstsein der Verantwortlichkeit, das von einem Politiker zu verlangen ist. Notabene ist das Bewusstsein seiner eigenen Verantwortlichkeit nicht nur vom politisch Handelnden zu verlangen, sondern von jedem Bürger schlechthin.

Aber Verantwortung gegenüber wem? Eine Regierung ist zunächst dem Parlament verantwortlich. Sie hat auf kritische Fragen zu antworten. Jeder Politiker hat auf kritische Fragen zu antworten. Aber selbst wenn ein Politiker sich mit Erfolg vor einer ganzen Massenversammlung verantwortet, selbst wenn er eine Massenversammlung zu voller und einmütiger Begeisterung hinreißt: Ist damit seine Verantwortung schon erledigt? Ich habe massenhaft Versammlungen und Demonstrationen erlebt, auf denen bewusste Christen als politische Redner auftraten und den Staatsbesuch eines demokratisch gewählten amerikanischen Präsidenten zum Anlass nahmen, um – gegen ihn gerichtet! – für ihre Auffassung von Friedenspolitik zu agitieren. Als aber der diktatorische sowjetische Staatschef hier war, da haben dieselben christlichen Leute gegen ihn nicht demonstriert. Zweifellos haben jene Christen beide Male geglaubt, ihrer Verantwortung gerecht zu werden. Aber ich selbst habe beide Male gemeint, sie werden ihrer Verantwortung nicht gerecht; denn offenkundig hatten sie nicht genug nachgedacht. Nicht ihre Vernunft, sondern ihr Sendungsbewusstsein hatte sie angetrieben. Es war ihr Engagement zur Mission des Friedens, das sie Reagan quasi als den Bösen abmalen ließ, während sie den Beelzebub im Breschnew nicht sehen wollten.

Verantwortung des Politikers heißt eben auch: Erst die eigene Vernunft anstrengen, die Folgen meines Handelns bedenken, auch die Nebenwirkungen, die Risiken und die Chancen abwägen. Dies alles verlangt nach der *Urteilskraft* des Politikers. Und dann muss er zuallererst sich vor seinem eigenen Gewissen verantworten. Eine Politik *ohne* Gewissen tendiert zum Verbrechen. Aber ein Gewissen ohne Grundwerte kann es nicht geben – auch wenn die Grundwerte nicht in jeder Minute bewusst sind. Sowenig ich erkennen kann, dass es eine einzige, eine alleinige christliche Politik geben kann, so sehr bin ich überzeugt von der Einsicht: Eine Politik, die ein Politiker nicht in seinem Gewissen geprüft und verantwortet hat, die ist gewiss unchristlich.

Ich bin beinahe am Schluss, aber ich schulde Ihnen noch die Antwort auf die erste kleine Geschichte, die nur aus drei Sätzen bestand. Meine Frau hat sich damals, 1942, als voll erwachsener Mensch schwergetan mit dem lutherischen Glaubensbekenntnis, in dem sie ja nicht aufgewachsen war. Und ich muss sagen, ich tu mich darin auch durchaus schwer. Das ist mir in all den Jahren der politischen Verantwortung so gegangen.

Aber ich habe immer das Vaterunser gebraucht, immer die Zehn Gebote; ich brauche immer wieder die Kirchenmusik und den Choral (übrigens habe ich nichts dagegen, wenn der Choral oder wenn die Kirchenmusiken in der uns unverständlichen lateinischen Sprache erklingen, dann kann mich nämlich der Zweifel am Text nicht ablenken von der Versenkung). Und ebenso habe ich immer wieder einen guten Pastor oder einen guten Bischof gebraucht.

Und oft genug habe ich seinen seelsorgerischen Beistand nötig gehabt.

Vielleicht, so denke ich, geht es manchem von Ihnen ähnlich. Was wir heute von der Volkskirche erwarten, das ist Seelsorge und Trost; auch Barmherzigkeit gegenüber dem Schwachen und dem Armen, Solidarität mit unserem kranken Nachbarn. Wir brauchen eine Lehre der Toleranz gegenüber anderen und die Lehre vom Respekt gegenüber der persönlichen Würde jeder anderen und jedes anderen.

Was wir nicht brauchen, ist kluge Dogmatik. Wir brauchen auch keine tagespolitische Theologie, wir brauchen keine selbstgerechte Besserwisserei, sondern wir brauchen das ganz schlichte Gebet zu Gott, das Vaterunser – und die Hoffnung auf sein dereinstiges Reich und seine Kraft und seine Herrlichkeit.

Religiöse Toleranz im Zeitalter
der Globalisierung

*Eröffnungsrede auf der internationalen Tagung
»Judaism, Christianity and Islam: Divinity in a Political World«
am 3. Mai 1999 in Limassol, Zypern**

Lassen Sie mich zu Beginn an eine der vielen Lehren erinnern, die den drei heiligen Büchern gemeinsam ist, nämlich an die Tatsache, dass alle drei Frieden fordern – oder Schalom in der Thora oder Salam im Koran. In der jüdischen Thora – welche die Christen Altes Testament nennen, die aber tatsächlich dasselbe heilige Buch ist – heißt es im 34. Psalm: »Meide das Böse, und tu das Gute; suche Frieden, und jage ihm nach!« Im christlichen Neuen Testament lesen wir in der Bergpredigt: »Selig, die Frieden stiften; denn sie werden Söhne Gottes genannt werden.« Und der Koran sagt den Muslimen in der 4. Sure: »Darum, wenn sie [die Ungläubigen] sich von euch fernhalten und nicht wider euch kämpfen, sondern euch Frieden bieten: dann hat Allah euch keinen Weg gegen sie erlaubt.« Unter diesen Auspizien hat mein Freund Anwar as-Sadat, als er nach Jerusalem ging und Israel Frieden anbot, als wahrer Muslim gehandelt, zugleich aber auch in voller Übereinstimmung mit der Bibel und ihren beiden Testamenten.

Der Ursprung aller wichtigen Lehren, Propheten und Traditionen, die die drei monotheistischen Religionen gemeinsam haben – von denen es, wie gesagt, viele gibt, weit mehr, als wir uns normalerweise bewusst sind und als unsere Priester, Mullahs und Rabbis uns sagen –, ist Abraham. Alle drei monotheis-

---

* Übersetzung aus dem Englischen

tischen Religionen sehen in ihm den ersten, der wahrhaft an den einen und einzigen Gott glaubte. Überzeugend sagt der Koran in der 3. Sure: »Abraham war weder Jude noch Christ; doch er war immer dem einen Gott zugeneigt und (Ihm) gehorsam.« Und alle drei Religionen betrachten ihn und seine beiden Söhne Ismael und Isaak als Erzväter der jüdischen, der christlichen und der islamischen Religion.

Viele Jahrhunderte nach Abraham wurde die Thora niedergeschrieben, weitere Jahrhunderte später das Neue Testament und noch ein halbes Jahrtausend später der Koran. In vielen Teilen bezieht sich das Neue Testament auf die Thora, und der Koran bezieht sich in vielen Teilen auf die Thora und auf das Neue Testament. Ich muss zugeben, dass ich in der Schule oder der Kirche nie etwas über diese unbestreitbaren Tatsachen erfahren habe. Und ich fürchte, die meisten Christen auf der Welt und ebenso die meisten Juden und Muslime erfahren nie etwas über die gemeinsamen historischen Ursprünge unserer Religionen und über die Vielzahl der Gemeinsamkeiten und der gegenseitigen Bezüge in unseren heiligen Büchern.

Auf allen drei Seiten haben Priester und Kirchen, Mullahs und Rabbis uns Laien ein angemessenes Wissen über die anderen beiden Religionen vorenthalten. Stattdessen haben sie – auch sie natürlich fehlbare menschliche Wesen – uns allzu häufig gelehrt, feindselig über die anderen beiden Religionen zu denken, ob wir nun als Juden, als Muslime oder als Christen aufgewachsen sind. Dies ist eine der großen Tragödien der Menschheit. Man findet sie, nebenbei gesagt, auch im Verhältnis von Christentum und Hinduismus oder Buddhismus, zwischen Islam und Hinduismus und so weiter. Da die Zahl der Menschen auf der Erde explodiert und der pro Kopf verfügbare Platz schrumpft, wird diese Haltung immer gefährlicher.

Zu Abrahams Zeit lebten nur wenige Millionen Menschen auf der Erde. Es waren überwiegend Jäger und Sammler, die gerade erst begonnen hatten, ihren Lebensunterhalt mit der

Aufzucht und Haltung von Ziegen und Schafen zu bestreiten. In Mesopotamien, dem Land zwischen Euphrat und Tigris – dem heutigen Irak –, hatten die ersten Bauern gerade begonnen, einen primitiven Ackerbau zu betreiben. Zur Zeit des Rabbi Jesus von Nazareth zählte die Menschheit zwei- bis dreihundert Millionen Menschen, und zur Zeit des Propheten Mohammed waren es kaum mehr. Wir brauchten weitere dreizehn Jahrhunderte, um bis 1925, als ich in die Grundschule kam, auf zweitausend Millionen oder zwei Milliarden Menschen anzuwachsen. Doch danach explodierte die Weltbevölkerung förmlich, insbesondere in der zweiten Hälfte des 20. Jahrhunderts. Heute stehen wir bei sechs Milliarden Menschen. In fünfzig Jahren werden es neun Milliarden sein. Schon heute ist der pro Kopf verfügbare Platz auf höchstens vier Prozent der vor zwei Jahrtausenden verfügbaren Fläche geschrumpft, und er wird weiter schrumpfen. Eine der unvermeidlichen Folgen ist, dass Millionen von Menschen übereinander leben müssen, in Hochhäusern, wie man in Shanghai oder Kairo oder Mexico City sieht.

Hand in Hand mit dieser Bevölkerungsexplosion geht die Globalisierung der Technologie sowie des wirtschaftlichen und finanziellen Austauschs. Die zunehmende Zahl der Menschen, die zunehmende Verknappung von Raum, Land und Wasser wird zusammen mit der Globalisierung weitere Konflikte auslösen, insbesondere in Asien, im Mittleren Osten, in Afrika und in Lateinamerika – also in den Regionen, in denen die Bevölkerungsexplosion stattfindet. Eine der negativen Folgen ist die zunehmende Anfälligkeit für nationalistische Ideologien, vermischt mit Klagen über soziales und wirtschaftliches Elend, mit Habgier und Neid sowie mit religiöser und ethnischer Zwietracht. Aktuelle Beispiele sind Ruanda, Burundi, der Kongo, Kaschmir und Jammu, Bosnien oder der Kosovo. Und je mehr die Menschen gezwungen sind, in Megastädten zu leben, desto mehr können sie zum Hass auf andere, denen es besser zu gehen scheint, verleitet werden. In dieser Welt werden Fundamentalismus und sogar Terrorismus neue Chancen finden.

Einen von fanatischen und auch von eifersüchtigen religiösen Führern entfachten Fundamentalismus hat es auch in früheren Jahrhunderten gegeben. Die christlichen Kreuzfahrer nach Palästina verkörperten eine tödliche Mixtur aus fanatischem christlichem Fundamentalismus, Machtpolitik und Eroberungsstreben. Auch wenn Hitlers fundamentalistischer Holocaust an den Juden der bei weitem schlimmste war, gab es seit einer Reihe von Jahrhunderten immer wieder Völkermorde.

Fundamentalismen, insbesondere religiöse Fundamentalismen sind keineswegs kennzeichnend für eine ganze Kultur oder eine ganze Religion. Auch wenn wir in Israel oder Algerien oder unter den Mördern Sadats und Rabins einige religiös oder, besser gesagt, pseudoreligiös inspirierte Terroristen sehen, so dürfen wir uns doch niemals zu der Annahme hinreißen lassen, Fundamentalismus und Terrorismus seien kennzeichnend für das Wesen der anderen Religion, über die wir fast nichts wissen, allenfalls das, was uns Tag für Tag von den Massenmedien, insbesondere von den globalisierten elektronischen Massenmedien – dem Fernsehen heute, dem Internet morgen – gesagt wird.

Es besteht die Gefahr, dass Menschen, insbesondere junge Menschen, weltweit durch die globalisierten elektronischen Massenmedien regelrecht vergiftet werden mit Mord, Schießereien, Gewalt und Missbrauch aller Art. In meinem Land verbringt ein dreizehnjähriges Kind genauso viele Stunden vor dem Fernsehgerät oder dem Videoschirm wie in der Schule. Es erlebt pro Jahr 3500 Morde mit. Am Ende mag es glauben, dass Gewalt die normale Realität sei – während das, was seine Eltern ihm sagen, nicht viel mit dem wirklichen Leben zu tun hat. Die elektronischen Medien verbreiten – wenn auch unbewusst –

das Evangelium der Gewalt. Erst kürzlich haben wir in einer Highschool in Colorado in den USA das Resultat gesehen; aber wir können es auch im Kosovo und im Nahen Osten besichtigen. Deshalb brauchen wir eine große Erziehungsanstrengung, um die negativen Auswirkungen der globalisierten Fernseh- und Videoangebote auszugleichen.

Wir brauchen Erzieher, die uns stattdessen die Tugend der Toleranz lehren. Wenn wir unter der wachsenden Anzahl von Menschen Frieden wahren wollen, dann wird Respekt zwischen Islam, jüdischer Religion und Christentum eine dringende Notwendigkeit. Andernfalls könnte Huntingtons Vorhersage eines unvermeidlichen Zusammenpralls unserer Kulturen Wirklichkeit werden – was einen Zusammenprall der Religionen einschließen würde. Historisch gesehen, gibt es einige positive Beispiele – denken Sie an Kaiser Friedrich II., der von Süditalien aus das Heilige Römische Reich Deutscher Nation regierte und christliche Toleranz gegenüber Moslems und Juden verordnete. Oder nehmen Sie Cordoba und Toledo, wo auf wunderbare, wissenschaftlich überaus fruchtbare Weise religiöse Toleranz geübt wurde. Oder denken Sie an Sadat in Ägypten oder an Sukarno in Indonesien.

Die Mischung aus Bevölkerungsexplosion und technologischer und ökonomischer Globalisierung stellt alle Nationen und ebenso alle Religionen vor zwei große Herausforderungen, nämlich erstens, die eigene religiöse und kulturelle Identität zu wahren und zu schützen, aber zugleich zweitens, die religiöse und kulturelle Identität anderer Völker und insbesondere unserer direkten Nachbarn zu respektieren.

Die Europäische Union gibt heute ein Beispiel: Fünfzehn Nationen mit verschiedenen, zum Teil Jahrtausende alten Sprachen, mit unterschiedlicher Literatur, Bildung und Geschichte und mit unterschiedlichen Institutionen, Nationen, die ständig Krieg gegeneinander geführt haben und die alle ihr nationales Erbe und ihre nationale Identität behalten wollen, haben sich dennoch zu einem gemeinsamen Ganzen zusammengeschlossen. Sie haben sich hauptsächlich deshalb zusammengetan, um in der Lage zu sein, sich dem Zugriff der Supermächte zu entziehen und ihre Eigenständigkeit zu behaupten. Es bedarf großer Toleranz, politischer und kultureller Toleranz.

Aber mein heutiges Thema ist religiöse Toleranz. Es ist die Aufgabe von Menschen wie Ihnen, meine Damen und Herren, Toleranz zu lehren. Und aus Respekt tolerant zu handeln, nicht aus Nachlässigkeit. Respektieren können wir aber nur, was wir kennen. Deshalb ist es notwendig, wenigstens ein Minimum über die Religionen anderer Völker zu lernen.

Auf der übervölkerten Erde des 21. Jahrhunderts werden wir ein Minimum an global anerkannten ethischen Prinzipien dringend benötigen, wenn wir in Frieden leben wollen. Eines dieser ethischen Prinzipien ist im Artikel 15 des Entwurfs einer »Allgemeinen Erklärung der menschlichen Verantwortung« enthalten, der 1997 von einer Gruppe von Elder Statesmen vorgelegt wurde. Dort heißt es: »Während Religionsfreiheit garantiert sein muss, haben die Repräsentanten der Religionen eine besondere Pflicht, Äußerungen von Vorurteilen und diskriminierende Handlungen gegenüber Andersgläubigen zu vermeiden. Sie sollen Hass, Fanatismus oder Glaubenskriege weder anstiften noch legitimieren, vielmehr sollen sie Toleranz und gegenseitige Achtung unter allen Menschen fördern.«

Die heutige Konferenz ist, wie ich weiß, ebendeshalb einberufen worden, um die gegenseitige Toleranz und Achtung zu fördern. Ich wünsche Ihnen, dass Sie einige zusätzliche Erkenntnisse hinsichtlich dieses Ziels beitragen und auch gewinnen. Aber seien Sie sich bitte eines wichtigen Aspekts der Gegenwart und mehr noch der Zukunft bewusst: Es spielt eine große Rolle, was die Gebildeten, die Rabbiner, die Priester und die Theologen aller drei monotheistischen Religionen voneinander lernen können – durch Schreiben und Lesen und durch

Diskussionen wie die heutige. Aber noch mehr zählt, was wir dem breiten Publikum in den Synagogen, den Kirchen, den Moscheen, in den Schulen und Universitäten sagen – und ganz besonders, was wir den Fernsehzuschauern sagen, was wir den Massen sagen und was wir sie lehren: dass es andere Menschen gibt, die auch an den einen und einzigen Gott glauben, ebenso stark und aufrichtig wie wir selbst, und dass sie Gott ebenso nah sind wie wir – auch wenn sie ihn mit anderen Gebeten verehren und anderen Traditionen und Gewohnheiten folgen. Deshalb können sie ebenso viel Respekt verlangen, wie wir für uns beanspruchen.

Oder, in einem abschließenden Satz zusammengefasst: Lassen Sie uns ihnen sagen: Was du nicht willst, das man dir tu, das füg' auch keinem andern zu. Denn dies ist die goldene Regel, die in den heiligen Büchern aller drei monotheistischen Religionen aufbewahrt ist.

Die Gemeinsamkeit
der sittlichen Prinzipien

*Rede zur Verleihung der Ehrendoktorwürde der Universität
Haifa im Hamburger Rathaus, 6. März 2000*

Lassen Sie mich zu Beginn meinen Dank sagen für die Ehre, welche Sie mir zuteil werden lassen. Dass eine israelische Institution einen Deutschen auszeichnet, ist immer noch ziemlich ungewöhnlich – und ich bin nicht sicher, dass ich selbst der richtige Adressat für diese Ausnahme bin.

Ich bin auch nicht sicher, dass ich die lobenden Worte meines Freundes Manfred Lahnstein tatsächlich verdient habe. Jedoch will ich mich auch dafür bedanken. Kein Mensch ist ganz frei von Eitelkeit. Jedenfalls tut es einem Menschen im neunten Jahrzehnt seines Lebens gut, wenn andere anerkennen, was er selbst in früheren Jahrzehnten zustande gebracht oder doch ernsthaft versucht hat.

Obschon ich von meines Vaters Seite jüdische Vorfahren habe und obwohl mir dies seit meinem vierzehnten Lebensjahr, das heißt seit dem ersten Jahr der Nazizeit in Deutschland, sehr bewusst gewesen ist, obschon meinen Eltern und so auch mir und meinem Bruder die Gefahr einer wie auch immer gearteten Verfolgung wegen des Mangels einer den Nazis und ihren Gesetzen genehmen Abstammung geläufig gewesen ist, so haben wir bis zum Ende des Hitler'schen Weltkrieges den Mann zwar für einen Irrsinnigen, einen Verrückten gehalten. Aber dass er ein Verbrecher war, das haben wir erst nach 1945 schrittweise verstanden und begriffen. Von Auschwitz, vom Holocaust, vom Versuch zur physischen Ausrottung der Juden

– und auch anderer Völkerschaften – hatten wir damals nichts gehört.

Ich weiß natürlich, dass solche Geschichte manchen Jüngeren heute erstaunlich oder gar unglaubwürdig vorkommen will. Für mich selbst ergab sich aber erst am Ende der vierziger und zu Anfang der fünfziger Jahre eine doppelte moralisch-politische Schlussfolgerung: Zum einen lehnte ich eine kollektive, das ganze deutsche Volk einbeziehende Schuld ab – insofern Kurt Schumacher folgend, dem damaligen Führer der deutschen Sozialdemokratie. Zum anderen begriff ich, dass unser ganzes Volk mit der moralischen Verantwortung dafür belastet ist, alles zu tun, auf dass sich niemals wieder derartige Verbrechen durch Deutsche wiederholen können.

Zugleich entstand daraus meine Sympathie für den jüdischen Staat Israel. Eine Einladung seitens der Arbeiterpartei führte im Sommer 1966, kurz nach der Aufnahme diplomatischer Beziehungen, zu unserem ersten Besuch. Eine lange Abendunterhaltung mit Golda Meir löste in mir tiefen Respekt aus für diese kämpferische Frau; sie erschien mir als Inkarnation jüdischer geschichtlicher Erfahrung und als Inkarnation jüdischer Weisheit. Ebenso tief und bis heute fortwirkend waren Lokis und meine Eindrücke in Yad Vashem.

Ich hatte bis dahin nur relativ wenig von der Vorgeschichte des Staates Israel gewusst, so gut wie nichts über den Zionismus und seine Ursachen. Aber von nun an lagen meine Sympathien auf der Seite Israels. Zugleich war ich sehr bedrückt von der Aussichtslosigkeit, die ich damals für einen dauerhaften Frieden zwischen Israel und seinen muslimischen Nachbarstaaten zu erkennen geglaubt habe.

Etwa ein Jahrzehnt danach begann meine Freundschaft zu Anwar as-Sadat. Golda war zwanzig Jahre älter als ich, Sadat und ich waren im gleichen Jahr und Monat geboren, wir verstanden uns fast vom ersten Augenblick an. Sadat lehrte mich, die andere Seite zu verstehen. Wir haben vor seinem unglaublich mutigen, mit hohem Risiko behafteten Besuch in der Knesset in Jerusalem mehrfach gemeinsam das Für und Wider abgewogen; ich war mit ihm enttäuscht von der Haltung seines israelischen Verhandlungspartners. Später habe ich oft gedacht: Wenn doch Sadat damals einen Verhandlungspartner gehabt hätte wie Ben Gurion oder Itzhak Rabin oder Shimon Peres, dann wäre der Friedensprozess wahrscheinlich längst auf einem besseren Weg.

Jedenfalls gab es und gibt es auch heute sowohl auf israelischer Seite als auch auf Seiten der Ägypter und auch der Palästinenser kluge Menschen, für die der Wille zum Frieden fest verbunden ist mit dem Willen zum Kompromiss. Das galt seinerzeit gewiss für Moshe Dayan oder über Jahrzehnte für Teddy Kollek.

Über den heutigen Stand und die Aussichten des Friedensprozesses zu sprechen, fehlt mir die Legitimation. Wohl aber möchte ich über eine der mehreren Komponenten reden, die für einen dauerhaften Frieden unerlässlich notwendig sind. Ich meine die Notwendigkeit gegenseitiger religiöser Toleranz. Denn während es mir durchaus als möglich und zugleich als dringend erstrebenswert erscheint, zu vertraglichen Kompromissen Israels mit den Palästinensern, mit Libanon, Syrien, Jordanien, Ägypten und Saudi-Arabien zu gelangen, so glaube ich, dass danach die Dauerhaftigkeit des Friedens davon abhängen kann, ob und wie weit es gelingt, auf muslimischer wie auf jüdischer Seite die scheinbar unversöhnlichen religiösen Gegensätze zu überwinden.

Die Gegensätze sind real. Aber ihre Unversöhnlichkeit, das ist meine tiefe Überzeugung, ist bloß eine scheinbare Unversöhnlichkeit. Denn wer tief genug gräbt, der wird die gemeinsamen Wurzeln finden. Alle drei monotheistischen Religionen glauben an denselben, an den einen Gott. Aber viele der Schriftgelehrten aller drei Religionen, viele Priester, Rabbis und Ulama haben uns, den Laien, in sträflicher Weise entscheidend wichtige gemeinsame Tatsachen der geistlichen Geschichte verschwiegen. In einer Zeit, in welcher amerikanische Wissenschaftler uns einen angeblich unvermeidlichen »Clash of Civilizations« suggerieren, wird es zu einer unerhört notwendigen Aufgabe, dass andere Wissenschaftler uns, den unwissenden Leuten unter den Juden, den Christen und den Muslimen, in verständlicher Weise darlegen, worin unsere Religionen übereinstimmen, ebenso, worin sie sich unterscheiden. Und wie auf allen Seiten Kaiser, Kriegsherren, Päpste, Kalifen und Politiker die Religiosität ihrer Untertanen und ihrer Gläubigen immer wieder zu machtpolitischen Zwecken missbraucht haben.

Ich habe Sadat den Anstoß dafür zu verdanken, dass ich seit einem Vierteljahrhundert versuche herauszufinden, wie die gemeinsamen Wurzeln bewusst gemacht werden können. Sadat hat in der Knesset von Abraham als dem gemeinsamen Vorfahren aller Juden und aller Muslime geredet. Mich hat er die Gemeinsamkeiten aller drei semitischen Religionen zu erkennen gelehrt. Ich weiß von Gelehrten und Geistlichen, die Respekt und Toleranz zwischen Juden und Christen lehren, gerade auch auf dem Boden meines mit dem Holocaust belasteten Vaterlandes. Der vor einigen Jahren verstorbene jüdische Gelehrte christlicher Theologie Pinchas Lapide war einer von vielen. Man muss voneinander wissen; denn man hat es leichter, einander zu respektieren, wenn man sich einigermaßen kennt. Zu dem gegenseitigen Kennen und Erkennen und Anerkennen ist zwischen Christen und Juden noch sehr vieles zu leisten.

Jedoch will mir scheinen, es sei noch viel mehr zu leisten übrig für das Erkennen und Anerkennen und Respektieren zwischen Juden und Muslimen – und ebenso zwischen Muslimen und Christen. Deshalb werbe ich international unter den Hochschullehrern dafür, dieses Feld bitte zu bestellen und darüber in verständlicher Weise zu sprechen und zu schreiben.

Ich hoffe, unsere israelischen Gäste, die aus Haifa heute

nach Hamburg gekommen sind, werden mir verzeihen, wenn ich sie in den Appell einbeziehe. Vor einigen Jahren habe ich in Kairo an einer Konferenz teilgenommen, die sich das Generalthema »Islam im Dialog« gestellt hatte. Präsident Mubarak und der Großscheik Tantawi der Al Azhar-Universität hatten eingeladen; Geistliche, Wissenschaftler und auch Politiker aus etwa sechzig muslimisch geprägten Staaten waren gekommen. Aber Geistliche und Wissenschaftler jüdischer und christlicher Herkunft waren weitgehend abwesend. Mir hat das weh getan. Meine Bitte an die Professoren: Der Friedensprozess bedarf auch der Wissenschaft und ihrer publizistischen Leistung – im Mittleren Osten wie auf der ganzen Welt.

Wir müssen der gegenseitigen Exklusivität benachbarter und konkurrierender Religionen entgegentreten; sie war schon bisher allzu oft eine der großen Tragödien der Menschheit – von den christlichen Kreuzzügen ins Heilige Land oder der Reconquista und der Inquisition bis auf den heutigen Tag in Bosnien oder im Kosovo. Wir Europäer jedenfalls brauchen Lehrer und Hochschullehrer, die den Dialog und den Trialog pflegen.

Und was speziell uns Deutsche angeht: Aus unserer moralischen Katastrophe unter Hitler ist vieles zu lernen. Ich denke, man darf es getrost in einem einzigen Satz zusammenfassen: Der Mensch darf sich moralisch nicht auf sich selbst verlassen, sondern die Würde und auch die Freiheit des Menschen bedürfen der Bindung nach oben.

Seien wir Juden oder Christen oder Muslime oder seien wir ungebunden durch ein religiöses Bekenntnis: Für alle ist entweder die Bindung durch den Glauben an Gott und sein Gebot oder aber die Bindung an letzte Werte, die dem Menschen vorgegeben sind, und an ihm übergeordnete sittliche Prinzipien, für uns alle ist diese Bindung eine elementare Notwendigkeit.

Von der Notwendigkeit
des Dialogs

*Rede auf dem 30. Jahrestag der »World Conference on
Religion and Peace«, Kyoto, 28. November 2000**

Zuerst möchte ich Seiner Eminenz, Kardinal Shirayanagi, meinen Dank dafür abstatten, dass er mich eingeladen hat, vor dieser ehrwürdigen Versammlung von Vertretern sämtlicher Religionen der Welt zu sprechen. Ich habe die Einladung mit Freude angenommen, weil ich einige Sorgen in Bezug auf das 21. Jahrhundert habe und weil ich seit langem überzeugt bin, dass die Menschheit – mehr noch als während des recht blutigen 20. Jahrhunderts – dringend der Ethik und des tatsächlichen Respekts vor der Verschiedenheit unter uns Menschen bedarf, wenn wir im neuen Jahrhundert friedlich nebeneinander leben wollen.

Von der Notwendigkeit des Dialogs zwischen den Glaubensrichtungen oder, anders ausgedrückt, des multireligiösen Dialogs und der Zusammenarbeit rund um die Erde bin ich seit einem Vierteljahrhundert überzeugt. Damals stand ich an der Spitze der deutschen Regierung und hatte einige Gelegenheiten und auch Mittel, um solche Dialoge zu fördern, beispielsweise durch den Vorschlag, eine Konferenz führender Staatsmänner abzuhalten über die Frage, wie man eine globale Wirtschaftsrezession oder sogar -depression aufgrund der Erdölkrise der siebziger Jahre gemeinsam verhindern könne. Diese Treffen wurden später Siebenergipfel oder G7-Gipfel

---

* Übersetzung aus dem Englischen

genannt, und an ihnen nahmen auch Staatsmänner aus Japan teil.

Heute bin ich kein Politiker mehr, sondern ein normaler Bürger, und ich bin auch kein Lehrer oder Erzieher, noch habe ich eine religiöse Legitimation. Ich bin evangelischer Christ, ein Laie, der katholische Freunde wie Hans Küng und Kardinal Franz König hat, aber auch jüdische Freunde, muslimische Freunde wie den ermordeten Anwar as-Sadat sowie buddhistische und hinduistische, atheistische und kommunistische Freunde. Was ich heute sagen will, habe ich zum Teil aus den Gesprächen mit diesen Freunden gelernt. Anderes stammt aus internationalen Erfahrungen, die ich in Diskussionen und Verhandlungen mit Staatsmännern anderer Länder gemacht habe.

Dem von meinem Freund Takeo Fukuda gegründeten InterAction Council, der in Japan meist O. B.-Gipfel (Old-Boys-Summit) genannt wird, verdanke ich es, dass mir die Notwendigkeit nicht nur des internationalen Dialogs zwischen Staatsmännern, sondern auch des interreligiösen Dialogs und darüber hinaus des Dialogs und Austausches zwischen diesen beiden Sphären, zwischen führenden Vertretern der Religionen und der Politik, bewusst geworden ist. Die religiösen Führer und ihre Gläubigen und Anhänger werden allein nicht imstande sein, den im neuen Jahrhundert lauernden Gefahren auszuweichen und die drohenden Katastrophen zu verhindern, noch werden die Politiker allein imstande sein, ein friedliches Zusammenleben zu sichern.

Lassen Sie mich erklären, was ich für die größten globalen Gefahren im 21. Jahrhundert halte. Ich sehe fünf beunruhigende Phänomene voraus, die relativ neu auf der Erde sind. Das erste Phänomen ist der explosive Anstieg der Zahl der Menschen auf unserem Planeten. In den Jahrtausenden bis zum Ende des 19. Jahrhunderts, als es 1600 Millionen Menschen gab, ist die Weltbevölkerung ziemlich langsam gewachsen. Aber im Verlauf des 20. Jahrhunderts hat sie sich vervierfacht, so dass es heute über 6000 Millionen Erdbewohner gibt. Dementsprechend ist der pro Kopf verfügbare Platz auf nur noch drei bis vier Prozent dessen geschrumpft, was vor 2000 Jahren zur Verfügung stand. Und er wird weiter schrumpfen, weil in vier bis fünf Jahrzehnten, sagen wir um das Jahr 2050 herum, 9000 Millionen Menschen auf der Erde leben werden.

Zweitens schreiten Erderwärmung und Umweltverschmutzung voran. Was das Weltklima angeht, wirken sich einige natürliche Faktoren aus, die die Wissenschaftler noch nicht ganz verstehen. Aber es besteht kein Zweifel daran, dass immer mehr Menschen immer mehr fossile Brennstoffe verbrauchen und dadurch immer größere Mengen von Kohlenstoffdioxid und anderen Treibhausgasen erzeugen werden. Über die Folgen, nämlich den Klimawandel, kann es keinen Zweifel mehr geben. Das bedeutet, Millionen und Abermillionen Menschen werden ihre bisherigen Wohnorte verlassen und in andere Regionen, vielleicht sogar andere Kontinente ziehen müssen.

Drittens werden Überbevölkerung und Migration zu Kriegen führen, nicht notwendigerweise zu Weltkriegen, aber zu einer großen Zahl von regionalen Kriegen oder sogenannten Bürgerkriegen und auch zu zwischenstaatlichen bewaffneten Konflikten. Bereits in den neunziger Jahren wurden mehr regionale und lokale Kriege geführt als jemals zuvor in der Geschichte – insgesamt über fünfzig in einem einzigen Jahrzehnt.

Viertens wird die Globalisierung der Technologie die Produktion und den Handel von Waffen beschleunigen. Mittlerweile gibt es nicht nur acht Nuklearmächte – und ihre Zahl dürfte weiter steigen –, sondern auch eine mindestens ebenso gefährliche Aufrüstung in Asien, im Mittleren Osten und in Afrika. Im Durchschnitt geben die Entwicklungsländer insgesamt fünf-, sechs- oder siebenmal so viel Geld für ihre Rüstungsanstrengungen aus, wie sie an Entwicklungshilfe erhalten.

Das fünfte Phänomen, das für die Zukunft nichts Gutes ahnen lässt, ist die Tatsache, dass heute viele bewaffnete Konflikte von einem Zusammenprall widerstreitender Nationalismen, widerstreitender religiöser Fundamentalismen und sogar Terrorismen verursacht werden. Ich teile die Prophezeiung unvermeidlicher Zusammenstöße von Kulturen nicht, aber es lässt sich nicht leugnen, dass eine solche Möglichkeit besteht.

Diese fünf Beispiele erklären, warum wir sowohl Staatslenker als auch religiöse und spirituelle Führer brauchen, die sich verpflichtet fühlen, ihr Bestes zu tun, um das gegenwärtige Gefahrenszenario zu ändern. Dabei müssen sie die Notwendigkeit eines wirksamen Zusammenspiels von weltlichen und geistlichen Führern begreifen. Beide Seiten sind für gemeinsame Anstrengungen verantwortlich. Doch zuerst müssen sie sich über die Welt des jeweils anderen informieren und lernen, die Anstrengungen der anderen Seite zu unterstützen und mit ihr zusammenzuarbeiten.

Ich beeile mich hinzuzufügen, dass weltliche und geistliche Führer neben der politischen und spirituellen Führung ihren Anhängern, Gläubigen und Wählern auch eine entsprechende Bildung zukommen lassen müssen. Dies ist unabdingbar, insbesondere gegenüber den kommenden jungen Generationen. Letzten Endes sind es die einzelnen Menschen, die Individuen in allen unseren Gesellschaften, auf die es ankommt. Wenn sie nicht verstehen, wenn sie nicht folgen, wenn sie sich nicht in ihrem Bereich, ihren Familien, ihren Gruppen, ihren Betrieben, ihren Schulen und Universitäten, ihren Gesellschaften und Nationen, verantwortlich fühlen, dann wird der Erfolg unserer Anstrengungen sehr begrenzt sein.

Natürlich hat jeder Einzelne seinen eigenen Glauben und seine eigenen Ansichten und Interessen. Ich bin jedoch überzeugt, dass jeder von uns ein Gleichgewicht braucht zwischen unseren Rechten und Ansprüchen, unseren Interessen, Ansichten und Zielen einerseits und unseren Pflichten andererseits; wir müssen uns stets unserer Verantwortung für die Resultate und Folgen unseres Tuns und Lassens bewusst sein.

Vor zweitausend Jahren sagte der römische Schriftsteller Cicero: Salus publica suprema lex. Ich würde nicht so weit gehen wie Cicero und das allgemeine Wohlergehen als höchstes Moral- und Rechtsprinzip bezeichnen. Aber ich glaube ebenso wie die Teilnehmer dieser Weltkonferenz:

– Wenn wir ein Recht auf Leben haben, dann haben wir auch die Pflicht, das Leben jedes anderen Wesens zu achten.
– Wenn wir ein Recht auf Freiheit haben, dann haben wir auch die Pflicht, die Freiheit anderer Menschen zu achten.
– Wenn wir ein Recht auf Sicherheit haben, dann haben wir auch die Pflicht, für alle Menschen Bedingungen zu schaffen, unter denen auch sie in Frieden leben können.
– Wenn wir ein Recht auf Teilhabe am politischen Geschehen in unserem Land und die Wahl unserer Führungen haben, dann haben wir auch die Pflicht, dieses Recht auszuüben und dafür zu sorgen, dass die am besten Geeigneten gewählt werden.
– Wenn wir ein Recht auf Freiheit des Denkens, des Gewissens und der Religion haben, dann haben wir auch die Pflicht, die Gedanken und den Glauben anderer Menschen zu respektieren.
– Und schließlich: Wenn wir ein Recht auf die Nutzung des Reichtums der Erde haben, dann haben wir auch die Pflicht, die natürlichen Ressourcen auf unserem Planeten zu achten und zu schützen.

In diesem Zusammenhang möchte ich gern auf den Entwurf einer »Allgemeinen Erklärung der menschlichen Verantwortlichkeiten« (»Universal Declaration of Human Responsabilities«) eingehen. Dieser Text ist vom InterAction Council im Laufe von zwölf Jahren mit Hilfe herausragender religiöser Führer erarbeitet und am 1. September 1997 dem Generalsekretär der Vereinten Nationen zugestellt worden.

Heute, ein halbes Jahrhundert nach der Allgemeinen Erklärung der Menschenrechte durch die Vereinten Nationen, die notwendige ethische Imperative enthält, sind diese Rechte in Gefahr. Sie sind gefährdet, weil einige westliche Politiker die Idee und den Begriff der »Menschenrechte« als eine Art verbale Waffe missbrauchen, als ein aggressives außenpolitisches Druckinstrument. Und sie wenden diesen Druck aufgrund geopolitischer oder innenpolitischer Interessen ausgesprochen selektiv an. Andererseits scheint die Erklärung der Menschenrechte für nicht wenige Muslime, Hindus und Konfuzianer ein typisch westliches Konzept zu sein. Deshalb sehen manche in ihr lediglich ein Propagandainstrument, mit dem die westliche Vorherrschaft verlängert werden soll. Darüber hinaus hört man im Westen gelegentlich und in Asien häufiger den wohl begründeten Vorwurf, die Idee von Grundrechten des Individuums vernachlässige oder ignoriere die Bedeutung der persönlichen Pflicht und Verantwortung.

Aus diesem Grund ist es fünfzig Jahre nach der Allgemeinen Erklärung der Menschenrechte an der Zeit, über die allgemeine Pflicht zu menschlicher Verantwortung zu sprechen und sie universell zu verbreiten. Ein Mindestmaß an weltweit anerkannten ethischen Standards ist eine unabdingbare Notwendigkeit für die internationale und interkontinentale Koexistenz im übervölkerten 21. Jahrhundert – nicht nur für das individuelle Verhalten, sondern auch für politische Autoritäten, für religiöse Gemeinschaften, für Gemeinden und Kirchen sowie für Nationen und Staaten – und für ihre Regierungen! Auch für Produktions-, Handels- und Finanzunternehmen, die über nationale Grenzen hinweg tätig sind, werden solche Standards unabdingbar. Die Finanzunternehmen laufen Gefahr, in eine neue Art der weltweiten Spekulation zu verfallen, die ich Raubtierkapitalismus nenne.

Das erste Ziel unseres Entwurfs war es, eine globale Diskussion anzustoßen. Und unsere Hoffnung ist es, dass eine solche

Diskussion am Ende zu einer ähnlichen Erklärung führen wird wie die UN-Menschenrechtserklärung. Die Allgemeine Erklärung der menschlichen Verantwortlichkeiten wäre – wie jene erste Erklärung vor fünfzig Jahren – ein moralischer Appell an alle; internationales Recht würde damit nicht gesetzt.

Da der Text des Entwurfs in den Bibliotheken leicht zu erhalten ist, werde ich ihn hier nicht verlesen. Ich möchte Ihre Aufmerksamkeit jedoch auf zwei Artikel lenken. In Artikel 4 des Entwurfs wird die goldene Regel wiederholt, die in allen Weltreligionen eine bedeutende Rolle spielt und die kurz gesagt lautet: »Verhalte dich gegenüber anderen so, wie du von ihnen behandelt werden möchtest. (Was du nicht willst, das man dir tu, das füg' auch keinem andern zu.)«

Außerdem möchte ich Artikel 15 zitieren, in dem es heißt: »Die Repräsentanten der Religionen haben eine besondere Pflicht, Äußerungen von Vorurteilen und diskriminierende Handlungen gegenüber Andersgläubigen zu vermeiden. Sie sollen ... Toleranz und gegenseitige Achtung unter allen Menschen fördern.«

Lassen Sie mich an dieser Stelle eine kurze Anmerkung zu meinem eigenen Land einfügen. In Deutschland werden manche Wirtschaftsmanager und auch manche Fernseh- und Medienleute leider ihren Pflichten nicht gerecht. In der Erziehung herrscht in meinem Land zu viel Permissivität vor. Rücksichtslosigkeit, Egoismus und die sogenannte »Selbstverwirklichung« scheinen heute das Ideal von vielen zu sein. Dem allgemeinen Wohl des Landes zollen sie lediglich Lippenbekenntnisse.

Auch in anderen Ländern begreifen heute viele Manager ihre moralischen Pflichten nicht, beispielsweise die Pflicht, Arbeitsplätze zu schaffen. Sie begreifen ihre Pflicht nicht, für junge Menschen Ausbildungsprogramme und für Menschen, die ihre Arbeit verloren haben, Weiterbildungsprogramme aufzulegen. Für immer mehr von ihnen scheint der »shareholder value«, wie sie ihn nennen, die Leitideologie zu sein. Sie streben danach, »global players« zu werden, sie streben nach Marktführerschaft und einem immer größeren Marktanteil. Aber wenn die Gesellschaft ihre bürgerlichen Tugenden nicht pflegt, kann sie zu einer Ansammlung egoistischer Individuen verkommen und im politischen Chaos von Interessenkonflikten versinken.

Mahatma Gandhi hat einmal eine Liste gesellschaftlicher Sünden aufgestellt. Darin erklärte er zum Beispiel: »Politik ohne Grundsätze ist eine soziale Sünde.« Ferner bemerkte er: »Geschäfte ohne Moral sind eine Sünde gegen die Gesellschaft.« Wer wollte dem widersprechen? Schon mehrere Regierungen haben um eine Debatte über unseren Entwurf in der Vollversammlung der Vereinten Nationen gebeten. Außerdem haben Einzelne weiter über das Thema nachgedacht und ähnliche Entwürfe erarbeitet. Und neben den dreißig ehemaligen Staats- und Regierungschefs, von denen die Initiative für unseren Entwurf ausging, haben mittlerweile zahlreiche herausragende Persönlichkeiten aus allen fünf Kontinenten ihre Namen daruntergesetzt.

Allerdings muss ich gestehen, dass unser Entwurf einer Allgemeinen Erklärung der menschlichen Verantwortlichkeiten nur eine der wünschenswerten Anstrengungen ist, mit denen auf das Gewissen der Menschheit eingewirkt werden sollte, um Konsens über einen Minimalkodex von weltweit anerkannten ethischen Grundregeln zu erreichen. Daneben brauchen wir viele weitere Anstrengungen. Wir brauchen Anstrengungen von Lehrern, Priestern und Wissenschaftlern zur Verbreitung der Idee eines globalen ethischen Mindeststandards – und auch von Politikern. Andernfalls könnte die Ära des globalisierten Fernsehens und Internets zu einem Zeitalter der Oberflächlichkeit, der Intoleranz und des Streits werden – und von Schlimmerem.

Toleranz gegenüber anderen und gegenüber Andersartigkeit ist sicherlich eine unabdingbare Voraussetzung, wenn wir in Frieden leben wollen. Damit ist nicht Toleranz aufgrund von Gleichgültigkeit oder Ignoranz gemeint, sondern Toleranz aufgrund von Respekt. Unerlässlich ist außerdem der Wille zum Kompromiss, der Wille, Interessenkonflikte zu lösen. Für Kompromisse braucht man aber nicht nur den Willen, sondern auch die Fähigkeit, sie einzugehen. Kompromisse haben jedoch auch ihre Grenzen. Eine der Grenzen besteht darin, dass es nicht gestattet ist, sich seine moralischen Überzeugungen abhandeln zu lassen. Niemals darf man seinen Glauben gefährden, oder allgemeiner gesagt: seine eigene Identität.

Nach meiner Ansicht sind Erzieher und Eltern verpflichtet, der Jugend zu helfen, ihre eigene Identität zu verstehen, ebenso wie zum Beispiel die Identität ihrer Nation und ihre religiöse Identität. Sie müssen lernen, wie sich die Gegenwart entwickelt und herausgebildet hat. Die Gegenwart ist das Produkt der Vergangenheit, aber zugleich ist sie das Fundament der Zukunft.

Was die Vergangenheit anbelangt, trägt niemand eine Schuld für Sünden, die von einigen seiner Landsleute oder von einigen Mitgliedern seiner religiösen Gemeinschaft begangen wurden. Am letzten Wochenende hat der französische Ministerpräsident Jospin festgestellt, dass sein Land keine Kollektivschuld an den Verbrechen trage, die von Franzosen auf algerischem Boden begangen wurden. Das Gleiche gilt für japanische und deutsche, für sowjetische und amerikanische Kriegsverbrechen. Schuld ist immer individuell, nie kollektiv. Schuld ist immer persönliche Schuld. Niemand ist schuldig, nur weil er in eine bestimmte Nation oder Gemeinschaft hineingeboren wurde und in ihr aufwuchs. Aber jeder trägt Verantwortung für die Zukunft!

Nun räume ich ein, dass es wesentlich leichter ist, seine Verantwortung verbal anzuerkennen, als sich ihr gewachsen zu zeigen und entsprechend zu handeln. Besonders schwer ist es, wenn man nicht nur mit widerstreitenden wirtschaftlichen oder politischen Interessen konfrontiert ist, sondern zusätzlich noch mit moralischen, ethischen oder religiösen Konflikten. Lassen Sie mich auf einige solcher tiefgehenden Konflikte auf den Gebieten eingehen, die ich anfangs als die wichtigsten globalen Herausforderungen des neuen Jahrhunderts aufgezählt habe.

Erstens die Bevölkerungsexplosion. Wir alle fühlen uns verpflichtet, Entwicklungshilfe zu leisten und den Milliarden armer Menschen zu helfen. Aber wir müssen auch einsehen, dass solche Hilfen niemals ausreichen werden, wenn es der Menschheit nicht gelingt, das Tempo des Bevölkerungswachstums zu verringern. Daher haben wir die Pflicht, die Familienplanung, die Ausbildung von Mädchen und die Verbesserung der Stellung der Frauen in den Vordergrund zu rücken – und auch die Verfügbarkeit von Mitteln zur Empfängnisverhütung. Welch ein Unsinn, unter dem Deckmantel offizieller Entwicklungshilfe Waffen in Entwicklungsländer zu liefern! Welche Sünde! Wir sollten unsere Entwicklungshilfe nur unter zwei Bedingungen vergeben, nämlich, dass das Empfängerland 1. eine wirksame Familien- und Bevölkerungspolitik betreibt und 2. ebenso wirksam seine Militärausgaben begrenzt. Ist es nicht eine moralische Pflicht für Religionsführer, ihren Anhängern und den Politikern zu raten, einen Ausweg aus diesem offensichtlichen moralischen Dilemma zu suchen? Erleben wir nicht, dass Politiker allein unfähig sind, dieses komplexe moralische Problem zu lösen?

Zweitens die Erderwärmung. Gerade erst am letzten Wochenende sind in Den Haag die internationalen Verhandlungen, die das Ziel hatten, das drei Jahre alte Kyoto-Protokoll in einen verbindlichen Vertrag umzuwandeln, abgebrochen und für ein weiteres Jahr aufgeschoben worden. Ist es nicht notwendig, dass verantwortliche religiöse und geistliche Führer diesbezüglich Druck auf ihre Regierungen ausüben?

Drittens die künftigen Kriege. Jeder von uns ist verpflichtet, auf eine Rüstungsbegrenzung zu drängen. Aber wenn dennoch Kriege ausbrechen, ist es dann wirklich unsere moralische Pflicht, von außen militärisch zu intervenieren? Mit anderen Worten: Wer ist in jedem Einzelfall berechtigt zu entscheiden, ob ein bewaffnetes Eingreifen in einem souveränen Staat moralisch angemessen ist oder nicht?

Nach der Charta der Vereinten Nationen besitzt nur der Sicherheitsrat und niemand sonst das Recht, eine solche Entscheidung zu treffen. In manchen Fällen sind die Interventionen der UN gescheitert, zum Beispiel in Somalia. In anderen waren sie erfolgreich, wie bislang in Bosnien. In einer weit größeren Zahl von Fällen hat die UN nicht interveniert, etwa mangels der nötigen Mittel, wie in Ruanda/Burundi. Daher haben wir eine Vielzahl von Verletzungen der UN-Charta erlebt, sogar versuchte Völkermorde, ohne dass die UNO eingegriffen hat. Tschetschenien auf dem Gebiet der ehemaligen Sowjetunion ist ein sehr trauriger Fall, in dem klugerweise niemand den Versuch unternommen hat, die UN zum Eingreifen auf dem Territorium des souveränen russischen Staates zu bewegen.

Gleichzeitig erleben wir im Kosovo – das offiziell immer noch zu Serbien gehört, das weiterhin Jugoslawien genannt wird – eine militärische Intervention von außen, einschließlich der Bombardierung der serbischen Hauptstadt Belgrad. Diese Intervention wurde von der NATO durchgeführt, aber sie beruhte nicht auf einem Beschluss des Sicherheitsrats. Rechtlich war und ist sie eine Verletzung der UN-Charta. Sie beruhte und beruht auf der schwachen moralischen Legitimation, hier werde in einem unmittelbar lebensbedrohlichen Notfall humanitäre Hilfe geleistet. Doch genügt eine solche Begründung, um einen Gesetzesbruch zu rechtfertigen?

Sicherlich hat jeder von uns schon Konflikte zwischen seinem Moralkodex und dem positiven Recht oder Verträgen erlebt. Aber welche Antwort gibt man auf die Frage nach der Rechtmäßigkeit der humanitären militärischen Intervention?

Auf jeden Fall denke ich, dass die UN eine sehr unvollkommene Organisation ist. So wie Churchill einst von der Demokratie sagte, sie sei die schlechteste aller Regierungsformen, aber besser als alle anderen, die man bisher ausprobiert habe, so ist auch die UN besser als alle früheren Versuche, eine globale Regierung zu schaffen. Umso mehr, als die UN die einzigen Vereinten Nationen sind, die wir haben. Deshalb müssen die UN und ihre Charta bewahrt werden.

Aber noch einmal die Frage: Rechtfertigen lebensbedrohliche Notfälle eine unrechtmäßige Intervention? Dies ist eine Frage an Regierungen und Politiker und auch an Rechtsgelehrte, aber sie kann nicht ohne ernsthafte ethische Analyse und nicht ohne moralische Abwägung beantwortet werden. Und ich frage mich, ob diese Weltkonferenz sich nicht mit dieser Frage beschäftigen sollte. Bisher ist die hier aufgeworfene Frage nicht abschließend beantwortet worden. Mir sind natürlich viele historische Fakten und Fälle bekannt, in denen nicht nur Kaiser und andere weltliche Führer, sondern auch manche religiösen Führer sich sehr unfriedlich verhalten haben. Dennoch bin ich überzeugt, dass die Frage von Krieg und Frieden einen Dialog und die Zusammenarbeit beider Bereiche erfordert.

Meine letzte Überlegung betrifft die Möglichkeit von Zusammenstößen zwischen alten Zivilisationen. Solche Katastrophen zu verhindern liegt ebenfalls in der gemeinsamen Verantwortung von religiösen Führern, Politikern und Erziehern. In diesem Sinne bin ich zutiefst dankbar für die beharrliche Tätigkeit, die Ihre Konferenz seit drei Jahrzehnten ausübt. Ich glaube, Sie erfüllen eine äußerst notwendige Aufgabe.

In früheren Jahrhunderten haben Priester und Mullahs, Rabbiner und andere Religionslehrer die Menschen nur zu oft gelehrt, dass ihre jeweilige Religion der einzige Weg zur Erfüllung, zur Gnade, zu Gott oder ins Nirwana darstelle. Noch in der Jugendzeit meiner Generation vor sechzig oder siebzig Jahren habe ich kein einziges positives Wort über das Judentum, den Islam, den Buddhismus, den Hinduismus, den Konfuzianismus oder irgendeine andere außereuropäische Philosophie und Ethik gehört. Ganz ähnlich haben die Menschen an den meisten Orten der Welt über Jahrhunderte hinweg in völliger Ignoranz gegenüber anderen Religionen gelebt; sie kannten nur diejenige, in die sie hineingeboren und mit der sie aufgewachsen waren. Unsere Religionslehrer haben uns jedes Gefühl für die Würde anderer Religionen vorenthalten. Noch schlimmer: Vielen Menschen wurde gelehrt, dass die Anhänger anderer Religionen Feinde seien. So verbrannte die christliche Kirche sogenannte Häretiker und begann eine endlose Kette von Kreuzzügen gegen Muslime – die Bibel in der linken Hand, das Schwert in der rechten.

Solche Religionskriege gibt es kaum noch auf der Welt. Aber Kriege werden immer noch geführt. Und in vielen Kriegen und Bürgerkriegen werden nationalistische, ethnische, wirtschaftliche oder soziale Zusammenstöße mit Konflikten zwischen konkurrierenden Religionen vermischt. Häufig ist es nur ein kurzer Weg von religiöser Rechtschaffenheit zu wütendem Fundamentalismus und von dort zum Terrorismus. Im Zeitalter des globalisierten Fernsehens, von Rundfunk, Internet und anderen leicht zugänglichen technischen Indoktrinationsmitteln lassen sich Massenhysterien leicht hervorrufen.

Es ist unsere gemeinsame Verantwortung, feindselige Massenhysterien zu verhindern. Wir müssen der jungen Generation beibringen, dass Frieden kein naturgegebener Zustand ist. Es gibt in der Natur Tausende von Arten, die sich ernähren, indem sie andere Arten töten und fressen. Menschen töten immer noch Menschen, auch wenn es heutzutage die Ausnahme und nicht die Regel ist. Deshalb erfordert der Frieden Erziehung. Der Frieden muss ein ums andere Mal geschaffen werden. Dazu brauchen die politischen Führer moralischen Rat, auch und gerade diejenigen Politiker, welche bisher nicht erkannt haben, dass sie moralischen Rat benötigen.

Das dialogische Prinzip

*Rede zur Verleihung der Martin-Buber-Plakette der
Euriade-Stiftung, Kerkrade, Niederlande, am 19. März 2003*

Lassen Sie mich mit einem zweifachen Geständnis beginnen. Zum einen muss ich gestehen, dass ich mich heute beschämt fühle. Beschämt durch die Ehrung unter dem Namen Martin Bubers; beschämt durch den Umstand, dass diese Ehre mir im Land unserer holländischen Nachbarn gegeben wird; und auch beschämt durch die etwas schmeichelhafte Rede meines Freundes Hans-Jochen Vogel. Ich danke Ihnen allen sehr.

Zum anderen muss ich gestehen, es liegt schon ein Vierteljahrhundert zurück, dass ich mich näher mit Martin Buber und seiner religiösen und philosophischen Erbschaft befasst habe. Damals hatte ich in der großen Synagoge zu Köln eine Ansprache zu halten. Der Anlass war der 40. Jahrestag des deutschen Pogroms vom 9. November 1938. In der Vorbereitung holte ich mir Beistand aus Bubers Schriften. Dabei fand ich damals auch jene Passage, die ich seither nie wieder vergessen habe. 1953 hatte Buber in Hamburg in einer Rede gesagt: »Was bin ich, dass ich mich vermessen könnte, hier zu vergeben?« Aber etwas später, in der gleichen Erwiderung auf Bruno Snells Laudatio, folgte dann Bubers Satz: »Mein der Schwäche des Menschen kundiges Herz weigert sich, meinen Nächsten deswegen zu verdammen, weil er es nicht über sich vermocht hat, Märtyrer zu werden.« Dieses Wort Martin Bubers ist heute ein halbes Jahrhundert alt, aber für mich ist es immer noch ein Trost.

Für einen, der im 85. Lebensjahr steht, liegt es nahe, bisweilen zurückzublicken. Dabei erinnere ich mich an Nahum Goldmanns 85. Geburtstag; wir feierten ihn am 8. Juli 1980 in Holland, in Amsterdam. Dies war ein anderer großer Jude – nicht ein Religionsphilosoph wie Martin Buber, sondern ein Staatsmann wie Ben Gurion –, aber ein »Staatsmann ohne Staat«, wie man Nahum Goldmann bisweilen genannt hat. In seiner Dankrede sprach mein Freund Nahum auch über ein Thema, das ihn jahrelang beschäftigt hatte, nämlich über Juden und Deutsche. Er hatte zunächst erwähnt, dass die klassischen Zionisten Herzl, Nordau und Heß alle in Deutsch geschrieben hätten. Aber dann kam jene Passage, die mich heute noch zutiefst anrührt. Denn der Gründer und Präsident des World Jewish Congress sagte: »Ich war fünf, als ich nach Deutschland kam. Meine Sprache und meine Kultur sind deutsch. Wenn ich liebe, dann in Deutsch. Wenn ich hasse, dann in Deutsch. Wenn ich träume, dann in Deutsch.« Ich erinnere genau, dass ich dabei gedacht habe: »Mein Gott, warum hast Du den von Deutschen verübten Holocaust zugelassen?«

Ich bin kein sonderlich religiöser Mensch. Wahrscheinlich deshalb habe ich das Wort von Gottes Gerechtigkeit bisher nicht verstehen – und auch nicht akzeptieren können. Gott hat allzu viele und allzu große Verbrechen zugelassen.

Zwar haben meine Frau und ich uns im Laufe der Nazizeit zur Kirche gestellt, weil wir hofften, nur mit der Kirche als dem moralischen Kern könne sich in Deutschland wieder eine anständige Gesellschaft entwickeln. Aber erst viele Jahrzehnte später hat die Begegnung mit dem Ägypter Anwar as-Sadat mich dazu geführt, dass ich mich näher und inhaltlich mit Religion befasst habe. Allerdings nicht nur mit der meinigen, sondern mit allen drei abrahamitischen Religionen zugleich.

Präsident Sadat, der von Beruf eigentlich ein Soldat gewesen ist, wusste nicht nur viel mehr als ich über die jüdische, die christliche und die islamische Religion insgesamt. Sondern er hatte – weit über den Bereich des Wissens hinausgehend – aus seinem Wissen über die gemeinsamen Wurzeln, die gemeinsamen Propheten und die gemeinsamen ethischen Grundregeln diese unerhörte Schlussfolgerung gezogen: Wenn man nur diese Gemeinsamkeiten bewusst machte, dann müsste es möglich werden, Frieden zwischen Arabern und Juden zu stiften. Sadat hat vermutlich nichts von Martin Bubers Werk gewusst. Jedoch ist ihm aus seiner eigenen Erkenntnis das »dialogische Prinzip« des Ich und Du zur Maxime geworden. So kam es zu seinem Besuch, besser, zu seiner Selbsteinladung in die Knesset zu Jerusalem und zum Versuch des Dialogs und des Friedens mit dem Feind aus vier Kriegen, an denen Sadat beteiligt gewesen war.

Sadat hat mit seinem Leben für diesen Versuch bezahlt, ebenso wie später Itzhak Rabin. Es ist aber bis heute beim Versuch geblieben. Denn die Aufgabe, die Martin Buber seit der israelischen Staatsgründung seinem eigenen Volk gestellt hat – und immer wiederholt hat –, ist auch heute ungelöst, nämlich die Verständigung mit den arabischen Nachbarn. Auf beiden Seiten überwog stattdessen bis auf den heutigen Tag das Freund-Feind-Prinzip, wie es von dem Nazi-Vordenker Carl Schmitt als Essenz des Politischen definiert worden war – und wie es sich tatsächlich über Thomas Hobbes und andere und über Machiavelli ins tiefste Mittelalter zurückverfolgen lässt. Wie in Wahrheit es sich zurückverfolgen lässt bis zu den alten Assyrern und Ägyptern, bis zu Nebukadnezar oder Alexander. Weder das Judentum noch das Christentum noch der Islam hat jemals endgültig das Freund-Feind-Prinzip überwinden können. Zwar hat es immer wieder auch Perioden der Toleranz gegeben – siehe zum Beispiel Cordoba und Toledo –, immer wieder auch einzelne Humanisten wie Erasmus von Rotterdam. Aber immer wieder hat der den Menschen innewohnende Trieb zur Macht obsiegt – siehe die christlichen Kreuzzüge, siehe die vielen Kriege der christlichen Völker Europas gegeneinander, siehe Hitlers Holocaust, siehe bis heute die blutige israelisch-palästinensische Konfrontation.

Martin Buber hat seiner Hamburger Rede heute vor fünfzig Jahren bei ihrer späteren Veröffentlichung den Titel gegeben: »Geltung und Grenzen des politischen Prinzips«. Er hatte damals zurückgegriffen auf die Geschichte im Neuen Testament, wo der Rabbi Jesus von Nazareth auf die Frage nach der Legitimität des Zinsgroschens sagt: Gebt dem Kaiser, was des Kaisers ist, und gebt Gott, was Gottes ist. Buber hat beklagt, dass die weltliche Ordnung – bildlich gesprochen: der Kaiser – überall und mit Erfolg den Vorrang beansprucht. Es klingt fast wie Resignation, wenn er an jener Stelle hinzugefügt hat, es könnte leicht passieren, dass der in seiner Zeit befangene Denker »dem aktuellen staatlichen Machtgetriebe den Charakter des Absoluten zuspricht. Danach mag für ein Weilchen der Zwerg ›Erfolg‹ krampfhaft grinsend den Gottessitz der Vollmacht einnehmen.« Ich füge hinzu: So mag es sich in der Tat heute für die Machthabenden in Washington und in Bagdad darstellen, oder in Jerusalem und in Ramallah, in London oder in Paris – oder in Berlin.

Die Gründer und Mitglieder der Euriade – wenn ich Sie recht verstehe – wollen der geistigen Überwindung der Grenzen dienen und damit zugleich der Europäischen Union. Für mich gilt seit den späten vierziger Jahren des letzten Jahrhunderts, da ich Jean Monnet das erste Mal gehört habe, die europäische Integration als eine Aufgabe, der ich den gleichen hohen Rang beimesse wie der Bewahrung der eigenen nationalen Identität. Wir sind bis 1992, das heißt bis zu der Maastrichter Regierungskonferenz und der Schaffung der gemeinsamen Euro-Währung, erstaunlich weit gekommen.

Aber in den letzten zehn Jahren haben die wichtigsten Regierungen Europas nichts Wesentliches mehr gemeinsam zustande gebracht. Und, um die heutige Wahrheit ganz deutlich auszusprechen: Der beabsichtigte Irak-Krieg und die sehr kontroversen Positionen zum Beispiel in London, Rom und Madrid einerseits, zum Beispiel andererseits in Paris und Berlin, haben nicht nur zehn Jahre des Redens über eine vorgeblich gemeinsame Außen- und Sicherheitspolitik als jahrelanges Geschwätz ohne realen Inhalt demaskiert. Sondern schlimmer noch: Wenn sich die Regierungen nicht sehr bewusst mäßigen, dann können der amerikanische Machtanspruch und die sich widersprechenden Parteinahmen der europäischen Regierungen und Medien gleichsam im Nebenergebnis zur schwerwiegenden Unterbrechung, ja sogar zur Beendigung des europäischen Integrationsprozesses führen.

Keine ihrer geschichtlichen Verantwortung bewusste Regierung in Europa darf ihre Augen vor der Möglichkeit einer solchen Katastrophe einfach verschließen. Es ist an der Zeit, dass wir Europäer unsere Regierungen ermahnen, sich der Kardinaltugend der Mäßigung zu befleißigen. Seit Aristoteles und Thomas von Aquin sprechen wir von den vier Kardinaltugenden: Klugheit, Tapferkeit, Gerechtigkeit und Maß. Jedoch zählen weder die Demokratie noch die Menschenrechte dazu. Ob deren Einführung mittels eines Krieges – mit allen seinen Opfern – überhaupt moralisch erlaubt ist, daran darf man mit guten Gründen zweifeln.

Ich bin kein Gesinnungspazifist um jeden Preis, ich würde im Notfall dafür kämpfen wollen, Demokratie, Grundrechte und überhaupt die Herrschaft des Rechtes in Europa zu verteidigen. Aber ich weiß, dass diese Grundwerte weder in der Thora noch im Evangelium noch im Koran vorkommen. Die abrahamitischen Religionen kennen die Zehn Gebote; sie kennen alle drei die goldene Regel, den von Immanuel Kant so genannten Kategorischen Imperativ; sie kennen alle das Gebot, nicht zu töten. Sie alle kennen Gebote, nicht aber Rechte und Ansprüche.

Die Prinzipien der Demokratie und des Rechtsstaates sind erst spät auf dem Boden der europäischen Kultur gewachsen, vornehmlich in England, in Nordamerika, in Holland und in Frankreich. Diese Errungenschaften der Aufklärung sind erst seit drei Jahrhunderten langsam und nur schrittweise in unser moralisches Verantwortungsbewusstsein gedrungen. Noch zur Zeit von Thomas Jefferson war Sklaverei genauso selbstverständlich wie zwei Jahrtausende früher zur Zeit des Perikles. Wir Europäer haben keine Legitimation, die Prinzipien der Aufklärung mit Gewalt im Mittleren Osten auszubreiten. Wir brauchen im Augenblick unsere Werte auch nicht zu verteidigen, denn sie und wir sind nicht angegriffen.

Auch die Amerikaner haben keine derartige Legitimation – wohl aber fühlen sie sich angegriffen. Um den seelischen Zustand der amerikanischen Nation nach dem 11. September 2001 nachzuempfinden, sollte man sich einmal theoretisch vorstellen, es hätte sich nicht um vier US-Flugzeuge gehandelt, sondern um solche der Air France oder der KLM oder der Lufthansa. Und nicht New York wäre das Angriffsziel gewesen, sondern der Eiffelturm und das Elysée in Paris oder der Binnenhof in Den Haag oder Reichstag und Brandenburger Tor im Zentrum Berlins – mit dreitausend Toten! Wäre nicht in solchem Falle in unseren Völkern, in unserer öffentlichen Meinung eine Psychose ausgebrochen? Hätten in solchem Falle unsere Regierungen kühl und vernünftig reagiert? Hätten in solchem Fall unsere Völker von ihrer Regierung nicht verlangt, mit aller Macht zu handeln?

Ich werfe diese theoretischen Fragen auf, weil ich damit um Verständnis werben möchte für die Lage der amerikanischen Regierung – und um Mäßigung in der Kritik ihr gegenüber. Sie verfügt über eine beinahe unermessliche militärische Macht. Aber diese Macht erweist sich als wenig nützlich im Kampf gegen den islamistischen Terrorismus. Also ist sie stattdessen auf den Kampf gegen die »axis of evil« verfallen. Allerdings darf man als Mitglied der UN oder als Partner im Nordatlantischen Bündnis vortragen, dass es uns nicht überzeugen kann, wenn Washington sich einerseits darum bemüht, im Sicherheitsrat der UN und im NATO-Rat Unterstützung für seine Kriegsabsicht zu gewinnen, zugleich aber andererseits uns zu verstehen gibt, man werde Saddam in jedem Fall und auch ohne UN-Beschluss mit militärischer Gewalt angreifen und depossedieren.

Die UN ist, trotz großer Unvollkommenheiten und mancher Fehlschläge, seit 1945 insgesamt weit erfolgreicher als der erste Völkerbund nach 1919. Ihre Satzung – und besonders das Angriffsverbot der Charta – ist von vielen Staaten verletzt worden. Eine der letzten Verletzungen war der Krieg im Kosovo nebst der Bombardierung von Belgrad, die Folgen sind noch längst nicht überwunden.

Die Folgen einer abermaligen schwerwiegenden Verletzung der UN-Charta, ebenso die Folgen eines zweiten Krieges gegen den Irak sind kaum vorherzusehen. Man kann eine allgemeine Konfrontation des Westens mit dem Islam nicht ausschließen, dem immerhin Völker in sechzig Staaten angehören. Man kann eine Zunahme des vielfältigen islamistischen Extremismus und Terrorismus nicht ausschließen. Man braucht gewiss kein Pessimist zu sein, um solche Konsequenzen für möglich zu halten. Dagegen muss man ein extremer Optimist sein, um in der Folge eines solchen Krieges eine dauerhafte Lösung des Konfliktes zwischen Israel und seinen arabischen Nachbarn für möglich zu halten.

Zum Schluss: Trotz aller dieser Besorgnisse bleibt Martin Buber moralisch absolut im Recht. Sein »dialogisches Prinzip« bleibt eine gültige Maxime für alle Mächtigen, aber auch für die Intellektuellen, auch für alle Rabbiner, alle Priester und Pfarrer, alle Imame und Mullahs.

Nach dem Holocaust, nach Stalingrad und Dresden haben wir Deutsche heute einen ausgeprägten Horror vor Krieg und Gewalt. Wir haben zur Zeit der Olympischen Spiele von München 1972 und abermals in den Jahren danach im eigenen Land – und auch in eigenen Flugzeugen! – mörderischen islamistischen Terrorismus erlebt, und natürlich haben wir dagegen auch staatliche Macht anwenden müssen. Wir haben damals versucht, jeder Verleitung zur Hysterie und zur Arroganz der Macht standzuhalten. Nicht zuletzt dank dem kühlen Rat meines Freundes Hans-Jochen Vogel haben wir das Recht nicht verletzt. Bei der Abwehr des Mordversuchs an neunzig nach Ostafrika entführten Flugzeugpassagieren haben wir das Glück gehabt, nicht gezwungen zu sein, etwa das Völkerrecht zu verletzen.

Wenn ich an diese Erfahrungen zurückdenke, war es wohl eine Mischung von drei Faktoren, die uns damals zu Hilfe gekommen ist: erstens vernünftige Umsicht, zweitens Verantwortungsbewusstsein – und drittens viel Glück. Diese Trias möchte ich jedem Menschen wünschen, der Verantwortung nicht nur für sich selbst, sondern auch für andere zu tragen hat – besonders jedem Regierenden, ob in Amerika, in Europa oder anderswo.

Erinnerung an einen
großen Papst

*Zum Tod von Papst Johannes Paul II.
am 2. April 2005*

Als Karol Woytila noch Erzbischof in Krakau war, wollte ich ihn gern treffen, weil der Wiener Erzbischof Kardinal König ihn mir als wichtigen und offenen Gesprächspartner geschildert hatte. Damals, 1977, während eines meiner amtlichen Polen-Besuche, kam das Gespräch nicht zustande. Dafür bin ich Woytila aber später – nunmehr war er Papst Johannes Paul II. – mehrfach begegnet; dreimal haben sich längere, gleichsam private Gespräche ergeben. Mein beherrschender Eindruck von der Persönlichkeit des Papstes war und bleibt: ein sehr warmherziger, offener Mann; weise, aber zugleich interessiert; Gott ergeben, aber auch tief mitleidend mit allen Menschen im Elend; umfassend gebildet, mit schneller Auffassungsgabe und mit Humor gesegnet; insgesamt faszinierend und anziehend – sein Charisma wirkte auch im Gespräch unter vier Augen.

In unseren Gesprächen gab es einige Übereinstimmungen, aber auch – trotz meiner großen Sympathie für Johannes Paul II. – sehr gewichtige Divergenzen. Es war kein Wunder, dass wir uns einig waren in der Ablehnung des Kommunismus, seiner Ideologie und Praxis gleichermaßen. Nicht ganz so selbstverständlich war unser gemeinsames Bekenntnis zur Aussöhnung zwischen Deutschen und Polen und zu der dazu notwendigen – beiderseitigen, aber auch gemeinsamen – Durcharbeitung und Durchsichtigmachung der leidvollen deutsch-polnischen Geschichte: von den drei Teilungen Polens im 18. Jahrhundert bis zu Hitler und Stalin, bis zu Auschwitz und zur gewaltsamen Westverschiebung der Polen und ihres Staates. Dem deutschen Wunsch nach Überwindung der Zweiteilung von Nation und Staat stimmte der Papst ausdrücklich zu und sprach die Hoffnung auf eine friedliche Lösung aus.

Es gab keine Übereinstimmung im Urteil über die Folgen der Bevölkerungsexplosion, welche die Zukunft der ganzen Menschheit bedrohen, und über die daraus zu ziehenden Konsequenzen. Ich habe mehrfach versucht, dem Papst die Folgen der seit Beginn des 20. Jahrhunderts anhaltenden und mit Sicherheit jedenfalls bis tief in das 21. Jahrhundert sich fortsetzenden schnellen Vervielfachung der Zahl der Menschen auf unserem Planeten vor Augen zu führen: weiterhin Mangel an Wasser, Ackerboden, Nahrung, Arbeit, Bildung – vor allem in den Entwicklungsländern Asiens, Afrikas und Lateinamerikas; daraus entstehende weitere blutige Konflikte; und ebenso die globale Gefährdung der natürlichen Umwelt, der Ozeane und der Atmosphäre. Ich plädierte mit Nachdruck, die Kirche möge ihre geltende Lehre zur Familienplanung überprüfen und revidieren.

Der Papst war auf diese Themen vorbereitet, aber seine Antworten blieben für mich diffus und ausweichend: Den Entwicklungsländern könne und müsse sehr viel effizienter geholfen werden. Zum Beispiel sei im Kongo Raum für 150 Millionen Menschen – fünfmal so viele, wie tatsächlich zu jenem Zeitpunkt dort lebten. Die europäischen Gesellschaften bräuchten mehr Kinder als bisher. Überall müssten zwar die Eltern selbst entscheiden, wie viele Kinder sie haben wollen, »aber sie dürfen nicht gegen die Natur handeln«. Er belehrte mich ausführlich darüber, dass Empfängnisverhütung nur durch Enthaltsamkeit dem Willen Gottes entsprechen könne. Pille und Kondome lehnte er strikt ab und blieb dabei auch angesichts der weltweiten Ausbreitung von Aids, auch angesichts der Aussicht auf weitere Kriege, Bürgerkriege, Vertreibungen und

Völkermord als Folgen der Übervölkerung in Teilen der Dritten Welt.

An der Solidarität des Papstes mit den Menschen, die im Elend leben – zumal in der Dritten Welt –, ist kein Zweifel möglich. Aber der gleiche Mann, unter dessen geistlicher Autorität die römische Kirche sich dezidiert zu Fragen der Gesetzgebung auf den Feldern der Ehe und der Sexualität äußerte und den Gläubigen sehr konkrete Vorschriften machte, blieb zu den Fragen, wie dem Elend in der Mehrzahl der Staaten der Welt abzuhelfen sei, bei der Kritik der Tatsachen stehen. Er hatte dazu keine konkreten Vorschläge, auch keine Vorschriften für die Gläubigen.

Ich habe versucht, ihm nahezubringen, was ich von Bischöfen und Erzbischöfen in Lateinamerika erfahren hatte: Dass es nicht ausreiche, die »Theologie der Befreiung« zu bekämpfen, sondern dass vielmehr eine theologisch begründete, positive sozialökonomische Lehre benötigt werde; als ein Exempel erinnerte ich den Papst an die großen Wirkungen auf Politik, Gesellschaft und Wirtschaft, welche seit 1891 die katholische Soziallehre in Deutschland entfaltet hat. Johannes Paul II. wusste über dieses Beispiel sehr gut Bescheid. Heute finden sich unter seinen vierzehn Enzykliken auch drei sogenannte Sozialenzykliken; aber sie bieten den Ortsbischöfen und -kirchen in Asien, Afrika und Lateinamerika wenig Rüstzeug und Hilfe.

Trotz der enormen Erfahrungen, die der Papst auf seinen hundert pastoralen Auslands- und Weltreisen gesammelt hat, blieben doch seine Vorstellungen sehr europäisch beeinflusst und noch mehr durch seine hochkonservative Theologie geprägt, die offenbar der Fels war, an dem er in vier Jahrzehnten seines Lebens unter deutscher Besatzung und kommunistischer Diktatur festgehalten hatte. Aber die Reinheit der Lehre bietet den Armen kein Brot.

Im Frühjahr 2000 hat Johannes Paul II. drei einmalige Signale gesetzt, Beispiele eines großen menschlichen Verantwortungsbewusstseins, fern von jeder taktischen Rechthaberei. Er hat – stellvertretend für die ganze Kirche – deren geschichtliche Verstöße und Sünden bekannt. Er hat am Mosesberg auf dem Sinai den gemeinsamen Urgrund aller drei monotheistischen Religionen anerkannt, ebenso durch seinen Besuch in Jerusalem, der heiligen Stadt aller drei abrahamitischen Religionen. Und in Yad Vashem hat er gesagt: »Es gibt keine Worte, die stark genug wären, um die entsetzliche Tragödie der Shoa zu bedauern.«

Dieser Papst ist damit weit über alle seine Vorgänger hinausgegangen – offenkundig nicht mit ungeteilter Zustimmung der Kurie. In einigen Jahren erst wird man klarer erkennen und beurteilen können, wie weit dieser Papst den Christen auf der Welt und seiner Kirche geholfen – und wie weit er durch seinen theologischen Starrsinn gleichzeitig auch geschadet hat. Jedenfalls wird er in unserer Erinnerung ein großartiger, ein sehr menschlicher Mann bleiben, der in tiefer Gläubigkeit unendliche Mühen auf sich genommen hat, um Gott und den Menschen zu dienen.

Gewinner und Verlierer in
der Welt von morgen

*Rede vor jungen arabischen Führungskräften an der
Law School Hamburg am 21. April 2006**

Haben Sie vielen Dank dafür, dass Sie einen alten Mann eingeladen haben, mit jungen Menschen aus dem arabischen Teil der Welt zusammenzukommen. Ich empfinde dies als Ehre und zugleich als Herausforderung. Als Herausforderung empfinde ich es, weil ich weder Wissenschaftler noch Ingenieur bin, weder Wirtschaftsmanager noch Fachmann für die Feinheiten des Schlamassels im Nahen Osten. Was ich zu Ihrer Konferenz und Ihren Themen beitragen kann, sind einige Bemerkungen über die politische und ökonomische Zukunft der Welt im Allgemeinen – sagen wir, in den nächsten zwei Jahrzehnten.

Wenn man sich heute in der Welt umschaut, dann unterscheidet sich die Lage in Lateinamerika kaum vom Zustand vor zwei Jahrzehnten. Vielerorts herrschen Hunger und Armut, in einigen Staaten gibt es Unruhen, und von Zeit zu Zeit treten Wirtschafts- und Schuldenprobleme auf. Das Gleiche gilt für Afrika, wo die wirtschaftlichen und sozialen Schwierigkeiten allerdings katastrophale Ausmaße haben und immer wieder zu ethnisch oder religiös oder durch Stammesrivalitäten motivierten Kriegen führen. Aber weder Lateinamerika noch Afrika stellen heute eine politische Bedrohung des Weltfriedens dar.

---

* Übersetzung aus dem Englischen

In Europa ist die Lage ruhig, von kleinen Ausnahmen vor allem auf dem Balkan abgesehen. Die meisten europäischen Staaten haben ihre üblichen sozialen und ökonomischen Probleme. Die Integration unter dem Dach der Europäischen Union geht, wenn auch langsam, schrittweise voran. Um angesichts der globalen Gefahren und Verwerfungen in diesem Jahrhundert ihre Selbstbestimmung zu bewahren, werden die Europäer versuchen, zusammenzuhalten und die Union zu einer kompetenten Einheit zu entwickeln. Aber eine funktionierende gemeinsame Außenpolitik zu etablieren wird möglicherweise weitere fünfzig Jahre in Anspruch nehmen, zumal die künftige innereuropäische Rolle Großbritanniens noch nicht geklärt ist. Eine gemeinsame Verteidigungspolitik könnte noch länger auf sich warten lassen. Es könnte also weitere fünfzig Jahre dauern, bis eine voll funktionsfähige Einheit geschaffen ist. Angesichts der langen individuellen Geschichte der europäischen Nationen wäre dies nicht unbedingt schlecht. Doch es gibt ein großes Wenn. Denn die Europäer werden dieses Ziel nur erreichen, *wenn* ihre gegenwärtigen und künftigen Führer und *wenn* die Öffentlichkeit in vielen europäischen Ländern weiterhin überzeugt sind, dass eine gut funktionierende Union notwendig ist, um die grundlegenden patriotischen Interessen ihrer Nationen zu wahren.

In Asien macht China zurzeit die größten wirtschaftlichen Fortschritte, hauptsächlich aufgrund des von Deng Xiaoping angestoßenen Kurses in Richtung Modernisierung. Indien folgt mit einem etwas langsameren Entwicklungstempo. In Japan ist seit Jahren ein ökonomischer Stillstand zu beobachten, der jetzt jedoch zu Ende zu gehen scheint. Mit der möglichen Ausnahme des Kaschmirkonflikts hat es nicht den Anschein, dass die Welt heute durch Gefahren bedroht ist, die ihren Ursprung in diesen drei asiatischen Ländern haben. Andererseits gibt es in Asien drei neue Atomwaffenstaaten, nämlich Israel, Indien und Pakistan, und es ist unklar, ob

Nordkorea und der Iran bereits Atomwaffen entwickeln oder dies vorhaben.

Gefahren von globaler Bedeutung gehen gegenwärtig nur vom Nahen Osten aus. Der Konflikt zwischen Israel und seinen Nachbarn, in dem es auf allen Seiten zu terroristischen Aktivitäten kommt, ist in den letzten Jahren eskaliert. Schon seit Jahren facht er sowohl in Israel als auch in vielen arabischen Ländern Wut und Leidenschaften an, insbesondere in der Jugend auf allen Seiten. Was den Irak betrifft, so wurde der amerikanische Krieg gegen Saddam Hussein schnell gewonnen. Aber die Lage in der gesamten Region ist heute undurchsichtiger und gefährlicher als vorher. Das künftige amerikanische Vorgehen im Irak ist ungewiss, ebenso wie dasjenige in Afghanistan. Außerhalb der USA haben nur wenige den Begriff einer »Achse des Bösen«, die angeblich von Nordkorea über den Iran bis zum Irak reicht, gutgeheißen. In Wirklichkeit gibt es zwischen diesen drei Staaten kaum eine Verbindung.

Der erklärte »Krieg gegen den Terrorismus« kann missverstanden werden, als hätte man es mit einem militärischen Gegner zu tun. Tatsächlich erleben wir gegenwärtig transnationale terroristische Aktivitäten über die Grenzen souveräner Staaten hinweg, von Manhattan bis London, von Madrid bis in den Nahen Osten und fast täglich im Irak, zudem in einigen asiatischen Ländern, in manchen afrikanischen Regionen sowie in Tschetschenien und auf dem Balkan. Die meisten dieser nationalen, transnationalen und internationalen terroristischen Aktivitäten haben unterschiedliche soziale, psychologische und politische Ursachen. Ihre Motive sind ebenso verschieden wie ihre Organisationsformen und Vorgehensweisen. Von wenigen Ausnahmen abgesehen, haben uns die Erfahrungen im vielfältigen Kampf gegen Terroristen gelehrt, dass militärische Aktionen allein nicht ausreichen, um die Motive und den Eifer von Terroristengruppen zu besiegen. Um die verschiedenen Terroristen zu bekämpfen, braucht man, je nach den spezifischen Umständen, unterschiedliche Mittel und Methoden.

Was kann man mit einiger Gewissheit über die globale Entwicklung in den nächsten Jahrzehnten sagen?

Die seit dem Beginn des 20. Jahrhunderts stattfindende Bevölkerungsexplosion wird sich fortsetzen. Als ich 1925 in die Schule kam, gab es zwei Milliarden Menschen. 2025 werden es viermal so viele sein. Rund acht Milliarden werden Erdöl, Erdgas und Energie benötigen. Heute steht den sechs Milliarden Bewohnern der Erde pro Kopf nur ein Viertel der Fläche zur Verfügung wie den Menschen vor hundert Jahren. 2050 wird es nur noch ein Sechstel sein.

Auch die Erderwärmung steht heute außer Frage. Sie wird Klimaveränderungen auslösen und sicherlich einen Anstieg des Meeresspiegels bewirken. Zurzeit wissen wir noch nicht genug über die Ursachen der Erderwärmung, aber zweifellos trägt die Verbrennung von Erdöl und all der anderen Kohlenwasserstoffe beträchtlich dazu bei. Infolge von Überbevölkerung und Klimawandel werden in Afrika und vielleicht auch in Asien und im Nahen Osten vermehrt lokale und regionale Kriege ausbrechen. Der Migrationsdruck auf Amerika und Europa wird gewiss erheblich zunehmen.

Das dritte Phänomen von weltweiter Bedeutung ist die Globalisierung der Finanzmärkte. Sie ist nicht mehr umkehrbar. Gier und Spekulationsfieber privater Finanzinstitute, die global handeln, aber weltweit nur unzureichender Regulierung und Aufsicht unterliegen, können die Wirtschafts- und Finanzpolitik der Regierungen souveräner Staaten untergraben und empfindlich stören.

Aufgrund der modernen Kommunikationsmittel und des Internets ist viertens die Globalisierung nahezu aller Technologien wohl kaum aufzuhalten. Die Weiterverbreitung aller Arten von Waffen, einschließlich solcher zur Massenvernichtung, ist nur eine Folge davon. Vor allem aber werden die Arbeitsplätze und der relativ hohe Lebensstandard in den industriell fortgeschrittenen Ländern unter Druck geraten, weil Konkurrenten von außen, insbesondere aus Asien, auf den Plan treten, die auf technologisch hohem Niveau, aber weit kosten- und preisgünstiger als Europäer und Amerikaner, produzieren.

Fünftens muss man erkennen, dass Satelliten, Internet und Fernsehen in zunehmendem Maß von weltweit operierenden Privatunternehmen beherrscht werden. In Zukunft könnten sie die Fähigkeit erlangen, sämtliche Informationen zu manipulieren; sie könnten in großem Umfang Desinformationen verbreiten und die öffentliche Meinung in unseren Ländern mit unwahren Nachrichten oder Interpretationen sowie unerwünschten Ideologien infiltrieren. Die Globalisierung könnte sogar nationale Kulturen, die sich über Jahrhunderte hinweg entwickelt haben, untergraben.

Meine sechste sichere Voraussage ist, dass kaum ein souveräner Staat noch in der Lage sein wird, isoliert zu handeln, um zum Beispiel grenzüberschreitende Epidemien zu bekämpfen. Das Gleiche gilt für den transnationalen und interkontinentalen Rauschgifthandel. Auch für alle Arten von terroristischen Organisationen, für das organisierte Verbrechen, den internationalen Waffenhandel und so weiter trifft dies zu.

Damit habe ich sechs künftige Veränderungen aufgezählt, mit denen die Menschheit in den kommenden Jahrzehnten konfrontiert sein wird. Es wäre zu viel der Spekulation, wenn ich vorauszusagen versuchte, welche Antworten die annähernd zweihundert Staaten der Erde oder auch nur die zehn oder zwölf Staaten von globaler Bedeutung finden werden – oder nicht finden werden.

Im Folgenden möchte ich mich dem Gebiet der Ungewissheiten zuwenden. Ich habe davon gesprochen, dass der Trend zur Globalisierung von Informationen und Technologien sich mit

Gewissheit fortsetzen wird. Dies dürfte die weltweite Interdependenz steigern, ob es einem nun gefällt oder nicht. Länder, die sich von dieser Entwicklung abzuschotten versuchen, werden zurückbleiben. Gegenwärtig ist ungewiss, wer den Anschluss verlieren wird und wie viele Staaten und Menschen in äußerster Armut zurückbleiben werden.

Ich halte es für sicher, dass die Europäer, einschließlich der Russen, ein vitales Interesse daran haben, einen Zusammenstoß mit dem Islam zu vermeiden, denn Hunderte Millionen von Muslimen leben in relativer geographischer Nähe zu Europa und Russland. Von den zweihundert Staaten der Erde haben fast sechzig eine muslimische Bevölkerung. Die meisten dieser Staaten sind arm. Einige sind nicht nur arm, sondern auch schwer zu regieren. Nur wenige besitzen Grenzen, deren historische Legitimität vor den Ersten oder auch nur vor den Zweiten Weltkrieg zurückreicht. Infolgedessen sind viele von ihnen strukturell schwach, und in vielen ist die nationale Identität der Massen wesentlich schwächer ausgebildet als die Treue zum Islam.

Man kann die Möglichkeit eines weitreichenden Konflikts zwischen dem Islam und dem Westen nicht ausschließen, wobei der Begriff »Westen« in diesem Zusammenhang auch Russland und – wegen Sinjiang – sogar China umfasst. Ein solcher Konflikt wird nicht die Form eines großen Krieges annehmen. Aber es ist denkbar, dass es in einer Atmosphäre anhaltender allgemeiner Animosität immer wieder terroristische und Guerilla-Aktivitäten, bewaffnete Auseinandersetzungen und begrenzte Kriege geben wird. Zumindest die Europäer werden alle Anstrengungen unternehmen, um der Versuchung zu einem allgemeinen Zusammenstoß mit dem Islam zu widerstehen. Aber der Ausgang ist ungewiss.

Eine weitere Frage mit ungewisser Antwort lautet: Wer gewinnt durch die Globalisierung und wer verliert? Erstens sind bisher fast alle hochentwickelten Industrieländer und ihre Bevölkerungen die Gewinner. Zweitens werden von den Entwicklungsländern hauptsächlich diejenigen zu den Gewinnern gehören, die von ökonomisch aufgeklärten Politikern auf autoritäre Weise regiert werden. Das herausragende Beispiel dafür ist China, aber auch Indien und einige Erdöl exportierende Länder können als Beispiele genannt werden. Genauso gut könnte man auf die ehemaligen sogenannten vier kleinen Tiger verweisen – Singapur, Hongkong, Taiwan und Südkorea –, die allesamt viel für die Masse der Bevölkerung getan haben und schon lange nicht mehr in die Kategorie der Entwicklungsländer passen. Nach meiner Ansicht ist es denkbar, obgleich noch ungewiss, dass auch Russland zu den Gewinnern gehören wird. Andererseits wird eine ganze Reihe von Entwicklungsländern wahrscheinlich sozioökonomisch und deshalb in vielen Fällen auch politisch scheitern.

Lassen Sie mich an dieser Stelle einige Bemerkungen über die Erdöl-, Erdgas- und Energiepolitik einfügen: Vor 37 Jahren, 1968, als ich fünfzig Jahre alt wurde, lag der Weltmarktpreis für Erdöl bei weit unter zwei Dollar. Heute ist er rund fünfzigmal höher und steht bei mehr als siebzig Dollar. Ich kann mir leicht einen Preis von hundert Dollar und mehr vorstellen. Die Frage ist nur, wann es so weit sein wird.

Der weitere Preisanstieg bei Erdöl und Erdgas ist nach meiner Ansicht unvermeidlich. Grund dafür ist die steigende Nachfrage, die ihrerseits eine zwangsläufige Folge der globalen Bevölkerungsexplosion ist. Hinzu kommt der ökonomische Fortschritt in China und Indien. Heute schon ist China der zweitgrößte Erdölimporteur der Welt, während es noch vor drei Jahrzehnten nicht einen einzigen Tropfen Erdöl einführte. Zugleich ist der weitere Anstieg des Erdöl- und Erdgaspreises sogar wünschenswert. Denn andernfalls gäbe es keinen genügend großen Anreiz für wissenschaftliche Forschungen, technische Entwicklungen und Investitionen auf dem Gebiet neuer Energiequellen wie Sonnenenergie, Kernfusion, Wasserstofftechnologie, Windenergie und so weiter. Da die Erdöl- und Erdgasvorkommen begrenzt sind, ist es notwendig, mit aller Kraft solche neuen Optionen zu erschließen. Ich wiederhole es: Auf lange Sicht ist der weitere Anstieg des Erdöl- und Erdgaspreises sowohl unvermeidlich als auch wünschenswert. An dieser Stelle muss ein wichtiger Vorbehalt gemacht werden: Die Weltwirtschaft wird sicherlich in der Lage sein, einen ständigen, steten Anstieg zu bewältigen, aber plötzliche Preisexplosionen wird sie nicht verkraften können.

Zur Veranschaulichung sei an die ökonomischen Folgen der beiden Ölpreisexplosionen von 1973/74 und 1979/80 erinnert: Damals löste der Anstieg auf das Zwanzigfache von weniger als zwei auf 35 Dollar eine weltweite Rezession aus, mit katastrophalen Auswirkungen auf die 140 Entwicklungsländer. Man denke nur an die finanziellen Folgen für Brasilien – mit heute 175 Millionen Menschen! 1987 war der Ölpreis wieder auf 17 Dollar gesunken. Die Welt braucht Beständigkeit und Kontinuität.

Eine der politischen Folgen der globalen Rezession der siebziger Jahre war der gemeinsame Entschluss, sogenannte Wirtschaftsgipfel der sieben stärksten Wirtschaftsnationen abzuhalten, um eine weltweite galoppierende Inflation zu verhüten. Auf diese Weise konnten wir tatsächlich weitgehend verhindern, dass die großen Ökonomien einfach Geld druckten, um den Verlust an Kaufkraft auszugleichen. Inzwischen hat sich die Weltlage erheblich verändert. Heute müssten nicht nur Russland, sondern auch China, Indien und Brasilien und wenigstens eines der großen OPEC-Länder an den regelmäßigen Wirtschaftsgipfeln teilnehmen. Ich muss jedoch zugeben, dass ich nicht allzu zuversichtlich bin, dass unsere Regierungen in Asien, Amerika und Europa klug genug sein werden, zusammenzuarbeiten, um eine gemeinsame Energiepolitik zustande zu bringen.

Ebenso sehr bezweifle ich, dass unsere Staatsmänner auf allen Seiten so klug sein werden, einen »Zusammenstoß der Kulturen«, wie man ihn heute nennt, zu verhindern, das heißt einen allgemeinen Konflikt zwischen dem Islam und dem Westen. Zu Abrahams Zeit lebten nur wenige Millionen Menschen auf der Erde. Es waren überwiegend Jäger und Sammler, die gerade erst begonnen hatten, ihren Lebensunterhalt mit der Aufzucht und dem Halten von Ziegen und Schafen zu bestreiten, und in Mesopotamien, dem Gebiet zwischen Euphrat und Tigris – dem heutigen Irak –, hatten die ersten Bauern gerade begonnen, einen primitiven Ackerbau zu betreiben. Zur Zeit des Jesus von Nazareth zählte die Menschheit zweihundert bis dreihundert Millionen Menschen. Und zur Zeit des Propheten Mohammed gab es kaum mehr Menschen auf der Erde. Es dauerte weitere vierzehn Jahrhunderte, um diese Zahl auf über 6000 Millionen zu erhöhen, und in fünfzig Jahren werden es 9000 Millionen oder neun Milliarden sein.

Mit dieser Bevölkerungsexplosion geht einher die Globalisierung der Technologie sowie des wirtschaftlichen und finanziellen Austauschs. Dies ist die gute Nachricht für unsere gemeinsame Zukunft. Die schlechte Nachricht ist die zunehmende Anfälligkeit für nationalistische Ideologien, vermischt mit sozialem und wirtschaftlichem Elend, auch mit Habgier und Neid sowie religiöser und ethnischer Zwietracht. In dieser Welt werden Fundamentalismus und auch Terrorismus neue Chancen finden.

Nun hat es von fanatischen und auch eifersüchtigen religiösen Führern entfachten Fundamentalismus auch in früheren Jahrhunderten gegeben. Die christlichen Kreuzfahrer nach Palästina verkörperten nichts anderes als eine tödliche Mischung aus fanatischem christlichen Fundamentalismus, Machtpolitik und Eroberungsstreben. Hitlers fundamentalistischer Holocaust an den Juden war der bei weitem schlimmste Fundamentalismus. Religiöse Fundamentalismen sind jedoch in keiner Weise kennzeichnend für eine ganze Kultur oder eine ganze Religion. Wenn wir in Israel oder Algerien einige religiös oder, besser gesagt, pseudoreligiös inspirierte Terroristen sehen – etwa jene, die Sadat und Rabin ermordeten –, dann dürfen wir uns nicht zu der Annahme hinreißen lassen, Fundamentalismus und Terrorismus seien kennzeichnend für das Wesen der anderen Religion, über die wir fast nichts wissen, außer dem, was uns Tag für Tag von den Massenmedien, insbesondere von den globalisierten elektronischen Massenmedien – dem Fernsehen heute, dem Internet morgen – gesagt wird.

Es besteht die Gefahr, dass Menschen, insbesondere junge Menschen, weltweit durch die globalisierten Massenmedien regelrecht vergiftet werden mit Mord, Schießereien und Gewalt und Missbrauch aller Art. Deshalb brauchen wir eine große Bildungsanstrengung, um die negativen Auswirkungen der globalisierten Fernseh- und Videoangebote auszugleichen.

Die Mischung aus Bevölkerungsexplosion und technologischer und ökonomischer Globalisierung stellt alle Nationen und ebenso alle Religionen vor zwei große Herausforderungen, nämlich erstens, die eigene religiöse und kulturelle Identität zu wahren und zu schützen, aber zugleich zweitens, die religiöse und kulturelle Identität anderer Menschen und insbesondere unserer direkten Nachbarn zu respektieren.

Die Europäische Union gibt heute ein Beispiel: fünfzehn Nationen mit verschiedenen Sprachen, von denen manche Jahrtausende alt sind, mit unterschiedlicher Literatur, Bildung und Geschichte und unterschiedlichen Institutionen, Nationen, die ständig Krieg gegeneinander geführt haben, die alle ihr nationales Erbe und ihre nationale Identität behalten wollen, die sich aber dennoch zu einem gemeinsamen Ganzen zusammengeschlossen haben. Sie haben sich hauptsächlich deshalb zusammengetan, um in der Lage zu sein, sich dem Zugriff der Supermächte zu entziehen und ihre Eigenständigkeit zu behaupten. Dazu bedarf es auf Seiten aller europäischen Nationen großer politischer Toleranz.

Zum Ethos des Politikers

*Rede am 8. Mai 2007 auf Einladung der Stiftung
Weltethos an der Eberhard Karls Universität Tübingen*

Zunächst möchte ich mich bei Ihnen, lieber Hans Küng, bedanken. Ich bin der Einladung gern gefolgt; denn ich habe seit Beginn der neunziger Jahre das »Projekt Weltethos« mit großer Sympathie verfolgt. Das Wort »Weltethos« mag zwar manchem als zu anspruchsvoll erscheinen, aber die zu lösende Aufgabe ist tatsächlich und zwangsläufig sehr anspruchsvoll. Vielleicht darf ich hier einflechten, dass eine Reihe von früheren Staats- und Regierungschefs aus allen fünf Erdteilen sich als InterAction Council seit 1987 ein durchaus vergleichbares Ziel gesetzt haben; unsere Arbeit hat allerdings bisher nur relativ geringen Erfolg erreicht. Dagegen ragt die Leistung Hans Küngs und seiner Freunde weit hervor.

Ich selbst verdanke meine ersten Anstöße, über die den großen Religionen gemeinsamen moralischen Gebote nachzudenken, einem gläubigen Muslim. Es liegt mehr als ein Vierteljahrhundert zurück, dass der damalige ägyptische Staatspräsident Anwar as-Sadat mir die gemeinsamen Wurzeln der drei abrahamitischen Religionen erklärt hat, ebenso die vielerlei Übereinstimmungen und insbesondere die übereinstimmenden moralischen Gebote. Er wusste von dem gemeinsamen Friedensgebot, zum Beispiel in den Psalmen des jüdischen alten Testaments, zum Beispiel in der christlichen Bergpredigt oder in der 4. Sure des muslimischen Koran. Wenn doch nur auch die Völker Kenntnis von dieser Übereinstimmung hätten, wenn wenigstens doch die politischen Führer der Völker sich dieser ethischen Übereinstimmung ihrer Religionen bewusst würden, dann würde ein dauerhafter Friede möglich sein. Dies war seine tiefe Überzeugung.

In meinem hohen Alter hat man den Tod der eigenen Eltern und Geschwister und vieler Freunde erlebt; aber die Ermordung Sadats durch religiöse Eiferer hat mich tiefer erschüttert als andere Verluste. Mein Freund Sadat wurde umgebracht, weil er dem Friedensgebot gehorsam war.

Ich will auf das Friedensgebot sogleich zurückkommen, vorweg aber eine Einschränkung: Ein einziger Vortrag, zumal im Umfang auf weniger als eine Stunde begrenzt, kann das Thema vom Ethos des Politikers nicht entfernt ausschöpfen. Deshalb muss ich mich heute auf einige Bemerkungen konzentrieren, nämlich zum Verhältnis von Politik und Religion, dann zur Rolle der Vernunft und des Gewissens in der Politik, sodann zur Notwendigkeit des Kompromisses und zum deshalb unvermeidlichen Verlust an Stringenz und Konsequenz.

Nun aber zurück zum Friedensgebot. Die Maxime des Friedens ist ein unentbehrlicher Teil der Ethik oder der Moral, die von einem Politiker verlangt werden muss. Sie gilt in gleicher Weise für die Politik im Innern eines Staates und seiner Gesellschaft wie nach außen. Daneben stehen sodann weitere Gebote und Maximen. Dazu gehört selbstverständlich die in allen Weltreligionen gelehrte und verlangte »goldene Regel«, die Immanuel Kant in seinem Kategorischen Imperativ lediglich neu formuliert und die der deutsche Volksmund in den Merkvers verdichtet hat: »Was du nicht willst, das man dir tu, das füg' auch keinem andern zu.« Die goldene Regel gilt für jedermann. Ich glaube nicht, dass für Politiker andere moralische Grundregeln gelten als für jedermann.

Unterhalb des Kernbestandes der allgemeingültigen Moral gibt es allerdings vielerlei spezielle Ausprägungen für spezifische Berufe oder Situationen. Denken Sie zum Beispiel an den ehrwürdigen hippokratischen Eid der Ärzte, an die berufliche Ethik des Richters; oder denken Sie an die besonderen ethischen Regeln, die vom Kaufmann, die vom Geldverleiher oder Bankier, die vom Arbeitgeber oder die vom Soldaten im Kriege verlangt werden müssen.

Da ich weder Philosoph bin noch Theologe, so werde ich nicht den Versuch machen, Ihnen ein Kompendium oder einen Kodex der spezifisch politischen Ethik vorzutragen und dergestalt mit Plato und Aristoteles oder mit Konfuzius in Wettbewerb zu treten. Seit über zweieinhalb Jahrtausenden haben große Autoren vielerlei Elemente oder Bestandteile der politischen Ethik zusammengetragen, zum Teil mit durchaus kontroversen Ergebnissen. Das reicht in Europas Neuzeit von Machiavelli oder Carl Schmitt bis hin zu Hugo de Groot oder Max Weber oder Karl Popper. Ich dagegen muss mich darauf beschränken, Ihnen einige der Einsichten vorzutragen, die ich selbst im Laufe meines Lebens als Politiker und als politischer Publizist gewonnen habe – zum größeren Teil im eigenen Vaterlande und zum anderen Teil im Umgang mit unseren nahen und auch mit unseren weiter entfernten Nachbarn.

Schon an dieser Stelle will ich auf die Erfahrung hinweisen, dass von Gott oder vom Christentum zwar in der deutschen Innenpolitik keineswegs selten die Rede gewesen ist, nicht aber im Gespräch oder in der Verhandlung mit anderen Staaten und ihren Politikern. Als es jüngst in Frankreich und in Holland zu Volksabstimmungen über den Entwurf einer Verfassung für die Europäische Union kam, war dort für manche Menschen die Abwesenheit einer Anrufung Gottes im Verfassungstext ein entscheidendes Motiv für ihre Ablehnung. Die Politiker hatten mit Mehrheit auf die Anrufung Gottes im Verfassungstext verzichtet.

Im deutschen Grundgesetz kommt Gott zwar in der Präambel vor: »Im Bewusstsein seiner Verantwortung vor Gott ...«;

und später noch ein zweites Mal im Wortlaut des Amtseides im Artikel 56, wo es am Schluss heißt: »So wahr mir Gott helfe«. Aber unmittelbar anschließend sagt das Grundgesetz: »Der Eid kann auch ohne religiöse Beteuerung geleistet werden.« In beiden Textstellen bleibt dem Bürger überlassen, ob er den Gott der Katholiken oder der Protestanten meint, oder den Gott der Juden oder der Muslime.

Es war auch beim Grundgesetz eine Mehrheit von Politikern, die 1948/49 diesen Text formuliert hat. In einer rechtsstaatlich-demokratischen Ordnung spielen die Politiker und ihre Vernunft die verfassungspolitisch entscheidende Rolle, nicht aber ein spezifisches religiöses Bekenntnis oder dessen Schriftgelehrte.

Kürzlich haben wir miterlebt, wie der Heilige Stuhl nach Jahrhunderten endlich das machtpolitische Verdikt gegen Galileis Vernunft aufhob. Heute erleben wir alltäglich, wie im Mittleren Osten religiöse und politische Kräfte in blutiger Weise um die Macht über die Seelen der Menschen ringen – und wie dabei abermals die Ratio, die allen Menschen gegebene Vernunft, oftmals das Nachsehen hat. Als im Jahre 2001 einige religiöse Eiferer im Bewusstsein, ihrem Gott zu dienen, in New York dreitausend Menschen und zugleich sich selbst zu Tode brachten, da lag das Todesurteil gegen Sokrates – wegen Gottlosigkeit! – immerhin schon zweieinhalbtausend Jahre zurück. Offenbar ist der perennierende Konflikt zwischen Religion und Politik und Vernunft ein bleibender Teil der Conditio humana.

Vielleicht darf ich hier eine persönliche Erfahrung einflechten. Ich bin im Laufe der Nazi-Zeit erwachsen geworden, zu Anfang des Jahres 1933 war ich gerade erst vierzehn geworden. Während meiner acht Wehrpflichtjahre hatte ich meine Hoffnung für die Zeit nach der erwarteten Katastrophe auf die christlichen Kirchen gesetzt. Aber nach 1945 habe ich miterlebt, dass die Kirchen weder eine Neubegründung der Moral leisten konnten noch eine Neubegründung von Demokratie und Rechtsstaat. Meine eigene Kirche würgte immer noch am Römerbrief des Paulus: »Seid untertan der Obrigkeit.«

Stattdessen ist der Neuanfang in entscheidendem Maße zunächst von einigen erfahrenen Politikern der Weimarer Zeit gekommen, von Adenauer, Schumacher und Heuss und anderen. Es waren dann im Beginn der Bundesrepublik aber weniger die alten Weimarianer, sondern vielmehr der erstaunliche ökonomische Erfolg Ludwig Erhards und die amerikanische Marshall-Hilfe, welche die Deutschen auf Freiheit und Demokratie und für den Rechtsstaat eingestimmt haben. Diese Wahrheit bedeutet keine Schande. Denn schon seit Karl Marx weiß man, dass das ökonomische Sein das politische Bewusstsein bestimmt. Zwar enthält diese Feststellung nur eine Teil-Wahrheit. Richtig bleibt aber: Jede Demokratie ist gefährdet, wenn die Regierenden Wirtschaft und Arbeit nicht in akzeptabler Ordnung halten können.

Im Ergebnis bin ich moralisch, aber auch politisch und ökonomisch von den Wirkungsmöglichkeiten der Kirchen enttäuscht geblieben. Während des Vierteljahrhunderts nach meiner Kanzlerschaft habe ich vieles dazugelernt und vieles gelesen. Dabei habe ich ein Weniges über andere Religionen und ein Weniges über mir bis dahin nicht geläufige Philosophien hinzugelernt. Diese Bereicherung hat meine religiöse Toleranz verstärkt; sie hat zugleich meine Distanz zum Christentum vergrößert. Gleichwohl nenne ich mich einen Christen und bleibe in der Kirche, weil sie Gegengewichte setzt gegen moralischen Verfall und weil sie vielen Menschen Halt bietet.

Was mich bis heute bei der Berufung auf den christlichen Gott immer wieder stört – sowohl bei manchen Kirchenleuten als auch bei manchen Politikern –, das ist die Tendenz zur Ausschließlichkeit, die wir im Christentum antreffen – und ebenso auch in anderen religiösen Bekenntnissen: Du hast unrecht, ich aber bin erleuchtet, meine Überzeugungen und meine Ziele sind gottgefällig. Mir ist seit langem klar geworden: Unsere unterschiedlichen Religionen und Weltanschauungen müssen uns nicht hindern, zum Besten aller zusammenzuarbeiten; denn tatsächlich liegen unsere moralischen Werte nahe beieinander. Friede unter uns ist möglich, allerdings müssen wir den Frieden immer wieder aufs Neue herstellen und »stiften«, wie Kant gesagt hat.

Dem Ziel des Friedens dient es nicht, wenn die Gläubigen und die Priester einer Religion versuchen, die Gläubigen einer anderen Religion zu bekehren und zu missionieren. Deshalb stehe ich dem Grundanliegen der Mission des Glaubens mit tiefer Skepsis gegenüber. Dabei spielt besonders mein Geschichtswissen eine Rolle – ich meine den Umstand, dass sowohl das Christentum als auch der Islam über Jahrhunderte durch das Schwert, durch Eroberung und Unterwerfung ausgebreitet worden sind, nicht aber durch Zeugnis, Überzeugung und Einsicht. Die Politiker des Mittelalters, also die Herzöge und Könige, die Kalifen und die Päpste, haben sich den religiösen Missionsgedanken angeeignet und ihn zum Instrument der Ausdehnung ihrer Macht umfunktioniert – und Tausende und Hunderttausende von Gläubigen haben sich willig umfunktionieren lassen.

So sind zum Beispiel die Kreuzzüge im Namen Christi, mit der Bibel in der linken, aber mit dem Schwert in der rechten Hand, in meiner Sicht tatsächlich Eroberungskriege gewesen. Wenn in der Neuzeit die Spanier und Portugiesen, die Engländer, Holländer oder Franzosen und zum Schluss auch noch die Deutschen sich jeder mit Gewalt größte Teile Amerikas, Afrikas und Asiens angeeignet haben, so ist auch die Kolonisierung dieser fremden Kontinente zwar im Bewusstsein der eigenen moralischen und religiösen Überlegenheit geschehen. Jedoch mit dem Christentum hatte die Errichtung der Kolonialreiche sehr wenig zu tun, vielmehr ging es um Macht und egozentrisches Interesse.

Oder nehmen Sie die Reconquista auf der iberischen Halbinsel: Es ging nicht allein um den Sieg des Christentums, sondern es ging im Kern um die Macht der katholischen Könige Ferdinand und Isabella. Wenn heute auf indischem Boden Hindus und Muslime einander bekämpfen oder wenn im Mittleren Osten sunnitische und schiitische Muslime einander bekämpfen, so geht es abermals im Kern um Macht und Herrschaft. Die Religionen und ihre Priester werden dafür benutzt, weil sie die Menschenmassen beeinflussen können – und sie lassen sich benutzen.

Heute beunruhigt es mich sehr, dass im Beginn des 21. Jahrhunderts die Gefahr eines weltweit religiös motivierten oder auch religiös verbrämten »Clash of Civilizations« durchaus real geworden ist. An manchen Orten der heutigen Welt vermischen sich religiös verbrämte Herrschaftsmotive mit Empörung über Armut und mit Neid auf den Wohlstand anderer. Religiöse Sendungsmotive vermischen sich mit exzessiven Herrschaftsmotiven. Die abwägenden und mäßigenden Stimmen der Vernunft haben es dort schwer, Gehör zu finden. In ekstatisch aufgeregten Menschenmassen kann ein Appell an die Vernunft des Einzelnen überhaupt nicht gehört werden. Ein Gleiches gilt dort, wo heutzutage mit nahezu religiöser Inbrunst die durchaus ehrwürdigen westlichen Ideologien und Lehren der Demokratie und der Menschenrechte mit militärischer Gewalt ganz anders gewachsenen Kulturen oktroyiert werden sollen.

Ich selbst habe aus all diesen Erfahrungen für mich eine klare Schlussfolgerung gezogen: Misstraue jedem Politiker, jedem Regierungs- oder Staatschef, der seine Religion zum Instrument seines Machtstrebens macht. Halte Abstand von solchen Politikern, die ihre auf das Jenseits orientierte Religion und ihre diesseitige Politik miteinander vermischen.

Diese Ermahnung gilt für die auswärtige Politik und für die innere Politik in gleicher Weise. Sie gilt für den Bürger ebenso wie für den Politiker. Vom Politiker müssen wir Respekt und Toleranz gegenüber den Gläubigen anderer Religionen verlangen. Wer als politischer Führer dazu nicht fähig ist, den muss man als Gefahr für den Frieden ansehen – für den Frieden im Innern unseres Staates wie für den Frieden nach außen.

Es ist eine Tragödie, dass auf allen Seiten die Rabbiner, die Priester, Pastoren und Bischöfe, die Mullahs und Ayatollahs uns Laien jede Kenntnis der anderen Religionen weitgehend vorenthalten haben. Sie haben uns im Gegenteil vielfältig gelehrt, über die anderen Religionen ablehnend und sogar abfällig zu denken. Wer aber Frieden zwischen den Religionen will, der sollte religiöse Toleranz und Respekt predigen. Respekt gegenüber dem anderen setzt ein Minimum an Kenntnis des anderen voraus. Ich bin längst schon überzeugt, dass – über die drei abrahamitischen Religionen hinaus – ebenso der Hinduismus, der Buddhismus oder der Shintoismus mit Recht gleichen Respekt und gleiche Toleranz verlangen.

Wegen dieser Überzeugung habe ich die Chicagoer Erklärung zum Weltethos des Parlaments der Weltreligionen nicht nur als wünschenswert, sonders als dringend notwendig begrüßt. Auf dem Boden der gleichen Grundhaltung hat der InterAction Council der ehemaligen Staats- und Regierungschefs heute vor zehn Jahren dem Generalsekretär der Vereinten Nationen den Entwurf einer »Universal Declaration of Human Responsibilities« zugeleitet, den wir auf Initiative des Japaners Takeo Fukuda erarbeitet hatten. Unser Text, mit der Hilfe von Vertretern aller großen Religionen geschrieben, enthält die fundamentalen Prinzipien der Humanität. Ich möchte an dieser Stelle besonders Hans Küng für seine Mitarbeit danken. Zugleich erinnere ich mich dankbar an die Beiträge des verstorbenen Wiener Kardinals Franz König.

Ich habe allerdings auch verstanden, dass vor zweieinhalbtausend Jahren einige der grundlegenden Lehrer der Menschheit, Sokrates und Aristoteles oder Konfuzius und Mencius, keiner Religion bedurften, auch wenn sie ihr aus Gründen der Opportunität, mehr am Rande ihrer Arbeit, Lippendienst geleistet haben. Nach allem, was wir von ihnen wissen, hat Sokrates seine Philosophie und hat Konfuzius seine Ethik allein auf die Anstrengung der Vernunft gegründet; all ihre Lehre hatte keine Religion zur Grundlage. Gleichwohl sind beide bis auf den heutigen Tag zu Leuchttürmen für Abermillionen Menschen geworden. Ohne Sokrates kein Platon – vielleicht auch kein Immanuel Kant und kein Karl Popper. Ohne Konfuzius und ohne den Konfuzianismus sind die in der Weltgeschichte einmalig lange Lebensdauer und die Vitalität der chinesischen Kultur und des Reiches der Mitte schwer vorstellbar.

Mir kommt es hier auf eine wichtige Erfahrung an: Offenbar sind herausragende Erkenntnisse, wissenschaftliche Leistungen und so auch ethische und politische Lehren durchaus auch dann möglich, wenn der Urheber sich nicht an einen Gott, an einen Propheten, an eine heilige Schrift oder an eine bestimmte Religion gebunden weiß, sondern lediglich seiner Vernunft verpflichtet ist. Dies gilt ebenso für sozialökonomische und politische Leistungen. Allerdings hat es die europäisch-nordamerikanische Aufklärung mehrere Jahrhunderte der Anstrengung und des Kampfes gekostet, dieser Erfahrung in unserem Teil der Welt zum Durchbruch zu verhelfen. Dabei ist das Wort »Durchbruch« gerechtfertigt bezüglich der Wissenschaft, der Technologie und der Wirtschaft.

Bezüglich der Politik dagegen gilt das Wort vom »Durchbruch« der Aufklärung leider nur eingeschränkt. Denn ob zum Beispiel Wilhelm II. sich selbst als Monarch »von Gottes Gnaden« interpretierte, ob ein amerikanischer Präsident sich auf Gott beruft oder ob heute Politiker sich mit ihrer Politik auf christliche Werte berufen: Sie empfinden sich religiös als

Christen gebunden. Einige empfinden sich klar und deutlich als in christlicher religiöser Verantwortung stehend, andere empfinden diese Verantwortung nur relativ undeutlich – so wie heute wohl die meisten Deutschen auch. Denn inzwischen haben sich viele Deutsche vom Christentum gelöst, viele haben ihre Kirche verlassen; manche haben sich auch von Gott gelöst – und sind gleichwohl gute Menschen und gute Nachbarn.

Die allermeisten Deutschen teilen heute einige wichtige, sie bindende politische Grundüberzeugungen. Ich meine vornehmlich die Bindung an die unveräußerlichen Menschenrechte und an das Prinzip der Demokratie. Diese innere Bindung ist offenbar unabhängig vom eigenen Glauben oder Nicht-Glauben, auch unabhängig davon, dass beide Prinzipien in den christlichen Bekenntnissen nicht enthalten sind.

Nicht allein das Christentum, auch die anderen Weltreligionen und ihre heiligen Bücher haben ihren Gläubigen weit überwiegend Gebote und Pflichten auferlegt, während die Rechte der einzelnen Person in den heiligen Büchern kaum jemals vorkommen. Unser Grundgesetz dagegen spricht in seinen ersten zwanzig Artikeln fast ausschließlich von den verfassungsfesten Rechten des einzelnen Bürgers; während seine Verantwortlichkeit oder seine Pflichten kaum vorkommen. Unser Grundrechtskatalog war eine gesunde Reaktion auf die extreme Beseitigung der Freiheit des Einzelnen unter der Nazi-Herrschaft. Er ist nicht auf christlichen oder auf anderen religiösen Lehren aufgebaut, sondern allein auf dem einzigen in unserer Verfassung deutlich und klar ausgesprochenen Grundwert der »unantastbaren Würde« des Menschen.

Wenn im gleichen Atemzug, im gleichen Artikel 1 Gesetzgebung, Exekutive und Justiz an die Grundrechte als unmittelbar geltendes Recht gebunden worden sind, so bedeutet das auch die Bindung aller Politiker, seien sie Gesetzgeber, Regierende oder Verwaltende; sei es im Bund, in den Ländern oder den

Kommunen. Dabei haben Politiker große Spielräume; denn das Grundgesetz erlaubt gleichermaßen gute oder erfolgreiche Politik wie auch miserable oder erfolglose Politik. Deshalb brauchen wir nicht allein den Verfassungsgehorsam der Gesetzgebenden und der Regierenden, nicht nur zweitens deren Kontrolle durch das Verfassungsgericht, sondern wir brauchen drittens und vor allem die Kontrolle der Politik durch die wählenden Bürger und durch ihre öffentliche Meinung.

Natürlich erliegen Politiker Irrtümern, natürlich machen sie Fehler. Sie sind ja all den gleichen menschlichen Schwächen unterworfen wie jeder andere Bürger und wie die öffentliche Meinung auch. Bisweilen sind Politiker zu spontaner Entscheidung genötigt; zumeist aber haben sie genug Zeit und ausreichende Möglichkeiten, Rat von mehreren Seiten einzuholen, die verfügbaren Alternativen und ihre vorhersehbaren Folgen abzuwägen, ehe sie eine Entscheidung fällen.

Je mehr der Politiker sich von einer fixierten Theorie oder Ideologie leiten lässt, je mehr vom Machtinteresse seiner Partei, je weniger er im Einzelfall alle erkennbaren Faktoren und alle Entscheidungsfolgen abwägt, um so größer die Gefahr von Irrtümern, von Fehlern und Fehlschlägen. Bei einem spontan notwendigen Entschluss ist dieses Risiko besonders hoch. In jedem Fall trifft ihn die Verantwortung für die Folgen – und oft genug kann die Verantwortung durchaus bedrückend sein. In vielen Fällen finden Politiker weder Entscheidungshilfen im Grundgesetz, in ihrer Religion, in einer Philosophie oder Theorie; sondern sie sind allein angewiesen auf ihre Vernunft und Urteilskraft.

Deshalb hat Max Weber in seinem immer noch lesenswerten Vortrag des Jahres 1919 über »Politik als Beruf« etwas allzu pauschal vom »Augenmaß« des Politikers gesprochen. Er hat hinzugefügt, der Politiker müsse »für die Folgen seines Handelns aufkommen«. Tatsächlich, so denke ich, müssen nicht nur ganz allgemein die Folgen, sondern ausdrücklich auch die ungewollten oder die in Kauf genommenen Nebenwirkungen gerechtfertigt sein; die Ziele seines Handelns müssen moralisch gerechtfertigt sein, seine Mittel müssen desgleichen ethisch gerechtfertigt sein. Bei einer unvermeidlich notwendigen Spontan-Entscheidung muss dafür das »Augenmaß« ausreichen. Wenn dagegen Zeit zur Abwägung verfügbar ist, dann sind sorgfältige Analyse und Durchdenken geboten. Diese Maxime gilt nicht allein für eine Entscheidung im dramatischen Extremfall, sondern ebenso für die normale alltägliche Gesetzgebung etwa im Felde der Steuer- oder der Arbeitsmarktpolitik; sie gilt ebenso für die Entscheidung über ein neues Kraftwerk oder eine neue Autobahn. Sie gilt ohne Einschränkung.

Mit anderen Worten: Ohne die vorangehende Anstrengung seiner Vernunft kann der Politiker sein Handeln und dessen Folgen nicht im Gewissen verantworten. Eine gute Absicht allein oder eine lautere Gesinnung allein kann ihn von seiner Verantwortung nicht entlasten. Deshalb habe ich Max Webers Wort von der Notwendigkeit der Verantwortungsethik im Gegensatz zur Gesinnungsethik immer als gültig empfunden.

Dabei wissen wir aber, dass viele aus Motiven ihrer Gesinnung in die Politik gehen, nicht aus Vernunftgründen. Wir müssen ebenso einräumen, dass manche innenpolitische und ebenso manche außenpolitische Entscheidung aus der Gesinnung entspringt – und nicht aus rationaler Abwägung. Und wir täuschen uns hoffentlich nicht darüber, dass ein großer Anteil der wählenden Bürger und Bürgerinnen ihre politische Wahlentscheidung vornehmlich aus Motiven der Gesinnung trifft – und aus Regungen ihrer gegenwärtigen psychischen Stimmung. Gleichwohl habe ich die Einsicht in die grundlegende Bedeutung der beiden Elemente politischer Entscheidung – Vernunft und Gewissen – seit langen Jahrzehnten in Wort und Schrift vertreten.

Ich muss aber hinzufügen: So einfach und so unzweideutig, wie dieses Fazit sich anhört oder sich liest, so einfach ist es in der demokratischen Wirklichkeit nicht. Denn es ist in einer demokratisch verfassten Staatsordnung de facto die Ausnahme, wenn ein Einzelner allein eine politische Entscheidung trifft. In der weit überwiegenden Mehrzahl der Fälle entscheidet nicht ein Einzelner, sondern vielmehr eine Mehrheit von Personen. Dies gilt ohne Ausnahme zum Beispiel für jegliche Gesetzgebung.

Damit im Parlament eine Gesetzgebungsmehrheit zustande kommt, müssen mehrere hundert Personen sich auf einen gemeinsamen Text einigen. Eine relativ unwichtige Materie kann zugleich kompliziert oder schwer zugänglich sein. In solchen Fällen verlässt man sich dann leicht auf die anerkannten Experten oder auf die anerkannten Führungspersonen der eigenen Fraktion. Es gibt aber viele Fälle, und es gibt wichtige Materien, in denen manche Abgeordnete in einem oder in mehreren Punkten zunächst andere, wohlbegründete Meinungen haben. Um ihnen die Zustimmung zu ermöglichen, muss man ihnen entgegenkommen.

Mit anderen Worten: Gesetzgebung und Entscheidung durch eine Parlamentsmehrheit setzt bei den vielen Einzelnen die Fähigkeit und den Willen zum Kompromiss voraus. Ohne Kompromiss kann kein Konsensus einer Mehrheit zustande kommen. Wer den Kompromiss prinzipiell nicht kann oder nicht will, der ist zur demokratischen Gesetzgebung nicht zu gebrauchen. Allerdings ist mit dem Kompromiss oft ein Verlust an Stringenz und Konsequenz des politischen Handelns verknüpft. Solchen Verlust muss der demokratische Abgeordnete willig in Kauf nehmen.

Kompromisse sind desgleichen in der auswärtigen Politik immer wieder notwendig, um den Frieden zwischen den Staaten zu wahren. Ein nationaler sacro egoismo, wie ihn die Regierung der USA zur Zeit pflegt, kann auf Dauer nicht friedlich funktionieren. Allerdings hat das Ideal des Friedens – seit Alexander oder Caesar, seit Dschingis Khan, Pizarro oder Napoleon bis hin zu Hitler und Stalin – über Jahrtausende hinweg in der Praxis der auswärtigen Politik nur sehr selten eine entscheidende Rolle gespielt. Und ebenso wenig in der theoretischen Staatsethik oder in der philosophischen Durchdringung der Politik. Im Gegenteil: Seit Jahrtausenden und noch von Machiavelli bis zu Clausewitz galt der Krieg als quasi selbstverständliches Element der Politik.

Erst im Zuge der europäischen Aufklärung haben einige wenige Autoren – so zum Beispiel der Niederländer Hugo de Groot oder der Deutsche Immanuel Kant – den Frieden zum erstrebenswerten politischen Ideal erhoben. Aber noch während des ganzen 19. Jahrhunderts ist Krieg für die europäischen Großstaaten eine Fortsetzung der Politik mit anderen Mitteln geblieben – und abermals im 20. Jahrhundert. Dann erst hat das entsetzliche Elend der beiden Weltkriege endlich dazu geführt, dass das in den Volksmassen längst entstandene Bewusstsein vom Krieg als einem zu vermeidenden Kardinalübel der Menschheit sich auch führenden Politikern in West und Ost mitgeteilt hat. Der Versuch des Genfer Völkerbundes, später die Begründung der bis heute wirksamen Vereinten Nationen bezeugen das; ebenso die auf Gleichgewicht zielenden Rüstungsbegrenzungsverträge zwischen den USA und der Sowjetunion; ebenso die Begründung der europäischen Integration seit den fünfziger Jahren.

Auch die Bonner Ostpolitik gegenüber Moskau, Warschau und Prag war ein denkwürdiges Beispiel für ein entscheidendes Element jeder Friedenspolitik: Wer als Staatsmann dem Frieden dienen will, der muss mit dem Staatsmann auf der Gegenseite reden – das heißt: mit dem möglichen Feind! – und er muss ihm zuhören. Reden, Zuhören und wenn möglich einen Kompromiss schließen. Ein anderes Beispiel war die Schlusserklärung der Konferenz für Sicherheit und Zusammenarbeit (KSZE) 1975 in Helsinki, die ein friedensdienlicher Kompromiss gewesen ist: Die Sowjetunion erhielt die Unterschriften der westlichen Staatsmänner unter die Festschreibung der Staatsgrenzen im Osten Europas, und der Westen erhielt die Unterschriften der kommunistischen Staatschefs unter die Menschenrechte (in Gestalt des nachmalig berühmt gewordenen Korb III der KSZE). Der Zusammenbruch der Sowjetunion anderthalb Jahrzehnte später war dann nicht eine Folge militärischer Gewalt von außen – Gott sei Dank! –, sondern es war vielmehr eine im Innern sich vollziehende Implosion eines Systems, das seine Kräfte weit überdehnt hatte.

Ein umgekehrtes, negatives Beispiel geben die seit Jahrzehnten wiederkehrenden Kriege und Gewalttaten zwischen dem Staate Israel und seinen palästinensischen und arabischen Nachbarn. Wenn beide Seiten nicht miteinander reden, so bleiben Kompromiss und Frieden eine bloß illusionäre Hoffnung.

Seit 1945 verbietet das Völkerrecht in Gestalt der Satzung der Vereinten Nationen jede gewaltsame Einmischung von außen in die Angelegenheiten eines Staates; allein der Sicherheitsrat darf eine Ausnahme von dieser Grundregel beschließen. Mir will es heute dringend nötig erscheinen, die Politiker an diese Grundregel zu erinnern. Denn zum Beispiel die militärische Intervention im Irak, noch dazu lügenhaft begründet, ist eindeutig ein Verstoß gegen das Prinzip der Nichteinmischung, ein eklatanter Verstoß gegen die Satzung der United Nations. Politiker vieler Nationen sind an diesem Verstoß mitschuldig. Ebenso tragen Politiker vieler Nationen (darunter auch deutsche) Mitverantwortung für völkerrechtswidrige Interventionen aus humanitären Gründen. So sind seit fast einem Jahrzehnt auf dem Balkan gewaltsame Interessenkonflikte auf westlicher Seite mit einem humanitären Mantel bekleidet worden (einschließlich der Bomben auf Belgrad).

Ich will aber die außenpolitische Abschweifung verlassen und zum innenpolitischen und zum parlamentarischen Kompromiss zurückkehren. Die Massenmedien, die in unserer offenen Gesellschaft weitgehend die öffentliche Meinung prägen, sprechen von politischen Kompromissen bisweilen als von »Kuhhandel« oder auch von »faulen« Kompromissen, bisweilen entrüsten sie sich über angeblich unmoralische Fraktionsdisziplin. Zwar ist es einerseits gut und nützlich, wenn die Medien den Meinungsbildungsprozess immer wieder kritisch durchleuchten. Gleichwohl bleibt aber der Satz von der demokratischen Notwendigkeit des Kompromisses richtig. Denn eine gesetzgebende Körperschaft, in der jedes einzelne Mitglied unabdingbar auf seiner individuellen Meinung beharrte, würde den Staat ins Chaos fallen lassen. Ähnlich würde eine Regierung regierungsunfähig werden, wenn jedes einzelne Mitglied unabdingbar auf seinem individuellen Urteil beharrte. Das weiß auch jeder Minister einer Regierung oder jedes Mitglied einer Parlamentsfraktion. Jeder demokratische Politiker weiß: Ich muss Kompromisse eingehen. Ohne das Prinzip des Kompromisses ist das Prinzip der Demokratie nicht möglich.

Tatsächlich gibt es aber auch üble Kompromisse – zum Beispiel zu Lasten Dritter oder zu Lasten einer späteren Zukunft. Es gibt unzureichende Kompromisse, die das vorliegende Problem nicht lösen, sondern nur den Anschein hervorrufen, als ob sie es lösen. So steht also der notwendigen Tugend des Kompromisses die Versuchung zum bloßen Opportunismus gegenüber. Die Versuchung zum opportunistischen Kompromiss mit der öffentlichen Meinung oder mit Teilen der öffentlichen Meinung kehrt alltäglich wieder. Deshalb bleibt eben auch der kompromisswillige Politiker auf sein persönliches Gewissen angewiesen.

Es gibt Kompromisse, die ein Politiker nicht eingehen darf, weil sein Gewissen widerspricht. In solchem Falle bleibt ihm nur der offene Dissens, in manchen Fällen bleibt nur der Rücktritt oder der Verlust des Mandats. Eine Verletzung des eigenen Gewissens untergräbt Anstand und Moral – und das Vertrauen anderer in die Integrität der eigenen Person.

Es gibt aber auch den Gewissensirrtum. Die eigene Ratio kann sich irren, so kann auch das eigene Gewissen irren. In solchem Fall ist ein moralischer Vorwurf nicht gerechtfertigt, gleichwohl kann daraus ein schwerer Schaden entstehen. Wenn in solchem Falle der Politiker später seinen Irrtum erkennt, so kommt er vor die Frage, ob er den Irrtum und die Wahrheit eingestehen soll. In solcher Lage verhalten sich die Politiker zumeist ähnlich allzu menschlich, wie jedermann in diesem Saal: Uns allen fällt es ganz schwer, einen eigenen Gewissensirrtum und die Wahrheit über uns selbst öffentlich hörbar einzuräumen.

Die Frage nach der Wahrheit kann mit der Leidenschaft kontrastieren, welche nach Max Weber eine der drei hervorragenden Eigenschaften des Politikers ist. Die Frage nach der Wahrheit kann auch mit der notwendigen Fähigkeit zur Rhetorik kontrastieren, die schon vor zweieinhalb Jahrtausenden im demokratisch verfassten Athen als eine der allerwichtigsten Künste angesehen war – und die in der heutigen Fernsehgesellschaft eher noch wichtiger geworden ist. Wer gewählt werden will, der muss den Wählern seine Absichten, sein Programm vortragen. Dabei ist er in der Gefahr, mehr zu versprechen, als er später erfüllen kann, zumal er dem Fernsehpublikum sympathisch erscheinen will. Jeder Wahlkämpfer ist der Versuchung zur Übertreibung ausgesetzt. Der Wettbewerb um Ansehen, vor allem um die Sympathie des Fernsehpublikums, hat diese Versuchung im Vergleich zur früheren, Zeitung lesenden Gesellschaft noch verstärkt.

Die moderne Massendemokratie ist zwangsläufig mit großen Versuchungen behaftet, mit Irrtümern und Defiziten.

Entscheidend bleibt, dass die Regierten ihre Regierung ohne Gewalt und Blutvergießen auswechseln können und dass deswegen die Regierenden und ihre sie tragende Parlamentsmehrheit sich vor den Regierten verantworten müssen.

Neben Leidenschaft und Augenmaß sei das Verantwortungsbewusstsein die dritte kennzeichnende Eigenschaft des Politikers, so hatte Max Weber gemeint. Bleibt die Frage: Verantwortung gegenüber wem? Für mich ist nicht das wählende Volk die letzte Instanz, vor der ein Politiker sich zu verantworten hat. Denn die Wähler treffen nur eine sehr pauschale Tendenzentscheidung; und oft entscheiden sie nach Gefühl und Wellenschlag. Gleichwohl muss ihre Mehrheitsentscheidung den Gehorsam der Politiker verlangen.

Für mich bleibt das eigene Gewissen die oberste Instanz. Dabei weiß ich: Über das Gewissen gibt es mancherlei theologische und philosophische Meinungen. Das Wort kam schon bei den Griechen und Römern vor. Später haben Paulus und andere Theologen damit das Bewusstsein des Menschen von Gott gemeint und von der von Gott gewollten Ordnung, zugleich das Bewusstsein von der Sündhaftigkeit jeder Verletzung dieser Ordnung. Manche Christen sprechen von der »Stimme Gottes im Menschen«. Bei meinem Freund Richard Schröder habe ich gelesen, dass unser Verständnis des Gewissens aus der Begegnung des biblischen Denkens mit der Welt des Hellenismus hervorgegangen ist. Immanuel Kant allerdings hat sein Leben lang über die Grundwerte seines Gewissens nachgedacht, ohne dass die Religion dabei eine Rolle spielte. Kant hat das Gewissen als »das Bewusstsein eines inneren Gerichtshofes im Menschen« bezeichnet.

Ob man aber das Gewissen aus der Vernunft des Menschen herleitet oder ob von Gott – jedenfalls gibt es wenig Zweifel an der Tatsache des menschlichen Gewissens. Ob einer Christ oder Muslim oder Jude ist, ob er Agnostiker oder Freidenker ist, der erwachsene Mensch hat ein Gewissen. Etwas leiser will ich hinzuzufügen: Wir alle haben schon mehr als einmal gegen unser Gewissen verstoßen; wir alle haben schon »mit einem schlechten Gewissen« weiterleben müssen. Natürlich ist diese allzu menschliche Schwäche ebenso dem Politiker eigen.

Ich habe versucht, Ihnen aus drei Jahrzehnten der Erfahrung eines Berufspolitikers einige wenige Einsichten darzulegen. Natürlich waren das nur sehr eingeschränkte Ausschnitte aus der vielfältigen Wirklichkeit. Am Schluss liegt mir eine doppelte Einsicht am Herzen: Nämlich erstens, dass unsere offene Gesellschaft und unsere Demokratie mit vielen Unvollkommenheiten und Defiziten behaftet sind und dass alle Politiker von allzu menschlichen Schwächen gekennzeichnet bleiben. Es wäre ein gefährlicher Irrtum, unsere real existierende Demokratie zum reinen Ideal zu erheben. Aber zweitens: Gleichwohl haben wir Deutschen – unserer katastrophalen Geschichte wegen – allen Grund, mit Zähigkeit an der Demokratie festzuhalten, sie immer wieder zu erneuern und immer wieder ihren Feinden tapfer entgegenzutreten. Wenn wir darin einig sind, nur dann behält unsere Nationalhymne von »Einigkeit und Recht und Freiheit« ihre Berechtigung.

Anmerkungen zum gegenwärtigen Zustand der Welt

Rede auf der 25. Jahrestagung des InterAction Council, Wien, 21. Mai 2007

Vor einem Vierteljahrhundert hat in Wien das erste Treffen dieses Gremiums stattgefunden. Unser 1995 verstorbener japanischer Freund, der frühere Ministerpräsident Takeo Fukuda, entwickelte 1982 die Idee des InterAction Council, um »Überlegungen zu drängenden Problemen« anzustellen. Er beschrieb das 20. Jahrhundert als das »Jahrhundert von Ruhm und Reue«, von »glory and remorse«, wie er es nannte. Ruhmreich und herrlich sei es wegen der enormen Fortschritte auf den Gebieten der Wissenschaft, der Technologie, der Medizin und des Wirtschaftswachstums. Reue und Scham empfänden wir, weil dieses Jahrhundert auch das blutigste in der Geschichte war – mit den schmählichen Verbrechen des Holocaust, vielen Völkermorden und ethnischen Säuberungen, ungeheuerlichen Kriegsverbrechen und Menschenrechtsverletzungen.

Inzwischen hat sich die Welt beträchtlich verändert. Auch wenn wir immer noch nicht überall auf der Erde Frieden haben, so scheint doch ein dritter Weltkrieg wenigstens ausgeschlossen. Die heutige Welt unterscheidet sich in der Tat gewaltig von den Szenarien, mit denen Führer wie Mao Zedong, Chruschtschow oder Breschnew, John F. Kennedy oder Ronald Reagan konfrontiert waren; aber auch in Bezug auf Gefahren und Möglichkeiten hat sich vieles gewandelt. Heute gibt es neue Gefahren, aber auch neue Herausforderungen; neue Möglichkeiten und Chancen haben sich herausgebildet.

Lassen Sie mich mit dem Phänomen der Globalisierung beginnen. Der Begriff »Globalisierung« ist neu, aber einen umfangreichen und bedeutenden weltweiten Handel hat es schon zu Zeiten von Marco Polo und Vasco da Gama oder der Hanse gegeben. Wirklich neu ist der enorme Zuwachs an Menge und Geschwindigkeit. Während China und die Sowjetunion sich fast völlig gegen den globalen Handel abgeschottet hatten, nehmen sie heute voll und ganz daran teil. Hinzu kommt, dass das Volumen der Im- und Exporte sich vervielfältigt hat. Dieser Quantensprung, an dem fast alle zweihundert Staaten der Welt teilhaben, wurde ermöglicht durch eine sprunghafte Verbesserung der Qualität im Transportwesen und in der Kommunikation – nicht nur auf den großen Weltmeeren und in der Luft, sondern auch mit den Mitteln der Elektronik. Was wir heutzutage Hightech nennen, war vor nicht allzu langer Zeit noch unvorstellbar. Während unserer Lebenszeit sind wir Zeugen eines raschen wissenschaftlichen und technologischen Fortschritts geworden. Und die elektronische Kommunikation – zum Beispiel durch das Internet – ermöglicht es jedermann, sofern er oder sie die notwendige Ausbildung hat, die wissenschaftliche und technologische Forschung unserer Zeit für sich zu nutzen und fruchtbar zu machen – Ergebnisse, die in fernen Ländern, tausende Meilen von seinem eigenen Land entfernt entwickelt wurden von Menschen, deren Sprache er oder sie nicht einmal versteht.

Viele tausend Jahre vor unserer Zeit kostete es die Menschheit mehrere Jahrhunderte, bis man gelernt hatte, aus Ton einen Becher zu machen. Später dauerte es noch einmal Hunderte von Jahren, bis man Gefäße aus Bronze herstellen konnte; dann kam die Eisenzeit, und wiederum brauchte man viele Jahrhunderte, bis aus Eisen Stahl werden konnte. Im 20. Jahrhundert dauerte es weniger als fünfzig Jahre von der Entwicklung des ersten Fluggeräts überhaupt bis hin zu den großen Kampfmaschinen, die mit ihren Bomben binnen weniger Minuten eine ganze Stadt in Schutt und Asche legen konnten. Wir sind Zeugen einer atemberaubenden Akzeleration des technologischen Fortschritts.

Und wir müssen mit einem Andauern dieses Beschleunigungsprozesses in Wissenschaft und Technik rechnen. Ebenso ist ein Fortschreiten der relativ schnellen Globalisierung sämtlicher wissenschaftlichen und technologischen Innovationen zu erwarten. Ob wir nun die Möglichkeit der Transplantation des Herzens eines Verstorbenen in den Körper eines anderen Menschen bestaunen, der dann mit dem Herzen eines Fremden weiterlebt, ob wir an die jüngsten gen-technologischen Entdeckungen und Erkenntnisse denken, oder ob wir die neuen Techniken in der Automobilindustrie, bei den Raketen- und Waffensystemen betrachten: Alle diese neuen Techniken – ob sie in Tokio oder Bangalore, in Stanford/Kalifornien, in Beijing oder in Eindhoven in den Niederlanden entwickelt wurden – werden rund um den Globus verfügbar sein. Auf dem Gebiet von Wissenschaft und Technik sind wir Mitglieder einer einzigen großen Weltgemeinschaft und leben aber wie in einem »globalen Dorf«. Dieses alles wird geschehen, obwohl die meisten Amerikaner nicht Chinesisch sprechen, obwohl der Durchschnitts-Russe kein Englisch versteht. Und das, obwohl die meisten Menschen dieser Erde sich selbst immer noch durch ihre Sprache, ihre Familie, ihre Religion, ihren Stamm, ihr Volk oder ihre Nation definieren.

Es ist sinnlos, gegen die Globalisierung von Technologie zu protestieren und anzukämpfen, denn sie wird unweigerlich weitergehen. Das Gleiche gilt für die Globalisierung des Handels mit Waren und Dienstleistungen. Nehmen wir zum Beispiel mein eigenes Land, Deutschland: Wir sind gerade mal rund achtzig Millionen Menschen, aber wirtschaftlich sind wir mit fast allen anderen der zweihundert Staaten dieser Erde eng liiert; wir exportieren ungefähr vierzig Prozent unseres Bruttosozialprodukts, während wir gleichzeitig fast vierzig Prozent unseres Nettosozialprodukts importieren. Sollte eine deutsche Regierung den Versuch unternehmen, diesen hohen Grad der Globalisierung unserer Wirtschaft herunterzufahren, dann wäre unweigerlich ein erheblicher Verlust an Arbeitsplätzen und ein Absinken unseres Lebensstandards die Folge. Schon seit den siebziger Jahren können wir die deutsche Konjunktur von den Aufwärts- und Abwärtsbewegungen der Weltwirtschaft nicht mehr abkoppeln. Mir wurden diese Zusammenhänge erstmals bei der weltweiten Ölpreisexplosion in den siebziger Jahren bewusst und erkennbar.

Übrigens gilt das Gleiche heute für viele andere unabhängige Staaten auch: Sie können zwar ihre gesellschaftlichen und wirtschaftlichen Strukturen noch selber beeinflussen, aber sie sind nicht mehr in der Lage, mit nationalen Mitteln allein ihre Konjunktur zu steuern. Ein weiteres Beispiel ist das China von heute. Sollten, bedingt durch eine politische Katastrophe, die chinesischen Exportartikel nicht mehr von Kunden in Amerika, in Europa, in Japan und den ASEAN-Staaten gekauft werden, so würde dies in China ebenso unweigerlich zu einer wirtschaftlichen Katastrophe führen. Oder nehmen wir als drittes Beispiel die USA. Sollte aus irgendeinem politischen Grunde das Vertrauen der Welt in die Vitalität der amerikanischen Volkswirtschaft schwinden und sollte deshalb der gewaltige Netto-Zustrom ausländischer Kapital- und Sparguthaben in die Vereinigten Staaten enden – das sind, nebenbei bemerkt, immerhin sieben Prozent des amerikanischen Bruttosozialprodukts –, dann käme es zu einer schweren Rezession, wenn nicht sogar zu einer Wirtschaftskrise.

Was können wir aus diesen drei Beispielen lernen? Dass es keine realistische Chance gibt, unsere Wirtschaft zu renationalisieren, dass wir in Wahrheit die Globalisierung der Weltwirtschaft nicht aufhalten können. Und wenn wir die Globalisierung schon nicht verhindern können, dann müssen wir uns auf ihre Folgen vorbereiten. Und wir müssen versuchen, den Prozess der Globalisierung gemeinsam zu bewerkstelligen.

Schon während des ersten Ölpreisschocks haben Valéry Giscard d'Estaing und ich versucht, die Führer der großen Wirtschaftsmächte der siebziger Jahre zu überzeugen, ihre Finanz- und Steuerpolitik zu koordinieren, um eine globale Inflationswelle und die unabsehbaren Folgen daraus zu verhindern. Im Herbst 1975 trafen wir uns zum ersten Mal mit fünf weiteren führenden Regierungschefs in einem großen Raum auf Schloss Rambouillet bei Paris, abgeschottet von Presse und Fernsehen, zum ersten Weltwirtschaftsgipfel. In jenen Jahren waren die G-7 verantwortlich für die Wirtschaftspolitik der halben Welt. Und wir waren sogar einigermaßen erfolgreich bei der Regulierung des makro-ökonomischen globalen Ungleichgewichts.

Es ist denkbar, dass das Bruttosozialprodukt von Brasilien, Russland, Indien und China zusammengenommen – den vier sogenannten BRIC-Ländern – innerhalb der nächsten Jahrzehnte schon größer sein wird als dasjenige aller früheren G-7-Länder zusammen. Es ist aber nicht mehr denkbar, dass die heutigen G-8-Staaten mit der makro-ökonomischen Abstimmung so erfolgreich sein werden, dass sie auf diese Weise die Weltwirtschaft lenken könnten. Es ist eine Täuschung anzunehmen, dass eine globalisierte Weltwirtschaft von einem Gipfel unter Ausschluss von China, Indien und Brasilien erfolgreich geführt werden könnte.

In meiner persönlichen Einschätzung bedarf eine gemeinsame Anstrengung zur Erhaltung des Gleichgewichts in der Weltwirtschaft einer regelmäßigen Abstimmung zwischen den ehemals sieben, heute acht alten Industrienationen; jedoch muss man China, Indien und Brasilien – plus mindestens eines der größeren Öl exportierenden Länder wie zum Beispiel Saudi-Arabien, plus mindestens eines der größeren, zur Zeit noch nicht industrialisierten Entwicklungsländer Afrikas wie Südafrika oder Ägypten – mit einbeziehen. Ich würde mir sogar die Europäische Union, Indonesien und Mexiko noch dazu wünschen.

Die Vereinten Nationen sind eine weltweit agierende Institution, und ihre Rolle wird immer wertvoll bleiben. Aber es ist schlechterdings unmöglich, zweihundert politische Führer an einem runden Tisch zu vereinen, und die Vergrößerung des UN-Sicherheitsrates scheint eine Sackgasse zu sein. Der Wert eines G-15-Gipfels liegt darin, dass das Gremium klein genug ist, um eine echte Diskussion zu führen, repräsentativ genug, um die Großmächte unserer neuen multilateralen Welt mit einzubeziehen, und flexibel genug für ernsthafte Verhandlungen über alle wichtigen Themen – von der Doha-Runde zu Pandemien über den Klimawandel bis hin zu vernünftigen Strategien zur Terrorismusbekämpfung. Noch besser wäre es, wenn eine neue G-15-Runde nicht schon Monate vorher Kommuniqués verbreiten, sondern den Medien nur etwas mitteilen würde, wenn sie wirklich etwas zu sagen hat.

Zur Zeit herrscht auf der ganzen Welt ein wirtschaftlicher Aufschwung, der sich in fast allen Ländern auf fast allen fünf Kontinenten positiv auswirkt. Das ist für viele Länder eine gute Gelegenheit, jene Reformen und Neuerungen durchzuführen, die jahrzehntelang vernachlässigt wurden. Dieser Boom wird sicher nicht ewig anhalten, und darum ist es geboten, die Gunst der Stunde zu nutzen.

Womöglich ist uns nur noch eine kurze Zeit vergönnt, ehe wir uns alle mit einer großen Wirtschaftskrise konfrontiert sehen. An dieser Stelle muss ich auch noch auf die Möglichkeit einer neuerlichen Währungs- und Wechselkurskrise hinweisen. Die enormen Überschüsse in der chinesischen und japanischen Handelsbilanz sowie das enorme amerikanische Handelsdefizit verheißen nichts Gutes für die Stabilität des

Verhältnisses der großen Währungen untereinander. Eine solche Situation ist eine ständige Einladung für Tausende Spekulanten in den großen Finanzzentren der Welt.

Selbst wenn das gegenwärtige monetäre und Währungsungleichgewicht beherrschbar bleibt, könnten die globalen Finanzmärkte mit all ihren undurchsichtigen neuen Finanzinstrumenten – Hedgefonds und deren tausend verschiedene Derivate, private Kapitalgesellschaften oder auf feindliche Übernahmen spezialisierte Raubtier-Kapitalisten – durch die ihnen eigene Tendenz, sich wie eine Herde Schafe oder Gänse zu verhalten, ein weltweites Chaos verursachen. Genauso wie der globale See- oder Luftverkehr strikten Sicherheits- und Verkehrsregeln unterliegt, bedarf der globale Kapitalverkehr der Regulierung, damit Katastrophen vermieden werden. Das ist ein Gebot der vorsorgenden Vernunft – von Anstand und Moral ganz zu schweigen. Da der Internationale Währungsfonds seine wichtigste Aufgabe schon vor drei Jahrzehnten verloren hat, besteht die Möglichkeit, dass die Runde der zukünftigen G-15 den IWF mit einer neuen Aufgabe betraut: der Entwicklung eines neuen transnationalen Systems zur Überwachung und Kontrolle der Finanzmärkte und aller, die sich daran beteiligen.

Neben den Herausforderungen, die sich aus den jüngsten Entwicklungen der Weltwirtschaft ergeben, existiert noch eine ganze Reihe weiterer Gefahren – tatsächliche und denkbare, die schon lange bekannt sind. An erster Stelle das explosionsartige Anwachsen der Weltbevölkerung, das sich in der vorhersehbaren Zukunft, sagen wir mindestens noch in der ersten Hälfte des 21. Jahrhunderts, fortsetzen wird. Innerhalb der kommenden vierzig Jahre etwa wird es neun Milliarden Menschen auf der Erde geben, was ungefähr fünfmal so viel ist wie zu Beginn des vorigen Jahrhunderts – zu einer Zeit, da mein Vater noch die Grundschule besuchte. Da aber die zur Verfügung stehende Erdfläche nicht größer wird, muss die pro Kopf zur Verfügung stehende Fläche weiter abnehmen. Dies wird zur Hauptsache in Asien, Afrika und auch in Lateinamerika der Fall sein, wo die dort vorherrschenden Tendenzen zu Migration, lokalen Kriegen, Aufständen und Bürgerkriegen wahrscheinlich anhalten werden. Immer größere Menschenmengen werden in riesigen Städten und nicht mehr in Dörfern leben. Die Probleme, diesen Massen Arbeit und ausreichend Nahrung zu sichern, werden mit Sicherheit fortbestehen, wie auch die Gefahr von Epidemien und Pandemien andauern wird.

All dies wird besonders in jenen Entwicklungsländern zu beobachten sein, die ihre Existenz und ihre Grenzen nicht einer gemeinsamen Sprache, Religion und Herkunft verdanken, sondern den willkürlichen Entscheidungen ihrer früheren Kolonialherren, und die deshalb sehr schwierig zu regieren sind und – aus genau denselben Gründen – bis jetzt nur minimal von der wirtschaftlichen Globalisierung profitiert haben. In diesem Zusammenhang muss ich auf die gegenwärtige Doha-Runde zur Analyse von Handelsvereinbarungen hinweisen. Ich betrachte es als einen schweren Fehler und halte es, moralisch gesehen, für eine Schande, dass die alten Industrienationen, in besonderer Weise die Vereinigten Staaten und die Europäische Union, den Entwicklungsländern immer noch den Export ihrer Agrargüter versagen. Wenn die Menschen nicht ihre Waren exportieren dürfen, exportieren sie sich selbst.

Bis heute hat lediglich die Volksrepublik China versucht, das übermäßige Wachstum ihrer Bevölkerung drastisch einzudämmen. Das war natürlich ein problematisches Unterfangen, aber westliche Kritik hat hier keine Legitimation. Selbst *wenn* die Menschheit insgesamt mit dem Problem der Bevölkerungsexplosion fertig werden sollte – und das ist hier ein sehr lautes »wenn« – würde es mich nicht wundern, wenn andere dicht bevölkerte Entwicklungsländer Chinas Vorbild nacheiferten.

Neben der globalen Bevölkerungsexplosion seit dem Zweiten Weltkrieg scheint der Klimawandel nicht erst in jüngster Zeit die öffentliche Aufmerksamkeit auf sich zu ziehen. Tatsache ist, dass das Klima auf der Oberfläche unserer Erde schon seit Millionen von Jahren immer wieder großen Schwankungen unterworfen war. Wir wissen von etlichen Eis- und Warmzeiten. Zum Beispiel kann man in Deutschland Zähne des Mammut-Elefanten finden, was beweist, dass das Klima in Zentraleuropa einst so warm war, dass Elefanten hier leben konnten. Und in meinem Garten, in Hamburg-Langenhorn, finden wir gelegentlich Muschelschalen im Boden, die beweisen, dass vor langer Zeit, während einer Wärmeperiode, unser heutiger Garten im Atlantischen Ozean lag. Ich erwähne dies nur, um vor einer Klimahysterie zu warnen, als ob der Weltuntergang unmittelbar bevorstünde. Auch will ich damit vor der anderen Hysterie warnen: als ob es in unserer Macht läge, klimatische Veränderungen zu verhindern. Was wir allerdings tun müssen, ist, uns darauf vorzubereiten.

Nach diesen Ausführungen muss ich allerdings noch eines betonen: Es stimmt, dass die Menschheit im Augenblick durchaus zur globalen Erwärmung beiträgt. Und es stimmt auch, dass wir viele Möglichkeiten haben, unseren individuellen Beitrag zu dieser Erwärmung zu reduzieren. Seit einem Vierteljahrhundert habe ich die Regierungen bereits öffentlich gemahnt, endlich tätig zu werden. Bis heute aber schließen die internationalen Abkommen zur Reduzierung der Treibhausgase weder China noch Indien ein, und die Vereinigten Staaten haben ihre Mitwirkung abgesagt. Diese drei Giganten sind für die Lösung des Problems von entscheidender Bedeutung, weshalb das Kyoto-Protokoll absolut unzulänglich ist. Ich betrachte die Lösung dieses Problems als die größte Aufgabe der Staatsoberhäupter und Regierungschefs, die sich im Kreise der zukünftigen G-15 damit befassen müssen.

Eine dritte globale Herausforderung scheint ebenfalls recht neu zu sein. Das Schlagwort vom »Clash of Civilizations«, vom »Zusammenprall der Kulturen« wurde vor etwa zwölf Jahren geprägt. Tatsächlich ist ein Zusammenstoß zwischen dem Islam und der westlichen Welt durchaus in den Bereich des Möglichen gerückt – er ist möglich, aber bei weitem nicht wahrscheinlich. Dieser Zusammenstoß kann immer noch verhindert werden.

In einigen Gebieten der islamischen Teile der Welt sehen wir eine Mischung aus Abscheu und Aufbegehren gegen Armut – plus einen starken Neid gegenüber dem Luxus der westlichen Nationen, plus religiösen Terror, plus das Streben nach politischer Macht. Das terroristische Verbrechen gegen die Zwillingstürme des World Trade Center in New York vor fast sechs Jahren war ein Symptom für religiös bedingten Hass. Der überflüssige Krieg gegen den Irak hat die Anzahl der islamistischen Terroristen nur vervielfacht. Westliche Länder haben ihre militärische Macht nicht nur gegen den Irak, sondern auch in Afghanistan und ebenso in Bosnien und im Kosovo eingesetzt, wobei alle diese Länder von muslimischen Mehrheiten bevölkert sind; und obendrein unterstützen die Vereinigten Staaten Israel gegen seine muslimischen Nachbarn. Für Fanatiker ist es da nicht besonders schwierig, mittels dieser Fakten ihre grundsätzliche Feindschaft zu Amerika und dem Westen ganz allgemein zu begründen.

Der Westen – und hier würde ich ausdrücklich den Vatikan mit einbeziehen – scheint insgesamt gut beraten, eine herablassende, überhebliche Haltung gegenüber dem Islam sorgsam zu vermeiden. Die Weltreligion Islam hat ein Anrecht auf den gleichen Respekt und die gleiche Toleranz wie das Christentum, der Buddhismus, der Hinduismus, der Schintoismus oder die jüdische Religion. Politische Führer dürfen ihre Religion nicht für politische Zwecke missbrauchen. Religiöse Führer dürfen umgekehrt ihre Religion nicht für politische Zwecke missbrauchen lassen. Sie dürfen niemals Politiker benutzen, um ihre Religion zu verbreiten.

Einem westlichen Menschen geht diese Aussage sehr viel leichter über die Lippen als vielen Muslimen, die dies so nicht akzeptieren können, weil der Säkularstaat eine westliche Erfindung ist. Seit dem Zeitalter der Aufklärung wurde daran nur scheibchenweise gearbeitet, und früher waren auch westliche Staaten von ihren offiziellen und tatsächlichen Bekenntnissen zum Christentum geprägt, unbenommen der Vormachtkämpfe der Päpste gegen Könige und Kaiser. Unter den vielen Staaten mit islamischer Bevölkerung oder islamischen Mehrheiten haben etliche die Trennung zwischen politischer und religiöser Macht noch nicht vollständig vollzogen; Iran ist so ein Beispiel, und der Streit über den Fortbestand des Säkularstaates in der Türkei ist ein weiterer erhellender Fall. Der Westen wird die Existenz nichtsäkularer islamischer Staaten als gegeben hinnehmen müssen.

Doch weder politische noch religiöse Führer besitzen die Legitimation, ihre politischen Ideologien oder ihren religiösen Glauben Menschen außerhalb ihrer Jurisdiktion überzustülpen. Dasselbe gilt naturgemäß auch für die Medien. Der InterAction Council hat seit seinem Treffen mit den Führern der großen Weltreligionen im Jahre 1987 immer für Toleranz plädiert, und auch heute in Wien widmen wir diesem Anliegen intensive Beratungen. Das Thema ist heute drängender als noch vor zwanzig Jahren.

Da ich die aktuellen militärischen Interventionen schon angesprochen habe, möchte ich noch ein Wort über die sogenannten humanitären Interventionen anfügen. Seit dem Ende des Kalten Krieges zwischen dem Westen und dem sowjetisch dominierten Osten beobachten wir eine steigende Zahl friedenssichernder Interventionen in souveräne Staaten. Einige dieser Missionen wurden durch Beschlüsse des Sicherheitsrats sanktioniert, aber einige wenige sind ohne die Zustimmung des Sicherheitsrats durchgeführt worden, also unter Verletzung der Charta der Vereinten Nationen. Die militärische Intervention in Rest-Jugoslawien, die Besetzung des Kosovo und Bosniens sowie die Bomben auf Belgrad waren hierfür eindrucksvolle Beispiele. In vielen Fällen scheint es schwierig oder gar unmöglich, die Intervention zu beenden und die eigenen Truppen von ausländischem Boden abzuziehen. In einigen Fällen ist es im Nachhinein ganz offensichtlich, dass die Intervention eher den politischen Interessen der intervenierenden Macht als humanitären Interessen galt und immer noch gilt.

Ich möchte mir die Frage erlauben, ob unser Council es angemessen fände, ein Wort der Warnung an die Mitgliedsstaaten der Vereinten Nationen zu richten mit der Bitte, ein elementares Prinzip des Friedens nicht ganz außer Acht zu lassen. Ich für mein Teil habe den Eindruck, dass das Grundprinzip der Nichteinmischung fast vollständig vergessen ist.

Religion in der Verantwortung – eine abschließende Betrachtung

Meine Religiosität und meine Kenntnis der eigenen Religion, erst recht der anderen Weltreligionen, der großen Philosophien und philosophisch begründeten Ethiken, sind bis in die erste Nachkriegszeit nur ganz rudimentär gewesen. Solange ich später in der deutschen Politik aktiv war – das heißt bis in die frühen achtziger Jahre –, hat sich zwar mein Verständnis der christlichen Religion etwas vertieft. Ich bin aber immer Skeptiker geblieben, das heißt ein sehr distanzierter Christ. In den drei seither vergangenen Jahrzehnten sind weitere Veränderungen eingetreten. Darüber gibt der erste Text dieses Buches Auskunft – durchaus bewusst steht er unter der fragenden Überschrift »Christliche Prägungen?«

Vor allem durch vielerlei Reisen und Begegnungen habe ich seither wenigstens eine Ahnung von den Inhalten und von der Bedeutung – auch von der politischen Bedeutung – anderer Religionen gewonnen. Während bis zum Jahre 1982 die jeweilige Zuhörerschaft meiner Vorträge ausschließlich aus Bürgern der damaligen Bundesrepublik Deutschland bestand, kam nach dem Ausscheiden aus öffentlichen Ämtern eine Reihe von kirchen- und religionsrelevanten Reden auf dem Boden der damaligen DDR und vor ostdeutschen Zuhörern hinzu. Gleichzeitig konnte ich viele private Reisen in andere Kontinente unternehmen. Die dort gehaltenen Vorträge fanden vor Zuhörern statt, die ganz anderen und mir bis dahin oft fremden kulturellen

Traditionen angehörten. Infolgedessen hat sich auch die Thematik meiner Vorträge verschoben; interreligiöse und außereuropäische transnationale Probleme standen fortan im Mittelpunkt.

Zugleich veränderte sich aber auch das Weltbild, das wir im Westen Deutschlands in den Jahren des Kalten Krieges gewohnt gewesen waren. Der Kalte Krieg zwischen West und Ost ging um das Jahr 1990 herum zu Ende. Die riesenhafte Volksrepublik China hatte bereits begonnen, sich nicht nur ökonomisch für weltweiten Ex- und Import zu öffnen, sondern auch für zivilisatorischen und intellektuellen Austausch. Ebenso öffneten sich jetzt die Nachfolgestaaten der ehemaligen Sowjetunion. Seit dem Beginn der neunziger Jahre hat sich eine beschleunigende Globalisierung der Technologien ergeben, ebenso der nationalen Volkswirtschaften und der Wissenschaften.

Heute leben wir in einer multipolaren Welt, deren Schwerpunkt sich deutlich vom euro-amerikanischen Westen in Richtung China, auf Ost- und Südasien insgesamt, verschiebt. Das Bewusstsein, in einer multireligiösen und zugleich multikulturellen Welt zu leben, teilt sich zunehmend Millionen von Menschen in allen Kontinenten mit. Gleichzeitig hat sich im Laufe der letzten hundert Jahre die Zahl der auf der Erde lebenden Menschen vervierfacht. Hunderte von Millionen Menschen, deren Vorfahren vor hundert Jahren noch in Hütten nebeneinander lebten, wohnen heute in Städten viele Etagen übereinander. Gleichfalls hat die Menschheit sich mit Hunderten von Millionen tödlicher Waffen aller Art ausgerüstet – einschließlich Zehntausender atomarer Waffen. Die Welt im 21. Jahrhundert unterscheidet sich deshalb grundlegend von der Welt gegen Ende des 20. Jahrhunderts und erst recht von der Welt im 19. Jahrhundert.

Noch vor Ende des ersten Jahrzehnts des 21. Jahrhunderts hat die große globale Finanzkrise seit 2007 Millionen Menschen erstmalig erkennen lassen, wie sehr wir heutzutage alle ökonomisch voneinander abhängen. Zugleich erlebt die Menschheit infolge des enormen Fortschritts der Verkehrstechnologien – sei es auf elektronischen Wegen, zur See oder im Luftverkehr – eine gegenseitige Beeinflussung der verschiedenen Zivilisationen, der verschiedenen Religionen und Ideologien und der verschiedenen Nationen. Diese Einflüsse sind teils kooperativ, teils konfrontativ.

Nicht nur die technologische und ökonomische Globalisierung, sondern auch die globale Über-Rüstung sollte die politischen und religiösen Führer eigentlich zu transnationaler und globaler Kooperation zwingen. Tatsächlich stecken wir aber noch in den Anfängen der globalen Zusammenarbeit. Die gegenwärtige Lage der Welt ist in der Rede, die ich 2007 in Wien gehalten habe, einigermaßen umfassend skizziert und vorhergesehen (vgl. Seite 216 ff.). Damals war die globale Finanzkrise mit all ihren schlimmen Auswirkungen noch nicht deutlich erkennbar, wohl aber musste man sie ahnen. Sie hat uns tatsächlich unmittelbar an den Rand einer globalen Depression geführt. Den Regierungen und Politikern standen jedoch weder ausreichende Theorien und Modelle für die Funktionstüchtigkeit globalisierter Wirtschaft zur Verfügung, noch ließen sie einen weitreichenden Willen zur Zusammenarbeit erkennen. Auch auf dem Gebiet der Rüstungsbegrenzung sind Wille und Fähigkeit zur Zusammenarbeit einstweilen nur in zaghaften Ansätzen vorhanden.

Die fortschreitende Verstädterung und Vermassung und die rasant fortschreitende Verbreitung und Verfügbarkeit neuer elektronischer Medien erleichtern die massenhafte Verführbarkeit von Millionen Menschen. Wo aber ökonomische, soziale oder politische Missstände massenhafte Unzufriedenheit auslösen, eröffnen sich Möglichkeiten für religiösen Fundamentalismus in einem Maße, das es im 19. und 20. Jahrhundert nicht gegeben hat. Damit wächst die Wahrscheinlichkeit von lokalen und regionalen Kriegen, von Aufständen und Bürgerkriegen.

Zwar gibt es seit dem Westfälischen Frieden und seit Hugo de Groot ein verbreitetes Bewusstsein von der Existenz eines Völkerrechts, aber gleichzeitig hat die Wucht der Kriege gewaltig zugenommen. Zwar hat die Menschheit sich zunächst erfolglos 1919 durch den Genfer Völkerbund und dann 1945 erfolgreich durch die United Nations und ihren Sicherheitsrat, durch Weltbank, Weltwährungsfonds, die Welthandelsorganisation und andere Einrichtungen eine Reihe von vernünftigen und wirksamen übernationalen Steuerungsmechanismen geschaffen. Aber gleichzeitig haben die Verstöße gegen internationale Regeln zugenommen.

Es liegt jetzt zweieinhalbtausend Jahre zurück, dass Heraklit den Krieg als »Vater aller Dinge« bezeichnet hat. Ein Jahrtausend später hat der Kirchenvater Augustinus die Lehre vom »gerechten Krieg« aufgestellt. Seit einem Jahrhundert gibt es dank der Haager Konventionen sogar ein einvernehmliches »Recht im Kriege«. Gleichwohl haben die Kriege des 20. Jahrhunderts weit mehr als einhundert Millionen Tote gekostet. Und heute besteht an vielen Orten der Welt die Gefahr, dass Waffen in großer Zahl und dass auch atomare Waffen in die Hände von religiösen und ideologischen Fundamentalisten und Terroristen geraten – und dass diese davon Gebrauch machen.

Der von Samuel Huntington 1993 vorhergesagte »Clash of Civilizations« ist denkbar geworden. Er ist denkbar geworden zwischen dem Islam und dem Westen als Ganzes, er ist denkbar geworden beispielsweise zwischen Israel und dem Iran, zwischen Nord- und Südkorea und denkbar auch zwischen China und den USA. Dabei kann das Verhältnis der Zivilisationen zueinander wesentlich bestimmt werden durch das Verhältnis der Religionen und Ideologien und ihrer jeweiligen Priester und politischen Führer zueinander.

Religiöse und ideologische Gefährdungen des Friedens

Kampf um Weideplätze, Kampf um Siedlungsräume, ganz allgemein Krieg: Dies sind Urphänomene der Menschheit. Für viele der alten sogenannten Naturreligionen – ob in Amerika, Europa oder Asien – war der Krieg eine selbstverständliche Kategorie. Aber auch im Alten Testament ist vielfach von Krieg die Rede, und zwar keineswegs in verurteilendem Sinne. Zum Beispiel heißt es beim Prediger Salomo ganz beiläufig: »Ein jegliches hat seine Zeit ... Krieg hat seine Zeit, Frieden hat seine Zeit ...« Soweit wir die Menschheitsgeschichte der letzten fünf Jahrtausende kennen, haben zwar einerseits unzählige Menschen unter Kriegen gelitten oder sind in Kriegen getötet worden. Aber andererseits hat sich das Ideal des Friedens erst spät und überdies selten in religiösen und philosophischen Lehren niedergeschlagen. Wenn ich es recht überblicke, ist es wohl am stärksten im indischen Buddhismus und im chinesischen Taoismus verankert.

Selbst da, wo Menschen geballt zusammenleben, ist der Friede keineswegs die Regel. Das Ideal des Friedens kommt nicht aus den menschlichen Genen; es stammt offenbar vor allem aus der individuell oder kollektiv erlebten Angst vor Krieg. Erst spät und nur zögerlich haben einige Religionen die Maxime des Friedens aufgenommen. Die meisten der heutigen Christen halten ihre Religion für eine Religion der Versöhnung und des Friedens, tatsächlich aber haben sich ihre christlichen Vorfahren seit bald zweitausend Jahren fast ohne Ausnahme an unendlichen Kriegen beteiligt.

Die den Frieden erstrebende Moral hat sich bis heute nicht durchgesetzt. Für mich ist dies allerdings kein Grund, das Ideal des Friedens gering zu achten oder gar aufzugeben. Allerdings bin ich weder ein Philosoph noch ein Schriftgelehrter; ich bin nur einer von sieben Milliarden Menschen, die gegenwärtig auf der Welt leben und die alle für die Bewahrung des

Friedens mitverantwortlich sind. Die Bewahrung des Friedens ist in meinen Augen ein wesentliches Element des öffentlichen Wohls der Völker, der Nationen und Staaten. Zwar bekennen sich die wichtigsten Religionen der Welt heute mehr oder minder zum Prinzip des Friedens – sie entsprechen damit der sogenannten goldenen Regel: Was du nicht willst, dass man dir tu, das füg' auch keinem andern zu. In der Praxis sind die Führer der weltweit bedeutenden Religionen, Ideologien, Philosophien und Weltanschauungen auch im 20. Jahrhundert dieser Norm aber nur in geringem Maße gefolgt.

Religiosität ist dem Homo sapiens offenbar ein Grundbedürfnis. Die Glaubensbereitschaft der meisten Menschen wird auch von ihrer Vernunft nicht verdrängt. Diese Religiosität mag ein Teil unseres genetischen Erbes sein. Dagegen sind die Religionen – ob sie auf Offenbarung und heiligen Schriften oder auf Mythen, Sagen und Märchen beruhen – keineswegs genetisch vererbt, sondern durch Tradition weitergegeben und ausgebaut worden. Besonders deutlich wird die Rolle der Überlieferung im Hinduismus einschließlich seiner Kastengliederung der Gesellschaft. Ich muss bekennen, nicht verstanden zu haben, wieso man in eine der mehreren Kasten hineingeboren wird, aus der man zeitlebens nicht entkommen kann, wieso man sein ganzes Leben zum Beispiel ein Paria bleibt oder umgekehrt ein Brahmane. Offenbar hat die kulturell tradierte Autorität jahrtausendealter Texte (Veden) eine außerordentliche Bindungskraft. Der Hinduismus umfasst unterschiedliche religiöse Vorstellungen, in denen Brahma an der Spitze, aber auch Vishnu als Welterhalter und Shiva als Zerstörer durchaus verschiedene Rollen spielen. Über eine Milliarde Menschen hängen heute dem Hinduismus an, der sich durchaus mit indischem Nationalismus verbinden kann.

Auch der Buddhismus hat alte Wurzeln. Der Namensgeber Gautama Buddha lebte vor zweieinhalbtausend Jahren. In den meisten buddhistischen Strömungen wird die Ethik der Nicht-

Gewalt gelehrt; aber es gibt auch buddhistisch gefärbten Nationalismus, es gibt militante buddhistische Mönche. Gemeinsam ist allen die Vorstellung, auf dem Weg über unzählige Wiedergeburten zum Nirwana zu gelangen. Auch der Buddhismus hat sich zu einer Weltreligion entwickelt; er umfasst viele Völker im östlichen Asien.

Ähnliches gilt für den um ein Jahrtausend jüngeren Islam. Wie der Buddhismus hat auch er kein verbindliches Konzept für den Staat und seine Verfassung. Die Ulama und die Imame (die Schriftgelehrten) sind für die Auslegung von Koran, Sunna und Scharia (= Gottesrecht) zuständig, aber es gibt keine einer Kirche vergleichbare Institution. Vielmehr soll der Kalif oder der Sultan oder der König zugleich politisches und geistliches Oberhaupt sein – wenn auch auf Beratung angewiesen. In der Praxis hat sich der Islam politisch als durchaus wandlungs- und anpassungsfähig erwiesen. Von den knapp zweihundert heutigen Staaten auf der Welt ist etwa ein Viertel islamisch geprägt; fast alle sind Monarchien oder Präsidialregime, keiner ist liberal, fast keiner ist religionsneutral. Der seit den zwanziger Jahren in der Türkei durch Kemal Atatürk unternommene Versuch der Säkularisierung der muslimischen Türken befindet sich auf dem Rückzug; er scheint die arabischen Staaten kaum beeinflusst zu haben.

Auch das Christentum enthält ursprünglich und mindestens über die ersten tausend Jahre seiner Entfaltung kein Konzept für Staat und Gesellschaft. Seit Augustinus gilt die Zweiteilung zwischen dem weltlichen Reich und dem Reich Gottes. Viele Theologen – so auch Martin Luther – haben sich an der Ausarbeitung der Zwei-Reiche-Lehre beteiligt. Zwar haben Päpste und Kaiser um die Suprematie gekämpft; aber keine Seite hat die für die heutigen westlichen Staaten konstitutiven Prinzipien der Demokratie und des Rechtsstaates entfaltet. Vielmehr sind Demokratie und Rechtsstaat Kinder der Aufklärung der letzten vierhundert Jahre, die im Kampf sowohl mit der Kirche als auch mit den Monarchien in Europa durchgesetzt und dann nach Nordamerika und in andere Teile der Welt übertragen wurden. Auch das Prinzip des Friedens ist erstmals durch die Aufklärung postuliert worden.

Trotz seiner starken Einflüsse auf Christentum und Islam ist das heutige Judentum keine Weltreligion; wohl aber ist es fast über die ganze Welt verstreut. In Israel hat die jüdische Religion Staats- und Gesellschaftsvorstellungen entwickelt. Aber auch in Israel spielt das Prinzip des Friedens eine lediglich theoretische Rolle.

Fast alle Religionen geben sich heutzutage friedlich gesinnt. Aber in der Praxis waren und sind bis heute viele ihrer Führer und ihrer Priester – und ebenso viele ihrer Anhänger – possessiv, expansiv und sogar aggressiv. Alle Weltreligionen haben sich im Laufe ihrer Geschichte in vielfältige Strömungen und Schulen, Bekenntnisse und Sekten aufgespalten. Oft bekämpfen sie sich gegenseitig. Und sowohl manche politische als auch manche religiöse Führer missbrauchen die Religion ihrer Anhänger für ihre machtpolitischen Zwecke.

Dies gilt ebenso für viele der politischen Führer, die sich auf Ideologien und Weltanschauungen berufen, die in großer Zahl neben den Weltreligionen stehen und sich zum Teil mit ihnen vermischt haben. Auch die großen Ideologien haben sich, ähnlich wie die Weltreligionen, sektenartig aufgespalten; diese Sekten sind in unterschiedlichem Maße gleichfalls expansiv bis aggressiv (und in Einzelfällen sogar terroristisch-aggressiv).

Seit Jahrtausenden sind Monarchie, Diktatur und Tyrannis ein wesentliches Element der Menschheitsgeschichte. Lange Zeit hat es dafür keine gemeinsame Ideologie gegeben; für uns Heutige wurde sie wohl zuerst durch Niccolo Machiavelli und Thomas Hobbes formuliert. Fast überall war das Prinzip der Ein-Mann-Herrschaft verbunden mit dem Prinzip der Erblichkeit; im alten Ägypten, in China und in Europa sind deshalb gleicherweise Dynastien (Herrscherfamilien) entstanden. Fast überall auf der Welt waren diese Dynastien expansiv, die meisten waren aggressiv. Wo die Alleinherrschaft mit einer erblichen, oligarchischen Aristokratie verbunden war, hat diese sich fast überall der Oberhoheit des Monarchen unterworfen und dessen expansive Politik unterstützt.

Seit dem Tode Mao Zedongs ist der Konfuzianismus wieder ins Bewusstsein der öffentlichen Meinung der Welt zurückgekehrt. Konfuzius und sein Nachfolger Mencius lebten vor weit mehr als zweitausend Jahren; der Siegeszug des Konfuzianismus begann etwa um 200 vor Christus (damals begannen auch die schriftlichen Beamtenprüfungen). In gewisser Weise vergleichbar dem Islam lehrt der Konfuzianismus die Einheit von Staat und philosophischer Lehre. Dabei erwies er sich durchaus tolerant gegenüber den verschiedenen Volksreligionen und insbesondere gegenüber der in China herkömmlichen Ahnenverehrung. Der Konfuzianismus hat jedoch nur wenige religiöse Elemente in sich aufgenommen; deshalb erscheint er mir nicht als eine Weltreligion, sondern als eine für die Welt bedeutende Philosophie, eine »Weltideologie«. Die Lehre des Konfuzianismus besteht im Wesentlichen aus ethischen Postulaten – das heißt aus Pflichten der Einzelnen. Selbst für den über die hierarchisch geordnete Gesellschaft totalitär herrschenden Kaiser gibt es Pflichten. Wenn der Kaiser seine Pflichten nicht erfüllt, kann »der Himmel« ihm »sein Mandat entziehen«. Die Vorstellung des Himmels bleibt dabei ebenso unklar wie das Verfahren, welches dem Kaiser sein Mandat entzieht; es könnte sein, dass das Volk die Depossedierung des Kaisers herbeiführt.

Gleichzeitig mit dem Konfuzianismus entstand durch Lao-Tse die weitgehend entgegengesetzte Lehre des Taoismus. Dieser fordert den Rückzug des Einzelnen aus der Gesellschaft. In der chinesischen Geschichte hat es immer wieder taoistische Aufstände gegeben. Neben dem Taoismus haben auch Buddhismus, später Christentum und Islam Einfluss auf die chinesische Zivilisation ausgeübt. Der Konfuzianismus hat diese Religionen weitgehend toleriert – so wie es heutzutage auch die Kommunistische Partei Chinas tut.

Die KPC hatte sich zwar seit den frühen Jahren des 20. Jahrhunderts die Zerschlagung des Konfuzianismus zur Aufgabe gemacht, der Höhepunkt war Mao Zedongs ekelhafte »proletarische Kulturrevolution« in den sechziger und siebziger Jahren. Unter der Führung von Deng Xiaoping konnte diese Barbarei nach Maos Tod jedoch beendet werden. Heute ist der Konfuzianismus wieder zu Ehren gekommen, nicht nur seine wissenschaftlichen, auch seine gesellschaftlichen Traditionen spielen im heutigen China eine große und noch zunehmende Rolle. Es muss jedoch hervorgehoben werden, dass auch der Konfuzianismus kein demokratisches Element enthält. Die Demokratie hat in der chinesischen Geschichte nur vereinzelte, ganz kleine Wurzeln.

Mit der Industrialisierung in Europa, in Nordamerika und in Japan hat sich neben den Religionen und Philosophien die Weltideologie des Kapitalismus entfaltet, im Laufe des 20. Jahrhunderts besonders ausgeprägt in England und vor allem in den USA. Ähnlich wie alle Weltreligionen und Weltideologien hat der Kapitalismus zahlreiche Sonderformen und besondere Lehren entwickelt. Vielerorts hat er sich mit nationalistischen und imperialistischen Bestrebungen verbunden. Der europäische Kolonialismus in Asien, Afrika und Amerika war eine besonders aggressive Form der kapitalistischen Ideologie.

Die theoretischen Grundlagen des Kapitalismus stammten zunächst aus England (Adam Smith, David Ricardo und andere); Vorläufer war der französische Colbertismus. Der Versuch einer von der Obrigkeit garantierten Wettbewerbsordnung (zum Beispiel in Gestalt des deutschen Ordoliberalismus oder – viel bedeutender – durch internationale Institutionen wie Weltwährungsfonds, Weltbank und Welthandelsorganisation) hat die Entartungen des Kapitalismus zu Marktradikalismus und Raubtierkapitalismus bisher nicht verhindern können.

Zweifellos handelt es sich beim Kapitalismus um eine expansive Ideologie; sie enthält keine positive Vorstellung vom Staat oder von der politischen Führung, wohl aber versucht der Kapitalismus allenthalben, sich den vorhandenen Staat und dessen Organe nutzbar zu machen. Der Kapitalismus umfasst weder das Prinzip der Demokratie noch das Prinzip des Friedens, auch das Prinzip des Verfassungsstaates spielt eine marginale Rolle; wichtig erscheint im Kapitalismus nur die Rechtssicherheit zwecks Sicherung des Privateigentums.

Ein Jahrhundert nach der Ideologie des Kapitalismus entstand als Gegenpol der Marxismus (und der Kommunismus). Auch Marxismus und Kommunismus haben nicht nur theoretisch, sondern ebenso in der Praxis vielerlei Sonderformen entwickelt. Keine dieser Sonderformen enthält demokratische und rechtsstaatliche Elemente oder das Ideal des Friedens (darin liegt der kardinale Gegensatz zu den sozialdemokratischen Parteien in Europa). Das utopische Ideal der »Diktatur des Proletariats« ist überall schnell geschrumpft zur Diktatur durch die kommunistische Partei und deren Führer. Zugleich hat der Kommunismus starke expansive und aggressive Kräfte entwickelt – bis hin zum Imperialismus der kommunistischen Sowjetunion. Allerdings haben Marxismus und Kommunismus keine funktionstüchtige ökonomische Theorie entwickeln können; es kam fast überall zu staatlicher Zwangswirtschaft. Besonders wegen seines Unvermögens, die schnell fortschreitende Industrialisierung bei gleichzeitig schnell wachsender Bevölkerung zu einer sozial einigermaßen befriedigenden und befriedenden Ordnung zu führen, ist gegen Ende des 20. Jahrhunderts der Kommunismus fast überall gescheitert. Vom Marxismus bleiben lediglich einige seiner soziologischen und ökonomischen Analysen gültig. China hält zwar trotz der phänomenalen Wandlung seit Deng Xiaoping an der Bezeichnung Kommunismus und einigen seiner Traditionen fest; dennoch haben wir es hier mit einer schnellen Anpassung an westliche Wirtschafts- und Gesellschaftsformen zu tun, bei gleichzeitiger Wiederaufnahme konfuzianischer kultureller Traditionen.

Zunächst in England, in Frankreich, in Holland, dann übergreifend auf andere Teile Europas und vor allem auf die Vereinigten Staaten von Amerika, haben sich im Laufe der letzten drei Jahrhunderte die Ideale der Menschenrechte, die Prinzipien des Verfassungs- und Rechtsstaates und der Demokratie entwickelt. Die Demokratie ist zu einer Weltideologie geworden. Sie hat in der Praxis weitgehend zu einer politischen Mitwirkung der Regierten geführt. Sie können durch geheime Wahl ihre Regierenden auswechseln. Nicht nur die Regierungen, auch die Staatsoberhäupter werden regelmäßig gewählt. Natürlich gibt es auch hier vielerlei Sonderformen. Einige Staaten haben sich zu Präsidialdemokratien entwickelt (manche darunter sind freilich zur Ein-Mann-Herrschaft entartet), andere – vornehmlich in Europa – haben sich zu parlamentarischen Demokratien entwickelt. Es gibt Mischformen – an erster Stelle sind hier die USA zu nennen –, und natürlich gibt es überall auch vielerlei Formen des Missbrauchs. Auch für die Demokratie gilt, dass sie sich in der Geschichte als expansiv und aggressiv erwiesen hat – schon Perikles und die Athener haben ganz selbstverständlich Krieg geführt. Und ebenso wurde auch der aggressive englische oder der holländische Kolonialismus von Demokraten vorangetrieben.

Gleichwohl sehen wir Europäer heute die parlamentarische Demokratie trotz all ihrer Schwächen als die beste Form von Gesellschaft und Staat an – nämlich im Vergleich mit allen anderen religiös oder ideologisch begründeten Herrschaftsformen. Man kann in Europa und auf beiden amerikanischen Kontinenten heute von einem Siegeszug der Demokratie sprechen. Allerdings bleibt offen, ob dieser Sieg von Dauer sein wird.

Im Gegensatz zu dem großen Erfolg der demokratischen Werte sind das Ideal des Friedens und das Ideal der Menschenrechte einstweilen von vergleichsweise geringer Wirksamkeit. Manche der demokratischen Staatsverfassungen enthalten zwar das Prinzip der gleichen Rechte für alle Staatsbürger, die gesellschaftliche und staatliche Praxis jedoch bleiben vielfach weit dahinter zurück. Dies gilt auch für die Menschenrechtserklärung der Vereinten Nationen. Aber diese Tatsache darf kein Anlass zur Resignation sein.

Respekt und Kooperation

Viele der in diesem Buch versammelten Reden und Aufsätze gehen von den in der Geschichte immer wiederkehrenden Konflikten und Kriegen aus. Zugleich bin ich mir darüber im Klaren, dass Religionen nicht nur aus Heilsversprechungen bestehen, sondern dass sie vielfach auch Ethiken enthalten, Verhaltensvorschriften für den Einzelnen und für das Zusammenleben aller. Sie haben sich mit Symbolen versehen, mit althergebrachten Mythen, Legenden und Sagen verbunden und fast alle ihre eigenen Rituale – in Form von Gebeten oder Kontemplation oder Musik – entfaltet. Fast alle Religionen kennen Gegenspieler, Gegner und Feinde, fast alle enthalten die Gegenüberstellung von Gut und Böse oder von Gott und Teufel (im Christentum insbesondere in der Offenbarung des Johannes). Die Angst vor dem personifizierten Bösen ist vielfältig – zu Zarathustras Zeiten stand Ahura Mazdah gegen Angra Mainyu.

In vielen Fällen haben die Religionen ideologische Elemente in sich aufgenommen. So geht keineswegs alles, was heute zum Christentum gehört, auf die beiden Testamente der Bibel oder auf Jesus von Nazareth zurück. Keineswegs alles, was heute im Konfuzianismus gilt, geht auf Konfuzius oder Mencius zurück. Manches, was heute unter den Muslimen als gültig angesehen wird, entstammt weniger dem Koran, der Sunna oder der Scharia als vielmehr philosophischen, theologischen und rechtsgelehrten Ideologien späterer Zeiten. Umgekehrt haben sich Anhänger des Kapitalismus gelegentlich an christliche Glaubensüberzeugungen angelehnt, und der Kommunismus, der zwar jegliche Religion leugnet, hat gleichwohl selbst Heilsgewissheit propagiert (»Die Internationale erkämpft das Menschenrecht«).

Meine flüchtigen Berührungen mit anderen Religionen und Philosophien haben mich veranlasst, über Buddha nachzudenken, über Sokrates, über Mohammed und Spinoza. Ich muss bekennen, dass mich am stärksten die vernunftbegründete Ethik Immanuel Kants beeindruckt hat, vor allem seine späte Schrift über den »ewigen Frieden« und seine Definition der Aufklärung, die er als »Ausgang des Menschen aus seiner selbstverschuldeten Unmündigkeit« pries (wobei ich hinsichtlich des Adjektivs »selbstverschuldet« einige Zweifel habe). Ich habe verstanden, dass sich unter dem Sammelbegriff Religionen höchst komplexe »Zivilisationen« herausgebildet haben (ich bevorzuge den im Angelsächsischen gebräuchlichen Begriff »civilization«, weil er im Gegensatz zu dem im Deutschen gern verwendeten Begriff »Kultur« die Betonung nicht auf Kunst und Wissenschaft legt, sondern allgemeiner gefasst und zugleich weniger vieldeutig ist).

Die meisten Religionen sind auch heute noch in einem fortwährenden Entfaltungsprozess begriffen. Dabei spielt das jeweilige Nationenbewusstsein eine zunehmend wichtige Rolle. Nationenbewusstsein kann beruhen auf gemeinsamer Sprache, gemeinsamen geschichtlichen Erinnerungen, gemeinsamen Interpretationen der eigenen Geschichte, gemeinsamen Gebräuchen und Sitten (einschließlich der ökonomischen Verfassung), einem gemeinsamen Staat und, vor allem, auf der Langzeitwirkung einer gemeinsamen Religion.

Religionen und Ideologien überlagern in vielfältiger Weise das Nationenbewusstsein; sie können es verdrängen, sie können auch seine Entstehung verhindern. Dies gilt zum Beispiel für die meisten Muslime auf der Welt; trotz gemeinsamer Sprache und Religion gibt es bisher kein Bewusstsein einer gemeinsamen arabischen Nation. Trotz vielfältiger gemeinsamer religiöser und zivilisatorischer Wurzeln gibt es aber auch kein Bewusstsein einer europäischen Nation; man spricht mit Recht von einer europäischen Kultur, nicht aber von einer europäischen Nation. Ganz anders in China: Trotz verschiedener religiöser Wurzeln und sich widersprechender philosophischer Traditionen und trotz ungeheurer territorialer Ausdehnung des Han-Volkes haben wir es zweifellos mit einem starken chinesischen Nationenbewusstsein zu tun. Ähnlich ist die Lage in den Vereinigten Staaten: Die gemeinsame Sprache und die gemeinsame Interpretation der Geschichte, auch die bisher weitgehend gemeinsame Bejahung des Kapitalismus, haben ein starkes Nationenbewusstsein der 300 Millionen Staatsbürger herbeigeführt. Umgekehrt hat die Herrschaftsideologie des sowjetischen Kommunismus nicht das Nationenbewusstsein der unterworfenen Völker und Staaten verdrängen können – und schon gar nicht das Nationenbewusstsein der Russen.

In vielen Fällen hat der Trieb zur nationalen Expansion sich verbunden mit dem vielen Religionen eigenen Trieb zur Mission. Dies gilt immer noch für das Christentum insgesamt und für den Islam insgesamt. Der missionarische Antrieb ist auch den Ideologien der Demokratie und der Menschenrechte zu eigen. Er gilt auch für die Ideologie des (amerikanischen) Kapitalismus. Ebenso galt er für die Ideologie des untergegangenen Kommunismus.

Gleichwohl müssen die Religionen ihrerseits nicht notwendigerweise sich gegenseitig bekämpfen. In allen heute noch lebendigen Religionen besteht das Gebot des Friedens, auch im Christentum und im Islam, am stärksten wohl ausgeprägt im Buddhismus. Sie alle vertreten die gleiche goldene Regel. Ich habe das zum ersten Mal 1987 in Rom begriffen, wo wir auf Initiative meines japanischen Freundes Takeo Fukuda eine Runde von Theologen, Priestern und Politikern aus aller Welt zusammengerufen hatten. Wir konnten uns tatsächlich auf gemeinsame ethische Prinzipien verständigen. Der daraus zehn Jahre später hervorgegangene Entwurf einer »Universal Declaration of Human Responsibilities« stößt bis heute allerdings auf Widerstand; die Verfechter der Menschenrechte bemängeln, dass in unserer Erklärung nicht nur von Rechten, sondern auch von Pflichten die Rede ist.

Ich habe damals verstanden, dass wir alle aufgefordert sind, die Aufklärung im Bereich unserer eigenen Kultur fortzusetzen. Zugleich habe ich das Übel des Missionsgedankens verstanden. Wer Andersgläubigen seine eigene Religion aufdrängen will, der ruft zwangsläufig Konflikte und in manchen Fällen Kriege hervor. Wer anderen Zivilisationen die eigene Ideologie aufdrängen will, der ruft Gegnerschaft, Konflikte und Kriege hervor. Die von Hans Küng gemeinsam mit vielen anderen in die Wege geleitete Initiative, aus den Religionen ein »Weltethos« zu entwickeln, ist deshalb begrüßenswert, wenngleich ich mir keine Illusionen über den Erfolg mache.

Mir scheint am wichtigsten das im Völkerrecht geltende Gebot der Nichteinmischung von Regierungen und Staaten in die inneren Angelegenheiten anderer Staaten. Allen Staaten und ihren Regierungen ist der Respekt gegenüber anderen Religionen, anderen Ideologien, anderen Zivilisationen und anderen Nationen geboten. Diesem Respekt sollten wir den Willen zur Toleranz und zur transnationalen Zusammenarbeit mit den Staaten anderer Zivilisationen zur Seite stellen. Gegenseitiger Respekt und der Wille zur Kooperation: Dies sind die wichtigsten Maximen für die Weltpolitik im 21. Jahrhundert.

Deutsche Verantwortung

Jedenfalls gelten diese Gebote für uns Deutsche und für unseren Staat. Es ist eine deutsche Regierung gewesen, die den zerstörerischen Zweiten Weltkrieg ausgelöst hat, es war die Ideologie des Nationalsozialismus, die Deutsche zum millionenfachen Mord führte: Deshalb sind wir Deutschen mit einer besonderen Verantwortung für die Bewahrung des Friedens beladen. Zwar sind übersteigerter Nationalismus und christlicher Antisemitismus fast überall in Europa verbreitet gewesen; aber der von Deutschen verübte Holocaust wird im geschichtlichen Gedächtnis der Welt genauso aufbewahrt bleiben wie die babylonische Gefangenschaft der Jerusalemer Juden vor einigen tausend Jahren. Deshalb sind wir Deutschen befangen, deshalb sollten unsere Politiker sich an religiösen oder politischen Auseinandersetzungen mit dem Judentum nicht beteiligen.

Wir sollten uns auch nicht einbilden, in einem christlichen Staat zu leben. Wenngleich das Christentum immer noch ein sehr starker Faktor unserer Kultur und unserer Lebensgewohnheiten ist, sollten sich unsere Politiker der Tatsache bewusst sein, dass wir in einem säkularen Staat leben. Wenn einer von uns vor Gericht oder bei Übernahme eines Amtes einen Eid schwört, stellt ihm das Grundgesetz frei, sich dabei auf die Hilfe Gottes zu berufen oder dies zu unterlassen. Wenn die Präambel des Grundgesetzes von unserer »Verantwortung vor Gott und den Menschen« spricht, so kann damit heute sowohl der Gott der Lutheraner als auch der Gott der römisch-katholischen Gläubigen gemeint sein, der Gott sowohl der schiitischen als auch der sunnitischen Muslime, sowohl der Gott der Juden als auch der »Himmel« im Sinne des Konfuzianismus. Aber das Grundgesetz verlangt keineswegs, dass ein Deutscher sich zu Gott bekennt. Im Gegenteil garantieren die Artikel 1 bis 7 sehr detailliert die »unverletzliche« Freiheit des religiösen und weltanschaulichen Bekenntnisses. Und diese Freiheit schließt die Freiheit ein, sich zu keiner Religion zu bekennen. So sind heute von 82 Millionen Einwohnern Deutschlands etwa 25 Millionen ohne Religionszugehörigkeit. Millionen Deutsche sind aus jener Kirche ausgetreten, der ihre Großeltern noch angehört hatten – wenngleich viele von ihnen an Gott glauben.

Die Präambel des Grundgesetzes enthält noch zwei andere grundlegende Hinweise für unsere Politiker. Sie spricht von unserem Willen, »in einem vereinten Europa dem Frieden der Welt zu dienen«. Dieser Satz weist auf die politischen Konsequenzen der Tatsache, dass die beiden Weltkriege des 20. Jahrhunderts von einem tief in sich gespaltenen und verfeindeten Europa ausgegangen sind. Zwar hat sich im Laufe von mehr als tausend Jahren eine weitgehende kulturelle oder zivilisatorische Einheit großer Teile Europas entwickelt. Zwar hat vor fast sechzig Jahren in Westeuropa auch ein fortschreitender politisch-ökonomischer Integrationsprozess begonnen, in den seit 1990 auch große Teile des östlichen Mitteleuropas einbezogen sind. Aber seit dem Ende der neunziger Jahre ist – trotz geographischer Ausweitung – der Prozess ins Stocken geraten, der zu einer handlungsfähigen Einheit der Europäischen Union führen sollte. Weniger religiöse als vielmehr nationale Vorurteile, Eitelkeiten, Geltungsbedürfnisse und Egoismen, aber auch böse Erinnerungen an die Leiden früherer Generationen erweisen sich als schwierige Hindernisse. Und der für alle demokratisch geordneten Gemeinwesen typische Populismus oder Opportunismus von Politikern, die gewählt oder wiedergewählt werden wollen, erschwert die Aufgabe zusätzlich.

Hier liegt eine große Verantwortung für die deutschen Politiker. Denn sie vertreten innerhalb der Europäischen Union die größte und deshalb leistungsfähigste Volkswirtschaft. Wenn in schwierigen Situationen von den Mitgliedsstaaten ökonomische Solidarität verlangt werden muss, dann richtet sich diese Forderung nahezu zwangsläufig zuerst an Deutschland. Deutschland muss oft genug ein gutes Beispiel geben.

Sofern Deutschland aber den Anschein erweckt, in der EU die Führung zu beanspruchen, kann es von Paris bis nach Warschau und darüber hinaus schnell den Ärger und den Argwohn der anderen hervorrufen. Wenn das Tandem Paris-Berlin schlecht funktionieren sollte, wenn gar Deutschland sich isolieren sollte, so trügen wir Deutschen selbst den schwersten Schaden davon. Außerdem würde der Fortschritt der europäischen Integration wesentlich verzögert, wenn nicht sogar beendet. In einer solchen Lage würde Europa für den nicht auszuschließenden Fall weltpolitisch bedeutsamer Konflikte zwischen verschiedenen Zivilisationen und Religionen sich selbst marginalisieren. Eine mäßigende oder gar eine friedenserhaltende vermittelnde Rolle der EU wäre nicht möglich.

Eines der Gebiete, auf denen mir ein erfolgreiches Beispiel durch die Deutschen denkbar erscheint, ist die staatliche Ordnung des ökonomischen Wettbewerbs. Ein anderes Beispiel könnten wir bei der Bewältigung der Eingliederung der heute vier Millionen Zuwanderer aus muslimisch geprägten Zivilisationen geben. Freilich belastet die deutsche Geschichte der letzten Jahrhunderte gerade diesen Komplex besonders.

Nachdem der Kampf zwischen Reformation und Gegenreformation in Deutschland den durch enorme Opfer an Menschenleben gekennzeichneten Dreißigjährigen Krieg ausgelöst hatte, konnte die Aufklärung hierzulande nur spärliche Wurzeln fassen. Zu Beginn des 18. Jahrhunderts versuchte Leibniz, Gott trotz des Übels in der Welt zu rechtfertigen (»Theodizee«). Später propagierten Lessing und Moses Mendelssohn religiöse Toleranz. Ihnen folgten im 19. Jahrhundert Marx (»Opium des Volkes«) und Nietzsche (»Gott ist tot«). Dazwischen steht der Solitär Immanuel Kant als Vorkämpfer der Aufklärung.

Wie fast überall in Europa sind auch in Deutschland der säkulare Staat, die Demokratie und der Rechtsstaat nicht als Kinder der christlichen Religion, sondern vielmehr im Kampf mit den christlichen Kirchen und den ihnen verbundenen Obrigkeiten entstanden. Deutschland fand als einer der letzten Staaten in Europa erst nach dem Ende der Nazizeit zu diesen Werten – aber immerhin kann man sich darauf nun schon seit über sechzig Jahren verlassen.

Das Grundgesetz gilt für jedermann, der in Deutschland lebt. Daher gilt auch die Religionsfreiheit für jedermann. Deshalb reden wir von Deutschland als einem säkularen Staat. Allerdings ist die Trennung von Staat und Kirche tatsächlich nicht vollständig; denn aufgrund unserer geschichtlichen Entwicklung – einschließlich alter Staatsverträge und Konkordate und aufgrund herkömmlicher Praxis – gibt es privilegierte christliche Kirchen. Diese sind dem Staat näher als viele andere kleinere Religionsgemeinschaften. Wenn der Katalog der Normen und Werte einer Religionsgemeinschaft mit den Grundrechten des Grundgesetzes (Art. 1 bis 19) und mit den nicht änderbaren Prinzipien des Artikels 20 (Demokratie, Rechtsstaat, Gewaltenteilung, Sozialstaat, Bundesstaat) übereinstimmt, dann sollte eigentlich für alle der gleiche Abstand vom Staat gelten. Hier liegt ein bisher ungelöstes Problem (das es übrigens in vielen europäischen Staaten in ähnlicher Form gibt).

Ein viel größeres Problem liegt jedoch in der Tatsache, dass manche der bei uns lebenden Zuwanderer (Migranten) – egal ob mit oder ohne deutsche Staatsangehörigkeit – aus ihrer alten Heimat und ihrer ursprünglichen Zivilisation religiöse, rechtliche und sittliche Überzeugungen und Gewohnheiten mitbringen, die mit den in Deutschland geltenden Gesetzen kollidieren. Das grausame Strafrecht der Scharia oder die vom Vater erzwungene Verheiratung seiner Tochter gegen ihren Willen oder die Sitte der Blutrache sind, sofern sie in Deutschland ausgeübt werden, strafbare Handlungen. Außer solchen eindeutigen Verstößen gegen die in Deutschland geltenden Gesetze gibt es in fremden Zivilisationen zusätzlich mannigfaltige Sitten und Gebräuche, die, wenn sie hierzulande ausgeübt werden, Befremden und Anstoß auslösen können. Dazu gehören zum Beispiel die Traditionen des Kopftuches und der Burka. Wenn die Einwohner einer Stadt daran keinen Anstoß nehmen, muss daraus kein Streit entstehen. Sofern aber die Männer ihre Ehefrauen und Töchter dazu zwingen oder auf diese Weise sogar ihre Andersartigkeit öffentlich demonstrieren und darüber hinaus Anstoß provozieren wollen, kommt es zwangsläufig zum Kopftuchstreit. Streit über Kopftuch und Burka oder über den Bau von Minaretten gibt es heute in vielen großen Städten Europas. Er ist unvermeidlich Teil des schwierigen Integrationsprozesses, der bisher noch in keinem der alten Nationalstaaten Europas abgeschlossen ist.

Manche Politiker und Intellektuelle haben versucht, solche Streitigkeiten dadurch zu umgehen, dass sie eine »multikulturelle Gesellschaft« propagiert haben. Ich halte das für einen Irrweg, weil am Ende ein autoritärer Staat herbeigeführt werden könnte, der den inneren Frieden mittels staatlicher Gewalt aufrechterhalten müsste. Andere Politiker versuchen auf mannigfache Weise die Integration der aus fremden Zivilisationen gekommenen Zuwanderer in die einheimische Gesellschaft zu fördern. Aber sie stoßen dabei auf zwei Hindernisse. Auf der einen Seite wollen einige der Zuwanderer weder sich selbst noch ihre Frauen und Kinder integrieren. Auf der anderen Seite sind manche der Einheimischen an der Einbettung der Einwanderer überhaupt nicht interessiert, und manche haben Angst vor Überfremdung.

Letzten Endes wird, so möchte ich vermuten, der Integrationsprozess einigermaßen erfolgreich enden. Er kann weitere Generationen beanspruchen. Dabei werden die aus Asien oder Afrika zugewanderten neuen Bürger sich an die weitgehend säkulare europäische Zivilisation gewöhnen. Aber manche ihrer Lebensgewohnheiten werden sie noch länger beibehalten, einige wenige werden vielleicht in den Alltag der ursprünglichen Einheimischen eingehen. Das wird auf beiden Seiten ein Minimum an Toleranz verlangen – und ebenso die entschlossene Abwehr von Intoleranz.

Allerdings setzt diese positive Erwartung voraus, dass es der Europäischen Union gelingt, die weitere Zuwanderung aus fremden Zivilisationen anderer Kontinente unter Kontrolle zu halten. Dann sehe ich keinen Grund, für den Verlauf des 21. Jahrhunderts mit dem Ende des europäischen Nationalstaates zu rechnen. Zwar wird die weitere Entfaltung der Europäischen Union als ein Verband von Nationalstaaten sehr holperig verlaufen. Es wird Fortschritte, aber auch Rückschläge geben. Wenn wir jedoch im Ergebnis eine handlungsfähige Einheit erreichen, dann sind die gemeinsame europäische Zivilisation und der Fortschritt der in Europa beheimateten Aufklärung nicht wirklich gefährdet – auch wenn das weltpolitische Gewicht der Europäer zurückgeht und trotz möglicher tiefgreifender Konflikte zwischen Weltreligionen und den von ihnen geprägten Zivilisationen.

Damit Europa zu einer handlungsfähigen Einheit gelangt – was wir keineswegs als sicher unterstellen können –, bedarf es weiter Vorausschau auf Seiten der Regierenden. Es bedarf großer Anstrengung der Urteilskraft. Es bedarf unserer Einsicht, dass wir die größere Einheit nur schrittweise erreichen können. Es bedarf aber zugleich der Einsicht, dass unsere geschichtlich gewachsene Bindung an den Nationalstaat ein wichtiger Bestandteil unserer gemeinsamen europäischen Zivilisation ist. Es bedarf der Einsicht, dass wir die immer wiederkehrende Versuchung zum nationalen Egoismus und zum Vorteil der eigenen Religion bändigen müssen. Es bedarf zu alledem unserer Tatkraft.

Gewiss sind Urteilskraft und Tatkraft unserer Regierungen und unserer Politiker besonders wichtig. Aber wir benötigen daneben ebenso die Einsicht und die tatkräftige Unterstützung durch die Medien, durch die Pastoren, Priester und Bischöfe, durch die Lehrer in den Schulen und in der Wissenschaft, durch die Manager in den Unternehmen und die Funktionäre der Gewerkschaften. Wo es um die Bewahrung der europäischen Zivilisation geht, brauchen wir nicht nur den Willen der Regierenden, sondern ebenso den Willen der Regierten.

Und wo es um den Frieden geht, den Frieden zwischen den in der Menschheitsgeschichte auf fünf Kontinenten so unterschiedlich gewachsenen Religionen und Kulturen, dort haben wir gegenseitigen Respekt nötig. Dort haben wir den Willen und die Fähigkeit zum Dialog nötig – und den Willen zur Zusammenarbeit.

Kurt Biedenkopf
Wir haben die Wahl

Freiheit oder Vater Staat

256 Seiten
Gebunden mit Schutzumschlag
ISBN 978-3-549-07375-9

Der Sozialismus ist tot, es lebe die Planwirtschaft! Nach diesem Motto wird in Deutschland und Europa Politik gemacht. »Vater Staat« wird's schon richten – oder die Brüsseler Bürokratie. Statt bürgerliche Eigenverantwortung zu stärken, die Grundlage jeder freiheitlichen Ordnung, nähren wir eine lebensferne, kostenfressende Staats- und Sozialbürokratie, die nicht zukunftsfähig ist. Mit seinem leidenschaftlichen Plädoyer für eine Umkehr zu Vernunft und Selbstbestimmung trifft Biedenkopf den Nerv der Zeit.

»Einer der profiliertesten Vordenker unseres Landes.«
Frankfurter Allgemeine Zeitung

PROPYLÄEN VERLAG
www.propylaeen-verlag.de

Thomas Weber
Hitlers erster Krieg

DER GEFREITE HITLER IM WELTKRIEG –
MYTHOS UND WAHRHEIT

> 592 Seiten mit 16 Seiten s/w-Abbildungen
> Gebunden mit Schutzumschlag
> ISBN 978-3-549-07405-3

So unterschiedlich Hitlers Biographen sein Leben deuten, in einem sind sich alle einig: Die Fronterlebnisse im Ersten Weltkrieg waren entscheidend für seinen späteren Aufstieg. Hitler selbst hatte sich zum tapferen Frontsoldaten stilisiert, dessen Freiwilligen-Regiment den Keim der späteren NS-Bewegung bildete. Diese Darstellung wurde von der nationalsozialistischen Propaganda verbreitet und von späteren Biographen weitgehend übernommen. In seinem aufsehenerregenden Buch zerstört der Historiker Thomas Weber diesen Mythos gründlich.

»Webers Buch ist ebenso reich an neuen Quellen wie kenntnisreich. ... Ein gewichtiger Beitrag zur Geschichte des Hitler-Mythos und zu dessen Inszenierung und Entwicklung. ... Die bewältigten Quellenmassen, die Findigkeit im Aufspüren neuer Forschungspfade – all das ist beeindruckend.«
SÜDDEUTSCHE ZEITUNG

PROPYLÄEN VERLAG
www.propylaeen-verlag.de